Relatos simbólicos

Relatos simbólicos
Reading for Skill Development and Communication

Kenneth Chastain
University of Virginia

Heinle & Heinle Publishers, Inc.
Boston, Massachusetts 02210 U.S.A.

Developmental Editor
Carlyle Carter

Production Editor
Joan M. Flaherty

Cover and Text Design
Martucci Studio Book Division

Illustrator
Jennifer J. Menn

Manufactured in the United States of America.

ISBN 0-8384-1181-9

10 9 8 7 6 5

Contenido

Preface

The purpose of this reader is to teach intermediate-level students to utilize word comprehension skills, to read purposefully and efficiently, to increase reading speed, to interpret symbolic literature, to appreciate selected Spanish literature, to consider and to discuss intellectual concepts in Spanish, and to react to universal themes relevant to them and to their lives.

Both the content and the format of this text have been chosen to respond to specific needs and complaints of intermediate-level students. An entire chapter, the *Capítulo Preliminar,* orients students toward improving their reading skills. The prereading material at the beginning of each chapter is designed to prepare students to read the selection with less difficulty and frustration, and with greater retention and satisfaction. Each chapter also contains postreading exercises and discussion questions to stimulate thought about the content of the selection and to serve as a basis for participation in class discussion. The format of each chapter is shown below. A more detailed explanation of the text's purposes and its contents is included in the "Foreword to the Instructor."

Preparación
   Introducción
   Vocabulario
      Cognados (Capítulos 1–5)
      Raíces Similares
      Palabras Relacionadas
      Palabras que Adivinar (Capítulos 6–15)
   Preguntas
Relato con introducción breve al autor
Práctica
   Resumen
   Uso de Palabras
   Pensar y Comentar
   Temas de Composición

The selections all contain examples of symbolism. Postreading discussion questions direct students' attention to the use of symbols and encourage them to make their own interpretations of the symbols contained in each selection.

The preparation of this reader was based on the following assumptions: Students can learn to use their knowledge to comprehend vocabulary. They can learn to read with a purpose. They can learn to read much faster. They can learn to like what they are reading and to relate the contained universal ideas to their own lives. With practice in self-expression, they can improve all their communicative skills. They can handle complex intellectual ideas presented at manageable linguistic levels. They can learn to approach language from a communicative point of view. And they can be stimulated to participate in exciting classroom discussions in which each individual is encouraged to make unique and worthwhile comments.

The author hopes that many Spanish instructors share similar goals for their students and offers this collection of *Relatos simbólicos* as an aid in attaining such goals.

I would like to express my gratitude to all those who have made such important contributions to the preparation and production of this text: to Charles H. Heinle, whose confidence made the entire project possible; to Carlyle Carter, whose insightful comments and persistent prodding led to significant improvements in the text; to Joan M. Flaherty, whose enthusiastic and courteous encouragement kept me at my task and whose continuous attention to detail was responsible for putting the manuscript in publishable form; and to Kenneth Bryant, Austin Días, Frank H. Nuessel, Jr., and Barbara Wing, whose thorough reviews contributed substantially to the present text. Also, I readily recognize that the credit for any work that I do or any success that I may have must be shared with my wife, Jan, and my sons, Brian and Michael.

Foreword to the Instructor

The potential of intermediate-level classes is tremendously exciting. The students have a base of vocabulary and grammar from which to develop their functional language skills. They know enough language to read interesting and intellectually stimulating materials written for native speakers, judiciously selected, of course, and they know enough to begin discussing these readings in Spanish. However, the realization of this potential is not automatic. The instructor and the text must assist them if the course goals are to be achieved.

Goals

Teaching a class is somewhat like being the director for a tour. Careful planning prior to departure is the key to a pleasant and successful experience for all. Please consider the following goals for this text. Add to them or delete from them in line with your own objectives for your class, but be sure you have a plan before you begin the readings.

Acquiring Word Comprehension Skills

Students can avoid most use of the dictionary by learning to examine word parts, words, and sentence context for clues to meaning. English-speaking students of Spanish can recognize thousands of Spanish words if they know and apply a few basic concepts of word formation and word relationships. This expanded potential adds to the Spanish words they have already learned in elementary-level courses, enabling them to comprehend most of what they read. In his introduction to *A Standard List of Spanish Words and Idioms* (Boston: D. C. Heath and Co., 1941, p. *ix*) Keniston states, "If a student has mastered all the materials in the *List* he will be familiar with over 90% of the words and phrases which he will meet in reading an average text."

Reading Purposefully and Efficiently

One of the common complaints voiced by intermediate-level students is that they cannot understand the selections they are being required to read. Even many who do manage to comprehend what they have read complain of the time required to decipher the reading.

This reader is aimed directly toward the alleviation of the comprehension and efficiency problems faced by intermediate-level students. First, the selections increase progressively in length in a corresponding relationship to the improvement in students' reading skills. Thus, the readings become longer, but the time required to complete the assignment should remain relatively stable. Second, a preliminary chapter gives the students various hints and suggestions for improving reading efficiency and speed. Third, each selection is preceded by a *Preparación* containing a brief overview of the reading selection, vocabulary-building exercises, key questions on the content of the reading, and a brief introduction to the author. Fourth, all words and idiomatic expressions that are not included in Keniston's *A Standard List of Spanish Words and Idioms* are glossed in the margin. Fifth, guessable words are so labeled in the end vocabulary.

Increasing Reading Speed

Intermediate-level students should be gradually brought to the point at which they can read fast enough to make reading in Spanish a viable skill. If they spend thirty minutes per page, most of the time looking up words in the dictionary, they are not likely to continue studying Spanish nor to read Spanish after their forced association via a language requirement has ended. Throughout this text the selections are purposefully increased in length in order to force students to increase their reading speed, which they can do if they are taught word comprehension and reading skills and if they are encouraged to read for meaning.

Interpreting Symbolic Literature

Before students can appreciate literature and benefit from the author's message, they must learn to deal with literature on a figurative level. They must learn not only to read the words, the phrases, and the sentences and to give them a literal meaning but also to interpret the figurative meaning.

The selections in this reader were chosen with this goal in mind. All contain symbolism which, with guidance, the students can comprehend and appreciate. Of course, all the symbolism will not be obvious. The instructor, with the text, will have to lead students to make the appropriate associations.

Symbolism and its interpretation are introduced in the preliminary chapter. In the *Introducción* to each story students are reminded of the symbolic content, and leading questions in the *Pensar y Comentar* sections serve as stimuli to assist students in recognizing and interpreting the symbols.

This stress on symbolism is directed toward two basic groups of students: those who plan to study literature at a more advanced level and those who deserve some exposure to Spanish literature before they complete their foreign-language study. For the former, the work in this text will help to prepare them for their literature courses; and for the latter, it will add an extra dimension to their liberal arts education.

Appreciating Selected Spanish Literature

Obviously, students must be able to read and to interpret a work of literature before they can appreciate it. However, comprehension and interpretation alone do not insure appreciation. Another factor is the content of the work itself. Because of the pessimistic nature of much contemporary literature, intermediate-level students often react negatively even though they understand the selection perfectly.

In choosing the selections for this reader, the editor sought readings that would stimulate students and produce a positive reaction. True, they are not always light, but neither are they morbid or depressing.

Considering Intellectual Concepts in Spanish

The charge is often made that there is a lack of intellectual excitement in foreign-language classes. Students seem to feel that their minds are not challenged, and on course/instructor evaluations they often give low ratings to "intellectually stimulating."

Responding to and eliminating this negative student reaction is not easy. University students are intellectually quite mature. In foreign-language classes, however, they are forced by linguistic insufficiency to operate with a language system that does not match their intellectual capabilities. Through vocabulary building and interpretation of symbols, these materials help to involve the students in discussions that are consistent with both their intellectual and their linguistic development. The readings gathered here can lead to stimulating discussions couched in relatively simple language. Certainly, instructors should not avoid intellectually challenging literary works in intermediate-level courses, although the works and the discussions must be conveyed in language that is manageable to the students.

In the typical intermediate Spanish classroom, discussions of a reading selection are rarely discussions. Instead, they tend to deteriorate into interrogation sessions in which the instructor attempts to determine who has prepared the assignment, and the students seek to foil that attempt. Each *Pensar y Comentar* section in this text prepares students to participate in a genuine discussion and exchange of ideas in Spanish. The instructor and students can express opinions about the major headings and questions without having to resort to the more traditional teacher question-student answer format.

Reading Selections with Relevant Themes

Another selection criterion was to choose stories with themes to which students can relate. "Los dos reyes y los dos laberintos" deals with several such themes. Those of faith, pride, nature versus man, and revenge are all familiar to students. "El buen ejemplo" has to do with an education system in which students merely memorize what the instructor or text says. "Juan Darién" describes what can happen in a prejudiced community to someone perceived as different. "Las abejas de bronce" concerns the possible negative effects of technology. In "Héctor Max" the protagonist wrestles with the question of what constitutes success.

Each of the selections has at least one theme to which students can relate and about which they can talk. In order to encourage students to do their own thinking these themes are not stated specifically. However, they are indispensable aspects of each reading, and the questions in the *Pensar y Comentar* sections help students discover the themes on their own and discuss them with other members of the class. The instructor should feel free to raise additional questions or to state the theme overtly. Each theme should be brought to the students' attention before proceeding to the next reading selection.

Organization of the Text

The *Capítulo Preliminar* introduces the students to several important considerations which, successfully implemented, will contribute significantly both to their reading efficiency and to their literary appreciation of the included selections. Systematically and straightforwardly teaching "How to Read the Selections," "How to Understand the Selections," "How to Appreciate the Selections," and "How to Comprehend Words" gives the students specific approaches and enables them to proceed confidently. In order to encourage students to pursue word comprehension skills on their own, the answers to the word exercises in this chapter are included in the appendices. The instructor can provide helpful assistance, however, by discussing the *Capítulo Preliminar* with the students and by encouraging them to study it carefully.

The *Preparación* that precedes each reading selection contains several different exercises designed to facilitate the students' successful completion of the materials in the chapter. The *Introducción* orients the students to the *relato* and provides a base from which they can approach it in a meaningful manner. To improve word comprehension skills the *Vocabulario* includes practice interpreting *Cognados,* words with *Raíces Similares,* and *Palabras Relacionadas,* and later, the *Palabras que Adivinar* provide examples of inferring meaning from context. (Answers to these prereading vocabulary-building exercises are given in the appendices, and the instructor can expect and/or require that the students complete them on their own prior to reading the selection.) A series of prereading questions guides the students' reading by giving them some points to look for as they read. Also, a short introduction to the author and his/her life precedes each selection.

In the reading text itself all words and idioms not found in Keniston's standard list are indicated in the text and glossed in the adjacent margin. Words that are comprehensible without the use of a dictionary are identified in the end vocabulary as an instructional device and also as an encouragement to students to activate and exhaust their own knowledge of words and word formation prior to resorting to the dictionary for an English definition. All irregular verb forms found in the readings are included in the end vocabulary to assist students who may not remember the meaning nor the infinitive verb form.

The *Práctica* that follows each selection contains several different activities designed to stimulate linguistic and intellectual interchanges among members of the class: instructor and students. The *Resumen* requires sufficient knowledge of the vocabulary, grammar, and contents of the selection to give an oral or written summary in Spanish. The following *Uso de Palabras* asks the students to use the vocabulary to convey meaning in some way. Guiding questions in the *Pensar y Comentar* section encourage students to think about the main points of the *relato* before coming to class, thus giving them the opportunity to come to class prepared to make worthwhile contributions to the class discussion. Each section of postreading activities ends with *Temas de Composición*, which promote further consideration of themes in the reading selection and provide additional topics for written expression.

At the end of each fifth reading selection there are *Ejercicios Suplementarios* to provide additional vocabulary practice. These consist of *Cognados Engañosos*, *Antónimos*, *Sinónimos*, and *Palabras Relacionadas*. The answers to these exercises are included in the appendices, and the students can do them outside of class.

Vocabulary Content

The following vocabulary information is presented for instructor interest and use. Guess words include *cognados*, *raíces similares*, *palabras relacionadas*, and *palabras que adivinar*. Gloss words include those words not found in Keniston's *A Standard List of Spanish Words and Idioms*. New words are those words from Keniston's list encountered for the first time if the selections are read in order.

Although each story is slightly longer than the one preceding, the vocabulary load decreases throughout the text, and student reading speed should gradually increase. Thus, the study time required to complete the preparation for each chapter should remain relatively constant.

Capítulo 1 Los dos reyes y los dos laberintos
 Guess words: approximately 47 in 27 lines or 2 per line
 Gloss words: approximately 23 in 27 lines or 1 per line
 New words from Keniston's list: 150

Capítulo 2 Cronopios, famas y esperanzas
 Guess words: approximately 150 in 122 lines or 1.23 per line
 Gloss words: approximately 26 in 122 lines or 1 per 5 lines
 New words from Keniston's list: 199

Capítulo 3 El buen ejemplo
 Guess words: approximately 150 in 113 lines or 1.33 per line
 Gloss words: approximately 42 in 113 lines or 1 per 3 lines
 New words from Keniston's list: 169

Capítulo 4 La caja de oro
 Guess words: approximately 184 in 112 lines or 1.65 per line
 Gloss words: approximately 45 in 112 lines or 1 per 2.5 lines
 New words from Keniston's list: 171

Capítulo 5 Una señora
Guess words: approximately 217 in 249 lines or 1 per 1.14 lines
Gloss words: approximately 91 in 249 lines or 1 per 2.67 lines
New words from Keniston's list: 187

Capítulo 6 Héctor Max
Guess words: approximately 260 in 230 lines or 1.14 per line
Gloss words: approximately 80 in 230 lines or 1 per 3 lines
New words from Keniston's list: 161

Capítulo 7 El prodigioso miligramo
Guess words: approximately 539 in 251 lines or 2.17 per line
Gloss words: approximately 103 in 251 lines or 1 per 2.5 lines
New words from Keniston's list: 127

Capítulo 8 El despojado
Guess words: approximately 224 in 322 lines or 1 per 1.5 lines
Gloss words: approximately 80 in 322 lines or 1 per 4 lines
New words from Keniston's list: 122

Capítulo 9 El mejor lugar
Guess words: approximately 386 in 299 lines or 1.3 per line
Gloss words: approximately 49 in 299 lines or 1 per 6 lines
New words from Keniston's list: 126

Capítulo 10 Las abejas de bronce
Guess words: approximately 385 in 306 lines or 1.25 per line
Gloss words: approximately 115 in 306 lines or 1 per 2.5 lines
New words from Keniston's list: 133

Capítulo 11 Selecciones de *Don Quijote*
Guess words: approximately 189 in 202 lines or 1 per line
Gloss words: approximately 37 in 202 lines or 1 per 6 lines
New words from Keniston's list: 108

Capítulo 12 El caballo de coral
Guess words: approximately 159 in 371 lines or 1 per 2.33 lines
Gloss words: approximately 76 in 371 lines or 1 per 5 lines
New words from Keniston's list: 87

Capítulo 13 Pastoral
Guess words: approximately 184 in 382 lines or 1 per 2 lines
Gloss words: approximately 118 in 382 lines or 1 per 3.5 lines
New words from Keniston's list: 101

Capítulo 14 Juan Darién
Guess words: approximately 352 in 430 lines or 1 per 1.25 lines
Gloss words: approximately 108 in 430 lines or 1 per 4 lines
New words from Keniston's list: 99

Capítulo 15 Selecciones de *La dama del alba*
Guess words: approximately 178 in 316 lines or 1 per 1.78 lines
Gloss words: approximately 52 in 316 lines or 1 per 6 lines
New words from Keniston's list: 53

Relatos simbólicos

Capítulo Preliminar
Introduction

As many of you already know, reading in a foreign language is not like reading in your own language. Authors often have ways of expressing themselves that are unfamiliar to you, and you may encounter so many vaguely remembered verb forms and unknown vocabulary items that you feel you cannot understand anything the authors are saying. In fact, you may become so concerned with verb endings and word definitions that you fail to visualize the beautiful word pictures the authors are painting, the deep emotions they are describing, or the messages they are sending. Thus, you fail to make contact with the authors and, as a result, you cannot enjoy the authors' insights into important aspects of human existence.

This reader will help you overcome some of the problems typically encountered by intermediate-level Spanish students. Exercises placed before the story introduce you to the author and to the story, help you learn to comprehend many words without using a dictionary, and present basic plot questions to help you understand the story as you read. Too, words not found in Keniston's *Standard List of Spanish Words and Idioms* are glossed in the adjacent margins.

The selections were chosen because they all use symbols to convey the authors' messages, and they all deal with one or more themes that are relevant to you. You will learn to look for symbols and themes as you read, and will be prompted to consider your reactions to both.

Activities after the stories have several focuses: summarizing the plot, using vocabulary from the story in meaningful contexts, discussing the story to understand it completely, and writing about a topic related to a point raised in the reading selection. In each activity you will be using Spanish to express yourself.

Doing all the exercises and activities and following the suggestions in "How to Read the Selections," "How to Understand the Selections," and "How to Comprehend Words" will help you read more efficiently and increase your understanding and appreciation of the stories.

How to Read the Selections

Read for the Message.

The first and most important task is to determine what the selection is about and what is being said about that topic. Is it about people, or nature, or the nature of people? Assume that the authors know something that will be interesting and meaningful to you, and try to determine if the message is about people, about society, about government, or about other aspects of life. These stories have been selected carefully, and they all deal with a topic that sooner or later will affect you.

Read with a Purpose.

Productive and efficient reading is reading with a purpose. Reading involves accompanying the authors on a mental trip to some selected destination, not a purposeless wandering through an unintelligible maze. Look for guides and signs that give you a clue as to what may be happening, and remember what has already happened. Carefully study the introduction and the content questions prior to reading the story. These will give you some idea of the information to look for as you read. Read, too, with the idea of being able to summarize in Spanish the principal parts of the plot after you have finished reading.

Read without Looking up Every Unknown Word.

Reading progress in foreign-language classes is often hindered because students feel they have to look up every word and translate tediously every important and unimportant detail in the reading. Take a chance! You do not have to know the meaning of every single word to comprehend the message. The same can be said at times of complete sentences or even of entire paragraphs. Try to anticipate and to decide what is important and what is unimportant with respect to the message and which words or sentences or paragraphs are essential to comprehending that message. Then stress the important. The unimportant can be safely ignored.

The guideline outlined in the previous paragraph may be somewhat difficult for you to follow at first. Try this. The introduction to the story will orient you to what is to happen. Study it carefully. The prereading content questions cover the basic facts in the plot. Study them carefully. Before starting to read, you should know the meaning of each question and have it clearly in mind. Then read rapidly, keeping in mind those questions. The author is heading toward the final destination. However, at any particular point, there may be a digression to describe the scenery or some event not directly related to the principal purpose. Learn to bypass these digressions, especially in the first reading, in which your attention should be focused on the nouns and verbs in those sentences dealing directly with the progression of the plot. Later you can return to other elements in the story that help you fully comprehend the symbol(s) and/or theme(s) and to appreciate the story completely.

Read Efficiently.

Reading efficiently means less time spent on homework. Therefore, these recommendations will help you help yourself. Although it may seem that following these suggested procedures will take more time, they do not, and they lead to greater and greater efficiency and higher achievement as you become more proficient.

Read in Spanish. Try to keep English translations out of your mind. Try to absorb meaning as you read Spanish words and avoid slipping into English. With practice you will be able to read much faster, and you will be better prepared to discuss the reading in Spanish.

Read the story more than once. Authors build sentences or paragraphs or stories much as carpenters build houses. They start with a plan, the **theme;** they prepare the foundation, the **setting** and **characters;** and then they construct the frame, the **plot.** The first reading should be to determine the foundation and the framework of the story. When and where does the story take place? Who is involved? What are the basic elements of the plot? Who does what, when, and where? The purpose of the first reading, which should be fast, is to understand the plot, and in so doing to answer the content questions provided in this text just before the story. The purpose of subsequent readings, which should also be fast, is to go beyond the plot to explore answers to the more profound and detailed questions in the *Pensar y Comentar* section at the end of the story.

Use the dictionary only as a last resort. Your reading will be much easier and faster if you learn to recognize meanings of words in ways other than looking them up in the dictionary.

Be aware of the vast number of **cognates.** English speakers know thousands of Spanish words before they begin to study Spanish, since many words are very much alike in both languages. The meaning of words such as *arquitecto, entrar,* and *prudente* should be recognized immediately.

Words may belong to **word families.** Knowing one word such as *cocinar,* "to cook," keeps the alert guest from going hungry when it is announced that breakfast is served in the *cocina.*

There are also relationships between the **stems** of related English and Spanish words. Parts of words, such as the stem, prefixes, and suffixes, can be almost as important as the entire word. Thus, your knowledge of English can help you infer the meaning of many Spanish words. For example, a mandate is an order. Therefore, the astute student wanting to save some dictionary-thumbing time will not have to look up the Spanish verb *mandar* which means "to order" or "to command."

The **context** in which the word is used will often indicate the meaning. It would be rather simple to complete the following sentence, "Many Americans use a credit _____ instead of cash." Obviously, a dog does not "read" the mailman just as a mailman does not deliver the "honesty." Language is normally logical, and you can usually expect sentence content to conform to your perceptions and expectations.

If something that you are reading does not make sense, and if you have determined that you do need to use the dictionary, look up only the most important words, usually nouns and verbs. When you use the dictionary, never write the English meaning directly above the Spanish word. This linguistic crutch makes it much more difficult to learn the meaning of the word. A more productive system for learning vocabulary is to put a number over the word and to put the meaning of that word by the same number in the margin or at the bottom of the page.

Read All or Part of the Story Aloud.

Reading aloud has several benefits. Obviously, such practice can improve pronunciation and the speed and facility of speech. Often the sound of an unknown word provides a clue to its meaning. And most important from a literary point of view, reading aloud helps you get into the story, to recreate it for yourself, and to feel the emotions being expressed by the author.

Read Expecting Word Order to Vary at Times.

As they write, authors often deviate from the common word order in the language. At times these changes are traditional. At times they are peculiar to one author or to Spanish itself, or they are used to create a special effect.

For example, Borges begins "Los dos reyes y los dos laberintos" with the words "Cuentan los hombres..." even though the typical order is to put the subject before the verb as in "Los hombres cuentan...."

Nor is it uncommon in Spanish, particularly that of past literature, for object pronouns to follow the verb and to be attached to it. The typical word order for "Repugnábame..." is "Me repugnaba..."

Also, Spanish sentences tend to be longer than those in English. Commas and connector words are used liberally to build lengthy, complex sentences that tend sometimes to become linguistic labyrinths to entrap unwary readers. The first sentence in "Los dos reyes y los dos laberintos," a rather short, simple language story, has fifty-six words including eight verbs. The secret is to continue reading for ideas. Thus, you will not become entangled by such long sentences.

How to Understand the Selections

Reading can be interesting and beneficial. Whether or not it is depends upon you, the reader. Knowing what to look for will help you understand what the author is saying. As you read the stories in this book, consider carefully each of the following concepts.

Organization of a Short Story

Like people, short stories come in all types and sizes. However, the traditional pattern contains three parts: the introduction (*la introducción*), the plot development or main part (*el desarrollo*), and the conclusion (*el desenlace*). In the introduction, the author attempts to capture the reader's interest and presents the information needed to understand the remainder of the story. To do this, the author normally describes the setting and introduces the necessary characters, typically planting the seeds of the plot. The main part of the story consists basically of the plot. Here the reader finds out what happens as the characters interact with each other and with their particular situation. The emotional peak of interest in the story, the climax (*el punto culminante*), occurs right at the end of the main part of the story and at the beginning of the third part, the conclusion (*el desenlace*). After authors reveal what happens in the climax, they hasten to solve the problems and conflicts contained in the story and to conclude.

At what point does the story move from the introduction to the action and on to the end? At what point does the climax occur?

Setting   Setting (*la escena*) refers to the time and place of the action of the story. When and where does everything happen?

Characters   The characters (*los personajes*) may be described in detail or only slightly. Their characteristics may be described specifically or merely implied through dialogue or actions. The author may deal with characters just like those you know or may use fantasy characters or even animals to make a point. People and their personalities may be emphasized, or people may not be very important at all. Concentrate on getting to know each character in this book, and consider how each is similar to or different from real people you have known.

Who is involved in the plot? What role does each have?

Plot The plot (*el argumento*) is the action of the story. Knowing the plot is a necessary basis for understanding the author's message.

What happens when to whom?

Theme The theme (*el tema*) is the message. What is being said in the story? What is the author's purpose? What is the reader to think or to believe after reading the story?

Symbolism

Symbolism (*el simbolismo*) is a much-used device in literature. Authors often do not tell the reader directly what they have in mind. Instead, they use symbols (*los símbolos*) to symbolize (*simbolizar*) their ideas.

There are many symbols in any culture. White is the symbol of purity and good, and black represents the opposite. In old-time westerns, the hero always wore a white hat and rode a white horse while the villain preferred black. This same color scheme to identify the forces of good and evil is used by Tolkien in *Lord of the Rings* and by the producers of the movie, *Star Wars*.

Not all authors use symbols, but many do. Soon you will easily recognize how authors use symbols as an efficient but emotionally charged literary device for conveying their ideas.

What are the symbols in the reading and what does each represent?

Levels of Interpretation

Some stories can be interpreted on various levels (*los niveles de interpretación*). Orwell's book, *Animal Farm*, is a good example. Although he is describing the actions of farm animals, the adult reader quickly recognizes that his message goes far beyond the farmyard.

When reading selections in this anthology, think about each one and consider whether or not the author may actually be talking about something other than what the surface level of the story indicates. Turn your creative insights loose, play with the possibilities, and see what ideas you can generate. What does the author say, and what does he or she mean?

How to Appreciate the Selections

After you have prepared yourself to read the stories efficiently and for meaning and have considered the various aspects of a short story, the following two additional activities are recommended.

Summary in Spanish

Be sure that you know the setting, the characters, and the plot of each story well enough to give an oral or written description of each in Spanish.

Personal Conclusion

Never permit yourself to leave a story until you have some personal opinions about it. You will have just been some place, met some people, and witnessed some events through the mind of the author. What did they mean to you? Be prepared to share these views with your instructor and your classmates. You may have had insights that they did not.

How to Comprehend Words

In order to understand and appreciate what you read and hear, as well as to be able to speak, in a foreign language, you must be familiar and comfortable with the basic tools of communication—words. Just as there is a system to comprehending a short story there is also a system to comprehending words. The following sections of this chapter will introduce, or perhaps review, the components of this system and, through practice exercises, will help you develop your word comprehension skills. You may check your progress by referring to the Answer Key at the end of this textbook.

Easily Recognizable Words

You should be aware of the fact that many Spanish and English words are cognates, that is, they are similar in form and meaning. Remember that there are false cognates to confuse the situation, but that you can determine from the context whether or not the Spanish word actually means what is appears to based on its resemblance to English. You should also develop the habit of searching through your English vocabulary for words that may give you some clue to the meaning of Spanish words. The root word often provides a key to the general meaning of the word. For example, *vivir* means "to live." A related English word is "*viv*acious." You should also learn the unique features of the Spanish spelling system that differ from those used in similar words in English. Attention to these factors will enable you to expand greatly your vocabulary. In fact, in one list of the 500 most common words in Spanish there are 100 words that you would likely know or be able to guess.

A. Some words have the same meaning and are spelled exactly alike in both languages, although the pronunciation is usually different. Some examples are *animal, formal, altar, regular, tenor, superior, horrible, radio, hotel,* and *chocolate.*

B. Other words have only slight spelling differences and are easily recognizable. Give the English equivalent of each of the following cognates:

Jesús	atractivo	entusiasmo	característico
comercial	ocasión	terraza	química
afirmativo	tanque	especial	retórica
asesino	ataque	hora	frecuente
ocupante	teléfono	sistema	
aparente	ejecutivo	tema	

C. Some words look or sound like an English word but have a different meaning in Spanish. Select appropriate words from the following list of false cognates to complete correctly the sentences below.

flor	ropa	distinto	desgracia
grande	sopa	miles	lectura
campo	vaso	educada	conferencia
largo	mar	pariente	ignora

1. La rosa es una _____.
2. El elefante es un animal _____.
3. Este restaurante es conocido por su buena _____.
4. Juan no vive en la ciudad. Vive en el _____.
5. Van a pasar sus vacaciones en el _____ Mediterráneo.
6. ¡Qué chica tan cortés! Es una persona bien _____.
7. La jirafa tiene un cuello muy _____.
8. A los jóvenes les gusta llevar la _____ de la última moda.

9. El dialecto hispanoamericano es _____ de el de España.
10. Sí, es un _____ mío. Es mi tío.
11. Todos deben leer la _____ de la página diez para mañana.
12. Hay un _____ de agua en la mesa.
13. ¡Qué _____! Perdió toda su familia en un solo accidente.
14. El distinguido profesor va a dar una _____ mañana.
15. El señor _____ lo más fundamental.
16. Hay _____ de libros en la biblioteca.

D. Some words may be both a cognate and a false cognate depending upon the meaning. Distinguish between the following pairs and give the English meanings.

dirección   a. ¿En qué dirección está el centro?
            b. Su dirección es: calle State, 721.
título   a. ¿Cuál es el título de ese libro?
            b. El profesor recibió un título de la universidad.
estación   a. El tren llega a la estación a las seis.
            b. El verano es mi estación favorita.
público   a. Sí, es un edificio público.
            b. El público reaccionó con entusiasmo cuando terminó ella la canción.
historia   a. La historia es una asignatura interesante.
            b. Ese viejo sí sabe relatar una historia.

E. Common roots of Spanish words are related to known English counterparts, and you can learn to infer the meaning from this relationship. Match the following words and then give the general meaning of the Spanish word.

1. carne _____   A. scribe, transcribe
2. útil _____   B. coronary
3. cantar _____   C. carnivorous
4. escribir _____   D. sentiment, sentimental
5. encontrar _____ E. amorous
6. creer _____   F. dormant, dormitory
7. mano _____   G. utility, utensil, utilize
8. vender _____   H. manual
9. dormir _____   I. pensive
10. pensar _____   J. cantata
11. sentir _____   K. vend, vending, vendor
12. amor _____   L. encounter
13. corazón _____   M. creed, credence

Word Formation

Words are formed by adding either prefixes or suffixes to the basic root words, or stems. A prefix is added before the stem. For example, in the word *convert* the prefix is *con*. A suffix is added to the end of a stem. In the word *sadness* the suffix is *ness*. Words are also formed by slightly varying the word itself or by combining words.

Some of these additions or changes alter the meanings of words; others change the grammatical function of words. For example, *work* names an action. *Worker* names a person. The suffix *er* changes the meaning of the word. Using the verb *work* we say "I work," but "He works." The suffix *s* changes the verb to agree with a different subject. An example of combining two words to make a new word with a different but related meaning is *workbook*.

By using the clues given in the section of "Easily Recognizable Words" and by learning to recognize prefixes and suffixes, you should know more than 5,000 Spanish words. Fortunately, the Spanish system of prefixes and suffixes is almost identical to that of English. Therefore, your task is primarily one of becoming aware of these similarities and applying them.

Prefixes The Spanish system of prefixes is for all practical purposes the same as that of English.

Pattern: prefix + stem   **Example:** re + view

Twenty of the most common prefixes are listed here along with their meanings and examples of their use in Spanish and in English. By focusing on these prefixes and recognizable words used as the stem, it is often possible to arrive at a general meaning for any given word. For example, the Spanish word *atraer* is made up of the prefix *ad* and the stem *traer* and literally means "to bring to" or "to bring toward." The Spanish word *distraer* means "to bring or pull away or in different directions." Thus, we have the verbs *attract* and *distract*.

Prefix	Meaning	Spanish example	English example
a, ab	from, away from	abstenerse	abstain
ad	to, toward, at	admirar	admire
bi	twice, double, two	bilingüe	bilingual
contra	against, contrary to	contradecir	contradict
cum	with, together with	cooperar	cooperate
(*Also* co-, com-, con-)		comparar	compare

de	down, off, away	depender	depend
dis	apart, away, in different directions	distribuir	distribute
e, ex	out of, away from	exclamar	exclaim
in	in, into, upon; not	iluminar	illuminate
(*Also* ig-, il-,		inofensivo	inoffensive
im-, ir-, en-)		instalar	install
inter,	between, among,	intercambio	interchange
intra,	within, inside	introvertido	introvert
intro			
ne, non	not, no	negativo	negative
ob	against	obstáculo	obstacle
per	through, by	permanente	permanent
post	after, behind	posterior	posterior
pre	before	preparar	prepare
pro	before, on behalf of, forth, forward, for	proclamar	proclaim
re, red	again, back	reconocer	recognize
sub	under, beneath, below	subterráneo	subterranean
sobre,	above, over	sobrenatural	supernatural
super		superintendente	superintendent
trans	across, beyond, through	transitorio	transitory

A. Based on the prefix and its meaning and the stem and its meaning, what is the literal meaning of the following Spanish words?

	Word	Stem	Meaning	Literal Meaning of Word
1.	reconocer	conocer	to recognize	to know again
2.	contradecir	_____	_____	_____
3.	subterráneo	_____	_____	_____
4.	abstener	_____	_____	_____
5.	intercambio	_____	_____	_____
6.	introvertido	_____	_____	_____
7.	exportar	_____	_____	_____
8.	predecir	_____	_____	_____
9.	inesperado	_____	_____	_____

10. importar   _____ _____   _____
11. coexistir   _____ _____   _____
12. revolver   _____ _____   _____
13. posguerra   _____ _____   _____
14. promover   _____ _____   _____

B. Based on the prefixes, what are the literal meanings of the following words that have *poner*, "to put", as their root?

a. reponer   e. interponer   i. sobreponer
b. disponer   f. componer   j. imponer
c. oponer   g. proponer   k. transponer
d. exponer   h. deponer

Suffixes   The use of suffixes to change meaning and form new words is as basic in Spanish as it is in English.

Pattern: stem + suffix   **Example:** good + ness

Although the suffixes are not so similar, as is the case with prefixes, learning the equivalent forms is a simple matter. Once you know, for example, that *ción* in Spanish is the equivalent of *tion* in English, then *ración* and *nación* are easily recognized and understood. Many of these equivalent suffix forms you already recognize.

Give the English for the following words, noticing the endings.

1. forma	11. divino	21. ornado	31. curar
2. instante	12. activo	22. nación	32. mover
3. conducto	13. eterno	23. nacional	33. servir
4. fama	14. verboso	24. potencial	34. meditar
5. caso	15. centro	25. sociedad	35. clasificar
6. palacio	16. ceremonia	26. multitud	36. comunismo
7. adversario	17. abundancia	27. frágil	37. comunista
8. vicario	18. agricultura	28. extender	38. personalmente
9. censo	19. lógica	29. limitar	
10. museo	20. orador	30. confundir	

Compound Words   In addition to adding prefixes or suffixes to a root stem, other words are formed by putting two words together to form one new word.

Pattern: stem + stem   **Example:** type + writer

Although this type of word formation is not so common in Spanish as in English, such combinations do occur. Try to guess the meaning of the following examples.

1. *Quitar* means to take away and *sol* means sun. What is a *quitasol*?
2. *Parar* means to stop and *caer* means to fall. What is a *paracaídas*?
3. *Portar* means to carry and *moneda* means coin. What is a *portamonedas*?
4. *Salvar* means to save and *vida* means life. What is a *salvavidas*?
5. *Tocar* means to play and *disco* means record. What is a *tocadiscos*?
6. *Abrir* means to open and *lata* means can. What is an *abrelatas*?
7. *Sin* means without and *vergüenza* means shame. What is a *sinvergüenza*?
8. *Que* means that or what and *hacer* to do. What are *quehaceres*?

Word Families Word families consist of a series of words formed by adding various prefixes, suffixes, and/or other words to the stem. Forming the habit of looking for the key stem in a word will often enable you to guess the meaning of an unknown word in Spanish just as you regularly do in English. By knowing one word, you probably know others as well.

The following two examples of word families illustrate the use of all the above mentioned devices to change the meaning of words. Match the English words with the Spanish words by putting the letter of the English word in the blank.

tierra (earth, land)

1. aterrar _____	**A.** to disinter
2. aterrizar _____	**B.** terrain
3. desenterrar _____	**C.** to exile
4. desterrar _____	**D.** territorial
5. enterrar _____	**E.** to throw to the ground
6. terreno _____	**F.** territory
7. territorio _____	**G.** to land
8. territorial _____	**H.** to bury

creer (to believe)

1. credencial _____	**A.** creed
2. credibilidad _____	**B.** to accredit
3. crédito _____	**C.** belief
4. credo _____	**D.** credential
5. creencia	**E.** believable
6. creíble _____	**F.** unbelievable
7. acreditar _____	**G.** credit
8. increíble _____	**H.** credibility

Additional Practice Exercises

1. **Estudiante** *Estudiante* means _____.
   In English there are many words beginning with an *s* plus a consonant. This combination of letters does not occur in Spanish. Spanish equivalents begin with the letter *e*.
   What are the English equivalents of the following words?

español	espiral	estimulante
espíritu	escándalo	estampa

   Too, other words look similar to *estudiante,* but the ending on the word indicates that the meaning is slightly different. For example, the same base word is used in different ways in the sentence, *El estudiante es estudioso.* The student is studious. Many word endings are also similar in Spanish and English.
   Estudi*ante* is to stud*ent* as particip*ante* is to _____; dist*ante* is to _____; and perman*ente* is to _____.
   Estudi*oso* is to studi*ous* as fam*oso* is to _____; as curi*oso* is to _____; and industri*oso* is to _____.

2. **Día** *Día* means _____. The same base word may be used in English to express a similar idea. For example, many families receive both the _____ and the Sunday paper. He looked at the _____ of his watch to see what time it was. She writes every night in her _____.

3. **Libro** *Libro* means _____. The same base word is used with the idea of *book* in familiar English words. For example, I like to read, so I often go to the _____ to check out some interesting books. While I am there, the _____ helps me find what I want.

4. **Hora** *Hora* means _____. Similarly, a worker who works by the hour receives an _____ wage. Before clocks were invented, an _____ glass was used to measure time.

5. **Pesa** *Pesar* means "to weigh" as in the sentence: *El libro pesa mucho.* The book is heavy. Consider the meaning of the following related Spanish words.

   a. Would a *pesadilla* be a good or a bad dream?
   b. What is the English word for *pesadilla*?
   c. How would you feel if you were filled with *pesadumbre,* lighthearted and happy or heavyhearted and sad?
   d. Would you extend *pésame* to a person who had just scored a success or someone who had just suffered a serious loss?
   e. Can you explain the use of *peso* and *peseta* to refer to money?
   f. What is the relationship between *pesa* and the words *pesimismo* and *pesimista*?

6. **Joven** *Joven* means _____. We also have a related word in English that is very familiar. In fact, we hear a great deal about _____ deliquency. If an adult thinks something is childish, he refers to it as _____; yet for ages man has searched for ways to re_____ himself.

7. **Espera** *Espera* means _____. *Sala* means room. What is a *sala de esperar*? *Esperar* also carries the meaning of hope in certain contexts. The use of the word with this meaning is quite common in English. For example, what does it mean to live in despair? What is the literal meaning of the word desperate? We even have a related Spanish word in our language, *desperado*. What is a *desperado*? How has the meaning of the word changed as it has been incorporated into our language?

8. **Escribir** *Escribir* means _____. Try to guess the meaning of the related Spanish words in the following sentences.
El escritor *está escribiendo en el* escritorio. *La* escritura *es una invención importante del hombre.*
There are several related English words that have similar meanings and forms. What is a scribe? What is someone doing who is scribbling? I cannot read this. The script is not clear. What is the script? What are the Scriptures?

Capítulo 1
Los dos reyes y los dos laberintos

Preparación

Introducción

«Los dos reyes y los dos laberintos» es un cuento cortísimo que se puede leer rápidamente y sin ninguna dificultad. Por eso, es fácil comprender lo que describe el autor y lo que sucede en la narración.

Como su título lo indica, éste es un relato sobre dos reyes y dos laberintos en el que se describe la visita de un rey al otro, lo que ocurre durante esta visita, y las consecuencias.

Aunque el cuento es corto, el tema es profundo. Este cuento no consiste solamente en la descripción de dos reyes de personalidades muy distintas y de dos laberintos diferentes, sino que representa algo más universal—distintos tipos de gente y distintos conceptos respectivamente. A causa de esta combinación de sencillez y complejidad, esta narración breve es interesante y estimulante.

Vocabulario

Cognados Ya sabes muchas palabras que se encuentran en este cuento. Da el equivalente inglés de los siguientes cognados.

arquitecto, construir, laberinto, perplejo, sutil, prudente, aventurar, entrar, escándalo, confusión, maravilla, operaciones, corte, simplicidad, penetrar, implorar, divino, servir, regresar, capitán, fortuna, camello, desierto, substancia, bronce, galerías, abandonar, gloria

Raíces Similares En el caso de otras palabras en este cuento, la palabra española y la palabra inglesa tienen raíces muy parecidas en forma y en significado. Estudia las tres listas siguientes. Para cada palabra española en la lista a la izquierda, escoge de la segunda lista la palabra asociada inglesa. Entonces, de la tercera lista escoge el significado inglés de la palabra española. Por ejemplo, la palabra asociada inglesa de contar es C. *recount;* el significado en inglés es G. *to tell, relate.*

1. contar	**A.** primary, primer	**a.** days, times
2. digno	**B.** perdition	**b.** ruler, king
3. primero	**C.** recount	**c.** to order
4. días	**D.** reign	**d.** magician
5. rey	**E.** magic	**e.** to wander
6. mago	**F.** vagabond	**f.** worthy
7. mandar	**G.** demonstrate	**g.** to tell, relate
8. perder	**H.** dignify	**h.** to show
9. vagar	**I.** dial, diary	**i.** first, early
10. mostrar	**J.** mandatory	**j.** to lose

Palabras Relacionadas   En el caso de aún otras palabras en este cuento, se puede determinar el significado por pensar en palabras similares en español. Da el significado inglés de las palabras en itálica en las selecciones siguientes. Para ayudarte, se indica entre paréntesis una palabra relacionada a la itálica.

1. (frente)   vagó *afrentado* y confundido hasta la declinación de la tarde
2. (burlarse de)   para hacer *burla* de la simplicidad de su huésped
3. (quejarse)   Sus labios no profirieron *queja* ninguna
4. (junto)   Luego regresó a Arabia, *juntó* sus capitanes
5. (rey)   estragó los *reinos* de Babilonia
6. (caballo)   *Cabalgaron* tres días
7. (atar)   Luego le *desató* las ligaduras
8. (fatiga)   donde no hay. . . *fatigosas* galerías que recorrer

Preguntas

Busca las respuestas a estas preguntas mientras que leas el cuento.

1. ¿Qué quería construir el rey de Babilonia?
2. ¿Por qué congregó a sus arquitectos y magos?
3. ¿Quién vino a visitar a este rey?
4. ¿Con qué objetivo lo hizo entrar en su laberinto el rey de Babilonia?
5. ¿Qué le pasó en el laberinto al rey de los árabes?
6. ¿Qué le dijo al rey de Babilonia al salir?
7. ¿Por qué juntó a sus capitanes y sus alcaides al volverse a Arabia?
8. ¿A quién hicieron cautivo los capitanes y alcaides árabes?
9. ¿A dónde llevaron a este cautivo?
10. ¿Qué le pasó allí?

Los dos reyes y los dos laberintos

por Jorge Luis Borges (1899–   )

Nacido en la Argentina. Durante la Primera Guerra Mundial vivió en Suiza y después pasó una temporada en España. Volvió a la Argentina donde trabajó en la Biblioteca Nacional de Buenos Aires y se dedicó a escribir. Actualmente, está jubilado y casi ciego.

Es autor bien conocido en todo el mundo. Es poeta lírico y ensayista, pero su especialidad es la narración breve. Usa mucho las imágenes, en especial las del «espejo» y del «laberinto». Combina la metafísica y la literatura en cuentos de fantasía para presentar sus ideas sobre la vida y un orden superior. Ejemplos de su obra son *Ficciones* (1944) y *El Aleph* (1949).

Alá: *Dios*

Cuentan los hombres dignos de fe (pero Alá° sabe más) que en los primeros días hubo un rey de las islas de Babilonia que congregó a sus arquitectos y magos y les mandó construir un laberinto tan perplejo y sutil que los varones más prudentes no se aventuraban a entrar, y los que entraban se perdían. Esa obra era un escándalo, porque la confusión y la maravilla son operaciones propias de Dios y no de los hombres. Con el andar del tiempo vino a su corte un rey de los árabes, y el rey de Babilonia (para hacer burla de la simplicidad de su huésped) lo hizo penetrar en el laberinto, donde vagó afrentado° y confundido hasta la declinación de la tarde. Entonces imploró socorro° divino y dio con° la puerta. Sus labios no profirieron° queja ninguna, pero le dijo al rey de Babilonia que él en Arabia tenía un laberinto mejor y que, si Dios era servido, se lo daría a conocer° algún día. Luego regresó a Arabia, juntó sus capitanes y sus alcaides° y estragó° los reinos de Babilonia con tan venturosa° fortuna que derribó° sus castillos, rompió sus gentes e hizo cautivo al mismo rey. Lo amarró° encima de un camello veloz y lo llevó al desierto. Cabalgaron tres días, y le dijo: «¡Oh, rey del tiempo y substancia y cifra del siglo!, en Babilonia me quisiste perder en un laberinto de bronce con muchas escaleras, puertas y muros°; ahora el

afrentado: *insultado*
socorro: *ayuda*
dio con: *encontró*
profirieron: *pronunciaron*
daría a conocer: *presentaría*
alcaides: *guardianes de una fortaleza*
estragó: *arruinó*
venturosa: *afortunada*
derribó: *demolió*
amarró: *ató con cuerdas*
cifra: *número*
muros: *paredes*

5

10

15

20

Poderoso: *Dios*
ha... bien: *lo ha hecho posible*
veden: *impidan*
ligaduras: *vueltas de las cuerdas*
Aquel... muere: *Dios*

Poderoso° ha tenido a bien° que te muestre el mío, donde no hay escaleras que subir, ni puertas que forzar, ni fatigosas galerías que recorrer, ni muros que te veden° el paso.»

Luego le desató las ligaduras° y lo abandonó en mitad del desierto, donde murió de hambre y de sed. La gloria sea con Aquel que no muere.°

5

Práctica

Resumen

Escribe en español un resumen de este cuento, y ven a clase preparado(a) a presentárselo oralmente a un(a) compañero(a) de clase.

Uso de Palabras

Con las palabras que siguen, escribe por lo menos doce oraciones—tres descripciones del rey de Babilonia, tres del rey árabe, tres del laberinto de Babilonia, y tres del laberinto árabe. En clase, lee las oraciones a un(a) compañero(a) para ver si sabe identificar lo que describes.

prudente, escándalo, afrentado, queja, hacer cautivo, escaleras, orgulloso, sutil, perderse, hacer burla, implorar socorro divino, derribar, de bronce, muros, perplejo, no aventurarse a entrar, simplicidad, confundido, mejor, rey del tiempo y substancia, puertas

Pensar y Comentar

Organización del cuento ¿Con qué línea termina la introducción? ¿Qué información le presenta el autor al lector en la introducción?

¿Con qué linea termina el desarrollo? Describe el argumento, o el conflicto, presentado en esta sección.

El resto del cuento es el desenlace, la conclusión o la solución al conflicto presentado en el desarrollo del argumento. ¿Cómo resuelve el autor el conflicto?

Los dos reyes   ¿En qué son similares? ¿En qué son diferentes? ¿Con cuál te identificas más? Describe tus reacciones cuando el rey árabe estaba perdido en el laberinto, cuando el rey árabe le hizo cautivo al rey de Babilonia, y cuando el rey de Babilonia se murió de hambre y de sed en el desierto. ¿Crees que fue justo lo que le pasó al rey de Babilonia? ¿Por qué crees así?

Los dos laberintos   ¿Cuáles son las características principales de un laberinto? ¿En qué son similares los dos laberintos de este cuento? ¿En qué son diferentes? Contrasta el lado complejo y el sencillo de ambos. En este cuento, ¿cuál de los dos laberintos es superior? ¿Qué datos del cuento puedes citar para justificar tu conclusión?

Simbolismo   ¿Qué tipo de persona representa cada rey? ¿Qué simboliza cada laberinto?

Tema   A un nivel, este cuento trata de dos reyes orgullosos, pero hay otros posibles niveles de interpretación. ¿De qué habla de veras el autor? Piensa en los siguientes temas, y trata de asociar cada uno con lo que pasa en este cuento. ¡Y por favor, menciona otros en que hayas pensado tú!

1. El buen trato hacia todo el mundo
2. El respeto hacia los demás y no hacer burla de nadie
3. La ayuda de Dios
4. La necesidad de recibir ayuda y cooperación en este mundo complejo
5. El triunfo de lo divino sobre lo humano
6. La venganza
7. El orgullo
8. La naturaleza y la civilización
9. Los "city slickers" y los "country bumpkins"

La fe   ¿En qué tenía fe el rey de Babilonia? ¿En qué tenía fe el rey de Arabia? ¿Cómo demostraba su fe cada uno?

Otros puntos de discusión   ¿Qué te parece el comentario en el cuento de que «Esa obra era un escándalo, porque la confusión y la maravilla son operaciones propias de Dios y no de los hombres»? ¿Qué quiere decir el autor? ¿Cuáles son las implicaciones de esta frase para la sociedad contemporánea?

El autor terminó el cuento diciendo «La gloria sea con Aquel que no muere.» Explica lo que esta frase quiere decir. En tu opinión, ¿por qué terminó el cuento así?

Reacción personal   ¿Qué piensas de este cuento? Explica por qué te gusta o por qué no te gusta. ¿Tienes otra(s) idea(s) que quieras relatar a la clase?

Temas de Composición

A. Pensando en un laberinto como algo complejo en que es fácil perderse y difícil encontrar la salida, escribe sobre los laberintos en tu vida y sobre lo que haces para no perderte. Algunas cosas que pueden ser laberintos son la vida, la sociedad, la universidad, una clase, una amistad, o un pariente.

B. ¿Hay obras propias de Dios en las que no deben meterse los seres humanos? ¿Hay actividades o investigaciones científicas en las que no debe participar el ser humano? Considera cuestiones como explorar el espacio, controlar el tiempo, usar drogas para cambiar la mente y la personalidad, utilizar la energía nuclear, manipular los genes, controlar los nacimientos, y desarrollar los clones.

Capítulo 2
Cronopios, famas y esperanzas

Preparación

Introducción

A veces un autor emplea la fantasía para examinar la realidad de la vida, como en el caso de *Lord of the Rings* o *Chronicles of Narnia*. Siguiendo este método, Cortázar ha creado personajes mitológicos a los que llama cronopios, famas, y esperanzas. El autor nunca los describe físicamente porque no tiene interés en sus cuerpos. En lugar de hacer eso, describe sus reacciones y sus emociones en varias situaciones. Es evidente que el aspecto importante de los tres grupos es su psicología.

En los siguientes episodios nos enteramos de como son los cronopios, los famas, y las esperanzas por medio de lo que hacen y piensan. Lo importante es notar como reacciona cada grupo y en que sentido es diferente cada grupo en los episodios. Los personajes son pura fantasía, pero sus actitudes en las situaciones sí son reales.

Vocabulario

Cognados Ya sabes muchas palabras que se encuentran en este cuento. Da el equivalente inglés de los siguientes cognados.

calidad, comisaria, inventario, contenido, firme, sedentario, virtud, microbio, instantáneo, resultado, alpinista, remedio, grosero, arquetipo, contaminarse, poseer, pasta dentífrica, cantidad, indignar, inconsciencia, espeleológico, subterráneo, paquete, detalle, calmar, informar, príncipe, vena, urbanismo, inscribir

Raíces Similares En el caso de otras palabras en este cuento, la palabra española y la palabra inglesa tienen raíces muy parecidas en forma y en significado. Estudia las tres listas siguientes. Para cada palabra española en la lista a la izquierda, escoge de la segunda lista la palabra asociada inglesa. Entonces, de la tercera lista escoge el significado inglés de la palabra española.

1. médico	A. molestation	a. hand
2. mano	B. medical	b. doctor
3. molestar	C. manual	c. to bother
4. ejemplar	D. equivocate	d. to hate
5. saludar	E. exemplary	e. to greet
6. equivocarse	F. odious	f. example
7. diente	G. dental	g. tooth
8. odiar	H. salutation	h. to make a mistake

Palabras Relacionadas En el caso de aún otras palabras en este cuento, uno puede determinar el significado por pensar en palabras similares en español. Da el significado inglés de las palabras en itálica en las selecciones siguientes. Para ayudarte, se indica entre paréntesis una palabra relacionada a la itálica.

1. (noche)   sus costumbres al *pernoctar* en una ciudad
2. (viaje)   los *viajeros* se reunen en la plaza
3. (animar)   no se *desaniman* porque creen firmemente
4. (des, cubrir)   *descubrió* que la virtud era un microbio
5. (morder)   renunció a sus comentarios *mordaces*
6. (nuevo)   comentar las *novedades* municipales

Preguntas

Busca las respuestas a estas preguntas mientras que leas las selecciones.

«Viajes»

1. ¿Qué precauciones toman los famas cuando llegan a una ciudad nueva?
2. ¿Qué hacen los cronopios en las ciudades en que pasan la noche?
3. ¿Por qué no viajan las esperanzas?

«La cucharada estrecha»

4. ¿Qué descubrió un fama?
5. ¿A quiénes se la dió?
6. ¿Cuál fue el resultado?

«Lo particular y lo universal»

7. ¿Qué hacía el cronopio?
8. ¿Por qué se enojaron los famas?

«Eugenesia»

9. ¿Por qué no quieren tener hijos los cronopios?
10. ¿Cuál es su plan para mejorar la situación?
11. ¿En qué se equivocan los cronopios?

«Educación de príncipe»

12. ¿Qué piensan los cronopios de sus hijos?
13. ¿Qué piensan los hijos de sus padres?

Cronopios, famas, y esperanzas

por Julio Cortázar (1914–   )

Franco-Argentino. Su padre era un diplomático argentino y Cortázar nació en Bruselas, Bélgica. Volvió a la Argentina en 1918. Se graduó en la Universidad Nacional de Buenos Aires y después pasó unos años dedicado a la enseñanza. En 1951 se trasladó a París donde sigue viviendo. Se ha dedicado a escribir y traducir, sirviendo a veces como intérprete. Tiene raíces en la cultura francesa, anglosajona, y también española.

Cortázar no sigue las formas tradicionales de narración. Le gusta expresarse de una manera original, ya que quiere explorar el mundo real por medio de la fantasía. Usa a veces el mito, la fábula, y la alegoría para expresar sus ideas sobre el hombre contemporáneo. Obra suya más conocida es la novela, *Los premios y Rayuela* (1963), y unos volúmenes de cuentos, incluso *Historias de cronopios y de famas* (1962).

Viajes

Cuando los famas salen de viaje, sus costumbres al pernoctar en una ciudad son las siguientes: Un fama va al hotel y averigua cautelosamente° los precios, la calidad de las sábanas y el color de las alfombras. El segundo se traslada a la comisaría y labra° un acta° declarando los muebles e inmuebles de los tres, así como el inventario del contenido de sus valijas. El tercer fama va al hospital y copia las listas de los médicos de guardia y sus especialidades. 5

Terminadas estas diligencias, los viajeros se reúnen en la plaza mayor de la ciudad, se comunican sus observaciones, y entran en el café a beber un aperitivo. Pero antes se toman de las manos y danzan en ronda.° Esta danza recibe el nombre de "Alegría de los famas". 10

Cuando los cronopios van de viaje, encuentran los hoteles llenos, los trenes ya se han marchado, llueve a gritos,° y los taxis 15

cautelosamente: *con cuidado*
labra: *llena*
acta: *documento*

ronda: ring-around-a-rosy

a gritos: *mucho*

no quieren llevarlos o les cobran precios altísimos. Los cronopios no se desaniman porque creen firmemente que estas cosas les ocurren a todos, y a la hora de dormir se dicen unos a otros: «La hermosa ciudad, la hermosísima ciudad». Y sueñan toda la noche que en la ciudad hay grandes fiestas y que ellos están invitados. Al otro día se levantan contentísimos, y así es como viajan los cronopios.

5

Las esperanzas, sedentarias, se dejan viajar por las cosas y los hombres, y son como las estatuas que hay que ir a ver porque ellas no se molestan.

10

La cucharada estrecha

patas: *pies de animal*

Un fama descubrió que la virtud era un microbio redondo y lleno de patas.° Instantáneamente dio a beber una gran cucharada de virtud a su suegra. El resultado fue horrible: esta señora renunció a sus comentarios mordaces, fundó un club para la protección de alpinistas extraviados, y en menos de dos meses se condujo de manera tan ejemplar que los defectos de su hija, hasta entonces inadvertidos, pasaron a primer plano con gran sobresalto y estupefacción° del fama. No le quedó más remedio que dar una cucharada de virtud a su mujer, la cual lo abandonó esa misma noche por encontrarlo grosero, insignificante, y en un todo diferente de los arquetipos morales que flotaban rutilando° ante sus ojos.

5

estupefacción: *sorpresa*

rutilando: sparkling

frasco: *botella*

El fama lo pensó largamente, y al final se tomó un frasco° de virtud. Pero lo mismo sigue viviendo solo y triste. Cuando se cruza en la calle con su suegra o su mujer, ambos se saludan respetuosamente y desde lejos. No se atreven ni siquiera a hablarse, tanta es su respectiva perfección y el miedo que tienen de contaminarse.

10

15

Lo particular y lo universal

Un cronopio iba a lavarse los dientes junto a su balcón, y poseído de una grandísima alegría al ver el sol de la mañana y las hermosas nubes que corrían por el cielo, apretó enormemente el tubo de pasta dentífrica y la pasta empezó a salir en una larga cinta rosa. Después de cubrir su cepillo con una verdadera

5

Cronopios, famas y esperanzas   **29**

montaña de pasta, el cronopio se encontró con que le sobraba
todavía una cantidad, entonces empezó a sacudir el tubo en la
ventana y los pedazos de pasta rosa caían por el balcón a la calle
donde varios famas se habían reunido a comentar las novedades
municipales. Los pedazos de pasta rosa caían sobre los sombreros   5
de los famas, mientras arriba el cronopio cantaba y se frotaba° los
dientes lleno de contento. Los famas se indignaron ante esta
increíble inconsciencia del cronopio, y decidieron nombrar una
delegación para que lo imprecara° inmediatamente, con lo cual la
delegación formada por tres famas subió a la casa del cronopio y   10
lo increpó° diciéndole así:

    —Cronopio, has estropeado° nuestros sombreros, por lo
cual tendrás que pagar.

    Y después, con mucha más fuerza:

    —¡¡Cronopio, no deberías derrochar° así la pasta dentífrica!!   15

frotaba: *cepillaba con fuerza*

imprecara: *manifestara deseo de daño*

increpó: *corrigió con severidad*
estropeado: *maltratado*

derrochar: *malgastar*

Eugenesia

Pasa que los cronopios no quieren tener hijos, porque lo primero
que hace un cronopio recién nacido es insultar groseramente a su
padre, en quien oscuramente ve la acumulación de desdichas° que
un día serán las suyas.

    Dadas estas razones, los cronopios acuden a los famas para   5
que fecunden a sus mujeres, cosa que los famas están siempre
dispuestos a hacer por tratarse de seres libidinosos.° Creen
además que en esta forma irán minando la superioridad moral de
los cronopios, pero se equivocan torpemente pues los cronopios
educan a sus hijos a su manera, y en pocas semanas les quitan   10
toda semejanza con los famas.

desdichas: *miserias*

libidinosos: lustful

Educación de príncipe

Los cronopios no tienen casi nunca hijos, pero si los tienen
pierden la cabeza y ocurren cosas extraordinarias. Por ejemplo un
cronopio tiene un hijo, y en seguida lo invade la maravilla y está
seguro de que su hijo es el pararrayos° de la hermosura y que por
sus venas corre la química completa con aquí y allá islas llenas de   5
bellas artes y poesía y urbanismo. Entonces este cronopio no
puede ver a su hijo sin inclinarse profundamente ante él y decirle
palabras de respetuoso homenaje.

pararrayos: *de parar y rayos*

El hijo, como es natural, lo odia minuciosamente. Cuando entra en la edad escolar, su padre lo inscribe en primero inferior y el niño está contento entre otros pequeños cronopios, famas y esperanzas. Pero se va desmejorando° a medida que se acerca el mediodía, porque sabe que a la salida lo estará esperando su padre, quien al verlo levantará las manos y dirá diversas cosas, a saber:

desmejorando: *empeorando*

—Buenas salenas cronopio cronopio,° el más bueno y más crecido y más arrebolado° y más prolijo° y más respetuoso y más aplicado de los hijos!

Buenas... cronopio: nonsense rhyme
arrebolado: ruddy
prolijo: *pesado*
retuercen: *hacen contorsiones*
vereda: *senda estrecha*
empecinadamente: *obstinadamente*

Con lo cual los famas y las esperanzas júnior se retuercen° de risa en el cordón de la vereda,° y el pequeño cronopio odia empecinadamente° a su padre y acabará siempre por hacerle una mala jugada entre la primera comunión y el servicio militar. Pero los cronopios no sufren demasiado con eso, porque también ellos odiaban a sus padres, y hasta parecería que ese odio es otro nombre de la libertad o del vasto mundo.

5

10

15

Práctica

Resumen

Escribe en español un resumen de estos episodios y ven a clase preparado(a) a presentárselo oralmente a un(a) compañero(a) de clase.

Uso de Palabras

Emplea todas las palabras de cada lista en una oración. El objetivo es escribir una sola oración completa y razonable utilizando todas las palabras en la lista. Si esto te es imposible, incluye todas las palabras en dos oraciones, o tres, etcétera. Cualquier(a) estudiante que tenga menos oraciones gana.

viaje	descubrir	recién nacido	lavarse los	perder la
diligencias	resultado	desdichas	dientes	cabeza
ciudad	ejemplar	dispuesto	alegría	homenaje
lleno	no quedar	equivocarse	cepillo	odiar
precios	más	torpe	pasta	acabar
desanimar	remedio		dentífrica	
	miedo		novedades	
			indignarse	

Pensar y Comentar

Viajes   ¿Qué adjetivos se pueden usar para describir los famas, los cronopios, y las esperanzas en este episodio? ¿Qué grupo es más parecido a ti y a tus costumbres—el que hace muchos planes para el futuro? ¿el pragmático? ¿el que acepta con alegría todo lo que pasa? ¿el que a veces tiene miedo de participar y se queda en casa como la esperanza? ¿Qué crees que simboliza el «viaje»? ¿Qué quiere decirnos el autor en este episodio?

Cucharada   ¿Qué efecto tuvo la virtud en la suegra, la mujer, y el fama? ¿Fue un efecto malo o bueno? En tu opinión, ¿por qué «pensó largamente» el fama antes de tomar un frasco de virtud?

¿Por qué tomarías o por qué no tomarías tú la virtud si fuera posible? ¿En qué sentido es deseable o en cuál no es deseable la perfección?

¿Cuál es el mensaje del autor aquí?

Lo particular y lo universal   ¿Cómo se caracteriza el cronopio en este episodio? ¿Cómo reaccionaron los famas? En tu opinión, ¿por qué decidieron nombrar una delegación para hablarle? ¿Cuáles fueron los dos objectivos de la delegación? ¿De cuál le hablaron primero? ¿Qué quiere decir el título y qué tiene que ver con el cuento?

Eugenesia   ¿Por qué insultan groseramente los hijos a los cronopios? ¿Cómo es que el plan de ir minando la superioridad moral de los cronopios no tiene éxito?

¿Cual es la tesis del autor? ¿Por qué estás o por qué no estás de acuerdo?

Educación de príncipe   ¿Qué implica el autor en este episodio? Explica por qué crees que tiene razón o, por el contrario, por qué crees que no tiene razón. ¿Por qué usa el autor la palabra «príncipe» en el título para referir a los hijos? ¿A qué edad termina este odio?

¿Han cambiado tus relaciones con tus padres a varias edades? Por ejemplo, ¿a los tres, ocho, quince, dieciocho años? Comenta los cambios con otros miembros de la clase.

¿Qué te parece «ese odio es otro nombre de la libertad o del vasto mundo»? ¿En qué sentido es esto verdad o no es verdad?

Tema   ¿Cómo son los tres grupos en cada episodio? ¿Hay un(os) tema(s) que se aplica(n) a todas las selecciones? ¿Qué representan los cronopios, los famas, y las esperanzas?

Reacción personal   ¿Te gusta la manera en que el autor presenta sus ideas? ¿Sí, o no? ¿Y por qué? ¿Tienes otra(s) idea(s) que quieras relatar a la clase?

Temas de Composición

A. Los cronopios, los famas, y las esperanzas—Comenta si puedes o si no puedes identificarte con cada grupo. Además, habla sobre las ventajas y las desventajas de tener las características de cada grupo.

B. Hay dos artículos que tratan de las relaciones entre padres e hijos. En uno el autor dice que los hijos odian a los padres porque en ellos ven «oscuramente la acumulación de desdichas que un día serán las suyas». En el otro dice también que «ese odio es otro nombre de la libertad». ¿Tiene razón el autor? Describe tu filosofía sobre la crianza de los niños. ¿Cómo deben tratar los padres a los hijos y viceversa?

Capítulo 3
El buen ejemplo

Preparación

Introducción

El autor describe una escuela rural mexicana, al profesor, a los estudiantes, y al mejor estudiante. Vemos salir a los estudiantes de la escuela, y participamos en el descanso del maestro al fin del día de trabajo. Nos sorprende la acción inesperada del mejor estudiante y estamos con el maestro en su viaje cuando encuentra a su mejor estudiante otra vez.

Este maestro, esta escuela, y estos estudiantes tienen ciertas características bien descritas por el autor. Presta atención a las descripciones. También, presta atención al tono del autor. ¿Es sincero, realista, cínico, sarcástico, crítico, malhumorado, amargo, o qué?

Vocabulario

Cognados   Ya sabes muchas palabras que se encuentran en este cuento. Da el equivalente inglés de los siguientes cognados.

ejemplo, razón, crédito, narración, parte, refugiarse, rayos, obligación, mártir, necesitar, especie, coro, letras, doctrina, cristiana, diaria, entusiasmado, trémulo, acompañar, fatiga, respetable, materno, confianza, grano, persecución, distinguido, escolar, ingratitud, cortés, distancia, inmovilidad, silencio, alucinación, claro, majestuosamente, vértigo

Raíces similares   En el caso de otras palabras en este cuento, la palabra española y la palabra inglesa tienen raíces muy parecidas en forma y en significado. Estudia las tres listas siguientes. Para cada palabra española de la lista a la izquierda, escoge de la segunda lista la palabra asociada inglesa. Entonces, de la tercera lista escoge el significado inglés de la palabra española.

1. anciano	**A.** testify	**a.** old
2. testigo	**B.** pertinent	**b.** lit
3. encendido	**C.** ancient	**c.** to belong to
4. vecino	**D.** incendiary	**d.** neighbor
5. pertenecer	**E.** vicinity	**e.** witness
6. comenzar	**F.** commence	**f.** to stir up
7. agitar	**G.** calorie	**g.** to begin
8. calor	**H.** agitate	**h.** heat

Palabras Relacionadas En el caso de aún otras palabras en este cuento, se puede determinar el significado por pensar en palabras similares en español. Da el significado inglés de las palabras en itálica en las selecciones siguientes. Para ayudarte, se indica entre paréntesis una palabra relacionada a la itálica.

1. (peso) al cumplimiento de su *pesada* obligación
2. (lejos) los miraba *alejarse*, . . . trémulo de satisfacción
3. (débil) tenía un loro que era, como se dice hoy, su *debilidad*
4. (correr) El loro *recorría* la percha de arriba abajo
5. (sentarse) volvió a ocupar su *asiento*
6. (olvidar) había echado al *olvido* la ingratitud de Perico
7. (silla) *ensilló* su caballo
8. (obscuro) han visto disiparse las sombras del *obscurantismo* y la ignorancia

Preguntas

Busca las respuestas a estas preguntas mientras que leas el cuento.

1. ¿Cómo trata el autor de convencer al lector que este cuento es verdad?
2. ¿Dónde tiene lugar?
3. ¿Cómo es el trabajo de maestro de una escuela rural?
4. ¿De qué manera estudiaban los estudiantes?
5. Describe los sentimientos del maestro al mirar la salida de los estudiantes.
6. ¿Cómo se portaban los estudiantes fuera de la escuela?
7. ¿Qué hacía el maestro después de las clases?
8. ¿Quién era su mejor discípulo y mejor amigo?
9. ¿Adónde fue este discípulo?
10. ¿Qué hacía este estudiante allí?

El buen ejemplo

por Vincente Riva Palacio (1832–1896)

Mexicano. Como muchos hombres de letras españoles e hispanoamericanos, no se dedicó solamente a escribir sino que también fue general, político, y diplomático. Vivió durante la época en que Maximiliano fue declarado emperador de México por Napoleón III.

Conoció bien la historia de México y escribió unas novelas en las que combina realidad y ficción en aventuras históricas. Pero es menos conocido por sus novelas que por sus cuentos, en los que escribió sobre la vida de su época. Fue uno de los padres del cuento mexicano.

Si yo afirmara que he visto lo que voy a referir, no faltaría, sin duda, persona que dijese que eso no era verdad; y tendría razón, porque no lo vi, pero lo creo, porque me lo contó una señora anciana, refiriéndose a personas a quienes daba mucho crédito y que decían haberlo oído de una persona que llevaba amistad con un testigo fidedigno,° y sobre tales bases de certidumbre° bien puede darse fe a la siguiente narración: 5

En la parte sur de la República Mexicana, y en las faldas de la Sierra Madre, que van a perderse en las aguas del Pacífico, hay un pueblecito como son en general todos aquéllos: casitas blancas 10
cubiertas de encendidas tejas° o de brillantes hojas de palmera, que se refugian de los ardientes rayos del sol tropical a la fresca sombra que les prestan enhiestos° cocoteros,° copudos° tamarindos° y crujientes° platanares° y gigantescos cedros.

El agua en pequeños arroyuelos° cruza retozando° por todas 15
las callejuelas, y ocultándose a veces entre macizos° de flores y de verdura.

En este pueblo había una escuela, y debe haberla todavía; pero entonces la gobernaba don Lucas Forcida, personaje muy bien querido por todos los vecinos. Jamás faltaba a las horas de 20
costumbre al cumplimiento de su pesada obligación. ¡Qué vocaciones de mártires necesitan los maestros de escuela de los pueblos!

En esa escuela, siguiendo tradicionales costumbres y uso general en aquellos tiempos, el estudio para los muchachos era 25
una especie de orfeón, y en diferentes tonos, pero siempre con

fidedigno: *digno de fe*
certidumbre: *de cierto*

tejas: tiles

enhiestos: *levantados*
cocoteros: *árboles de coco*
copudos: thick-topped
tamarindos: tamarinds
crujientes: rustling
platanares: *planta de banana*
arroyuelos: streams
retozando: *saltando*
macizos: *cuadros*

desesperante monotonía, en coro se estudiaban y en coro se cantaban lo mismo las letras y las sílabas que la doctrina cristiana o la tabla de multiplicar.

Don Lucas soportaba con heroica resignación aquella ópera diaria, y había veces que los chicos, entusiasmados, gritaban a cual más y mejor;° y era de ver° entonces la estupidez amoldando las facciones° de la simpática y honrada cara de don Lucas.

Daban las cinco de la tarde; los chicos salían escapados de la escuela, tirando pedradas, coleando° perros y dando gritos y silbidos, pero ya fuera de las aguas jurisdiccionales de don Lucas, que los miraba alejarse, como diría un novelista, trémulo de satisfacción.

Entonces don Lucas se pertenecía a sí mismo: sacaba a la calle una gran butaca de mimbre;° un criadito le traía una taza de chocolate acompañada de una gran torta° de pan, y don Lucas, disfrutando del fresco de la tarde y recibiendo en su calva° frente el vientecillo perfumado que llegaba de los bosques, como para consolar a los vecinos de las fatigas del día, comenzaba a despachar su modesta merienda,° partiéndola cariñosamente con su loro.°

Porque don Lucas tenía un loro que era, como se dice hoy, su debilidad, y que estaba siempre en una percha a la puerta de la escuela, a respetable altura para escapar de los muchachos, y al abrigo del sol por un pequeño cobertizo° de hojas de palma. Aquel loro y don Lucas se entendían perfectamente. Raras veces mezclaba sus palabras, más o menos bien aprendidas, con los cantos de los chicos, ni aumentaba la algazara° con los gritos estridentes y desentonados que había aprendido en el hogar materno.

Pero cuando la escuela quedaba desierta y don Lucas salía a tomar su chocolate, entonces aquellos dos amigos daban expansión libre a todos sus afectos. El loro recorría la percha de arriba abajo° diciendo cuanto sabía y cuanto no sabía; restregaba° con satisfacción su pico en ella, y se colgaba de las patas,° cabeza abajo, para recibir la sopa de pan con chocolate que con paternal cariño le llevaba don Lucas

Y esto pasaba todas las tardes.

Transcurrieron° así varios años, y don Lucas llegó a tener tal confianza en su querido *Perico,* como lo llamaban los muchachos, que ni le cortaba las alas ni cuidaba de ponerle calza.°

Una mañana, serían como las diez, uno de los chicos, que casualmente° estaba fuera de la escuela, gritó espantado: «Señor maestro, que se vuela Perico». Oír esto y lanzarse en precipitado

5

10

15

20

25

30

35

40

---

a cual... mejor: each one the loudest and the best

era de ver: it was something to see

facciones: *partes del rostro humano*

coleando: pulling dogs' tails

mimbre: wicker

torta: loaf

calva: *sin cabello*

merienda: *comida ligera que se toma por la tarde*

loro: parrot

cobertizo: *de cubrir*

algazara: *gritería*

de... abajo: up and down

restregaba: rubbed

patas: *pies de animal*

Transcurrieron: *pasaron*

calza: fetter

casualmente: by chance

fue... uno: all at the same time
esmalte: enamel

cuanto antes: *lo más pronto que posible*

filiación: *señas personales*
prófugo: *fugitivo*

sea... Dios: it's God's will

circunvecinos: *cercanos*

de madrugada: *temprano por la mañana*

penachos: crests
dibujaban: sketched
follaje: *conjunto de hojas*
cigarras: *insectos*

acompasado: *rítmico*
volante: balance wheel

campanadas: *toques de campana*

desprendió: *salió*

tumulto a la puerta maestro y discípulos, fue todo uno;° y, en efecto, a lo lejos, como un grano de esmalte° verde herido por los rayos del Sol, se veía al ingrato esforzando su vuelo para ganar cuanto antes° refugio en el cercano bosque.

Como toda persecución era imposible, porque ni aun teniendo la filiación° del prófugo° podría habérsele distinguido entre la multitud de loros que pueblan aquellos bosques, don Lucas, lanzando de lo hondo de su pecho un «sea por Dios»,° volvió a ocupar su asiento, y las tareas escolares continuaron, como si no acabara de pasar aquel terrible acontecimiento.

Transcurrieron varios meses, y don Lucas, que había echado al olvido la ingratitud de Perico, tuvo necesidad de emprender un viaje a uno de los pueblos circunvecinos,° aprovechando unas vacaciones.

Muy de madrugada° ensilló su caballo, tomó un ligero desayuno y salió del pueblo, despidiéndose muy cortésmente de los pocos vecinos que por las calles encontraba.

En aquel país, pueblos cercanos son aquéllos que sólo están separados por una distancia de doce o catorce leguas, y don Lucas necesitaba caminar la mayor parte del día.

Eran las dos de la tarde; el sol derramaba torrentes de fuego; ni el viento más ligero agitaba los penachos° de las palmas que se dibujaban° sobre un cielo azul con la inmovilidad de un árbol de hierro. Los pájaros enmudecían ocultos entre el follaje,° y sólo las cigarras° cantaban tenazmente en medio de aquel terrible silencio a la mitad del día.

El caballo de don Lucas avanzaba haciendo sonar el acompasado° golpeo de sus pisadas con la monotonía del volante° de un reloj.

Repentinamente don Lucas creyó oír a lo lejos el canto de los niños de la escuela cuando estudiaban las letras y las sílabas.

Al principio aquello le pareció una alucinación producida por el calor, como esas músicas y esas campanadas° que en el primer instante creen oír los que sufren un vértigo; pero, a medida que avanzaba, aquellos cantos iban siendo más claros y más perceptibles; aquello era una escuela en medio del bosque desierto.

Se detuvo asombrado y temeroso, cuando de los árboles cercanos se desprendió,° tomando vuelo, una bandada de loros que iban cantando acompasadamente *ba, be, bi, bo, bu; la, le, li, lo, lu;* y tras ellos, volando majestuosamente un loro que, al pasar cerca del espantado maestro, volvió la cabeza, diciéndole alegremente:

«Don Lucas, ya tengo escuela.»

comarca: *región*

Desde esa época los loros de aquella comarca,° adelantándose a su siglo, han visto disiparse las sombras del obscurantismo y la ignorancia.

Práctica

Resumen

Escribe un resumen en español de este cuento, y ven a clase preparado(a) a presentárselo oralmente a un(a) compañero(a) de clase.

Uso de Palabras

De las siguientes palabras, escoge las palabras que describen, en tu opinión, a un(a) profesor(a) ideal y una clase ideal. Compara tus listas con las de un(a) compañero(a) de clase.

querido, estudio en voz alta, débil, estupidez, pesado, desesperante monotonía, respetable, espantado, tradicional, en coro, cortés, silencio, modesto, cariñoso, resignación, simpático, ingrato, claro, entusiasmado, honrado, fatigado, tumulto

Pensar y Comentar

Organización del cuento Comenta en qué momento termina la introducción y cuando empieza y termina el desarrollo. ¿Qué información da el autor al lector en cada sección, incluso en el desenlace?

Los maestros ¿Cómo describe el autor a don Lucas? ¿Qué tipo de maestro era? ¿Por qué te gustaría o, de lo contrario, por qué no te gustaría ser discípulo de don Lucas? ¿Qué tipo de maestro era Perico?

La escuela ¿Cómo era la escuela? ¿Qué efecto tenía la escuela en los estudiantes? ¿Por qué te gustaría o si no, por qué no te gustaría ser estudiante de esta escuela? ¿Qué tipo de escuela estableció Perico en el bosque?

Los estudiantes ¿Cómo eran los estudiantes? ¿Cómo estudiaban?

En tu opinión, ¿qué aprendían en la escuela? ¿Cómo estudiaban los discípulos de Perico?

Simbolismo ¿Qué representan don Lucas y Perico? ¿Qué representan los estudiantes y las escuelas?

Tema ¿Cuál es el tono del cuento? ¿Cuál es la actitud del autor? Indica descripciones y palabras del cuento que justifican tu opinión. ¿Cuál es el tema del cuento? ¿Qué quiere expresar el autor a través de Perico y la escuela? ¿Tienen estos importancia en este sentido? En tu opinión, ¿por qué escogió el autor el título «El buen ejemplo»? ¿Por qué escogió un loro como el mejor amigo y discípulo de don Lucas y como maestro de la escuela del bosque?

Otros puntos de discusión Lee otra vez el último párrafo del cuento.

Aunque no lo dice directamente, ¿qué quiere decir el autor? ¿Cuál es su actitud aquí? ¿Cuál es tu reacción al leer este párrafo?

Reacción personal ¿Criticas o defiendes el sistema de educación aquí en los EE. UU.? ¿Qué experiencias positivas y/o negativas escolares has tenido?

En un grupo de cuatro compañeros(as) de clase prepara una lista de tus críticas del sistema, de tus gustos, y de tus recomendaciones sobre nuestro sistema de educación. ¿Tienes otra(s) idea(s) que quieras relatar a la clase?

Temas de Composición

A. Ataca la actitud del autor y el tema de este cuento.
B. Defiende la actitud del autor y el tema de este cuento.

Capítulo 4
La caja de oro

Preparación

Introducción

En este cuento hay un hombre, una mujer, y una caja de oro. La mujer guarda la caja de oro con mucho cuidado. Nunca dice a nadie lo que contiene esta caja misteriosa, pero es obvio que a ella le es importantísima. Este misterio molesta al hombre y su curiosidad natural es cada día más fuerte.

¿Qué hay en la caja? ¿Por qué no revela la mujer a nadie lo que contiene?

El conflicto es que el hombre quiere saber lo que contiene la caja y la mujer no quiere decírselo a nadie. ¿Qué pasa? ¿Cómo resuelve el autor este conflicto?

Pensando en los símbolos, ¿los hay en este cuento? ¿Qué simboliza la caja de oro? ¿Qué tipo de personas representan la mujer y el hombre?

Vocabulario

Cognados Ya sabes muchas palabras que se encuentran en este cuento. Da el equivalente inglés de los siguientes cognados.

melancólico, objeto, crimen, emplear, fuerza, exaltado, inspiración, comedia, sentimiento, sinceridad, solemnemente, irritante, artístico, inofensivo, historia, conducta, conceder, triunfo, Paraíso, conciencia, ciencia, farsa, angustia, síntomas, monstruo, criatura, pasión, compensa, disimular, satisfecho, castigar

Raíces Similares En el caso de otras palabras en este cuento, la palabra española y la palabra inglesa tienen raíces muy parecidas en forma y en significado. Estudia las tres listas siguientes. Para cada palabra española en la lista a la izquierda, escoge de la segunda lista la palabra asociada inglesa. Entonces, de la tercera lista escoge el significado inglés de la palabra española.

1.	visto	A.	affinity	a.	eagerness
2.	afán	B.	vista	b.	view
3.	voluntad	C.	menace	c.	rule
4.	amenaza	D.	regulation	d.	will
5.	regla	E.	volunteer	e.	threat
6.	fingido	F.	debilitate	f.	sick
7.	vender	G.	frigid	g.	to be worth
8.	enfermo	H.	feign	h.	to sell
9.	débil	I.	infirmary	i.	cold
10.	valer	J.	vendor	j.	weak
11.	frío	K.	value	k.	pretended

Palabras Relacionadas   En el caso de aún otras palabras en este cuento, se puede determinar el significado por pensar en palabras similares en español. Da el significado inglés de las palabras en itálica en las selecciones siguientes. Para ayudarte, se indica entre paréntesis una palabra relacionada a la italica.

1. (cerrar)   Si *encerraba* alguna de estas cosas
2. (amor)   Me mostré perdidamente *enamorado* de la dueña
3. (amor)   las amenazas del *desamor*
4. (maestro)   llegué a tal grado de *maestría* en la comedia del sentimiento
5. (curar)   Esas píldoras me las vendió un *curandero*
6. (seguro)   tengo *asegurada* la vida
7. (caer)   empezó a *decaer*
8. (mal, decir)   todavía no se daba por satisfecha mi *maldita* curiosidad

Preguntas

Busca las respuestas a estas preguntas mientras que leas el cuento.

1. ¿Cuál fue el misterioso tesoro de la mujer?
2. ¿Dónde lo guardaba?
3. ¿Qué quería saber el hombre?
4. ¿Por qué cortejó el hombre a la mujer?
5. Después, ¿siguió la mujer sin revelar al hombre el contenido de la caja?
6. ¿Cómo la convenció para que le permitiera ver lo que había en la caja?
7. ¿Qué había?
8. ¿Por qué no se la había mostrado antes?
9. ¿Qué le pasó a la mujer después?
10. ¿Qué reveló el análisis químico del contenido?

La caja de oro

Por Emilia Pardo Bazán (1852–1921)

Española. Nacida en La Coruña, Galicia, era la única hija de los condes de Pardo Bazán. Era persona muy inteligente y aficionada a la literatura. Prueba de ello es que presentó su primer estudio sobre la literatura cuando tenía dieciseis años. Leyó muchísimo y viajó por toda Europa. Vivió en Madrid donde se dedicó a estudiar la literatura y a escribir.

Escribió mucho casi todo tipo de géneros literarios, pero tuvo más éxito con la novela y el cuento. La colección de todas sus obras contiene cuarenta y tres volúmenes. Sus dos novelas más famosas, *Los pasos de Ulloa* (1886) y *La madre naturaleza* (1887) son estudios de la decadencia social y humana de la vida rural de Galicia. Además, era una excelente cuentista y publicó ocho libros de cuentos.

filigrana: *decoración delicada de líneas*
esmaltes: enamels
apoderar: *tomar posesión*
bata: *ropa larga de casa*
recónditos: *escondidos*
cuanto más: *lo más*
chirimbolo: *objeto de poco valor*
Bombones: *dulces*

despojos: *restos*
quimeras: fancy things
volutas: *adornos en espiral*
ojiacanto: pebble eyes
pista: *progresión*
antojadizo: *caprichoso*
por contera: *por fin*
entrometido: meddler
fisgón: *curioso*
tarumba: *confundido*
agotados: *consumidos*
Mostréme: *Me mostré*

Siempre la había visto sobre su mesa, al alcance de su mano bonita, que a veces se entretenía en acariciar la tapa suavemente; pero no me era posible averiguar lo que encerraba aquella caja de filigrana° de oro con esmaltes° finísimos, porque apenas intentaba apoderarme° del juguete, su dueña lo escondía precipitada y   5
nerviosamente en los bolsillos de la bata,° o en lugares todavía más recónditos,° dentro del seno, haciéndola así inaccesible.

Y cuanto más° la ocultaba su dueña, mayor era mi afán por enterarme de lo que la caja contenía. ¡Misterio irritante y tentador! ¿Qué guardaba el artístico chirimbolo?° ¿Bombones?°   10
¿Polvos de arroz? ¿Esencias? Si encerraba alguna de estas cosas tan inofensivas, ¿a qué venía la ocultación? ¿Encubría un retrato, una flor seca, pelo? Imposible: tales prendas, o se llevan mucho más cerca o se custodian mucho más lejos: o descansan sobre el corazón, o se archivan en un secreter bien cerrado, bien seguro…   15
No eran despojos° de amorosa historia los que dormían en la cajita de oro, esmaltada de azules quimeras,° fantásticas rosas y volutas° de verde ojiacanto.°

Califiquen como gusten mi conducta los incapaces de seguir la pista° a una historia, tal vez a una novela. Llámenme   20
enhorabuena indiscreto, antojadizo,° y por contera,° entrometido° y fisgón° impertinente. Lo cierto es que la cajita me volvía tarumba,° y agotados° los medios legales, puse en juego los ilícitos y heroicos… Mostréme° perdidamente enamorado de

la dueña, cuando sólo lo estaba de la cajita de oro; cortejé en
apariencia a una mujer, cuando sólo cortejaba a un secreto; hice
como si persiguiese la dicha… cuando sólo perseguía la
satisfacción de la curiosidad. Y la suerte, que acaso me negaría la
victoria si la victoria realmente me importase, me la concedió…   5
por lo mismo° que al concedérmela me echaba encima un
remordimiento.

No obstante, después de mi triunfo, la que ya me entregaba
cuanto entrega la voluntad rendida, defendía aún, con invencible
obstinación, el misterio de la cajita de oro. Desplegando°   10
zalameras° coqueterías° o repentinas y melancólicas reservas;
discutiendo o bromeando, apurando los ardides° de la ternura° o
las amenazas del desamor, suplicante o enojado —, nada obtuve;
la dueña de la caja persistió en negarse a que me enterase de su
contenido, como si dentro del lindo objeto existiese la prueba de   15
algún crimen.

Repugnábame° emplear la fuerza y proceder como
procedería un patán,° y además, exaltado ya mi amor propio (a
falta de otra exaltación más dulce y profunda), quise deber al
cariño y sólo al cariño de la hermosa la clave° del enigma. Insistí,   20
me sobrepujé° a mí mismo, desplegué° todos los recursos, y
como el artista que cultiva por medio de las reglas la inspiración,
llegué a tal grado de maestría en la comedia del sentimiento, que
logré arrebatar° al auditorio. Un día en que algunas fingidas
lágrimas acreditaron mis celos, mi persuasión de que la cajita   25
encerraba la imagen de un rival, de alguien que aún me disputaba
el alma de aquella mujer, la vi demudarse,° temblar, palidecer,
echarme al cuello los brazos y exclamar, por fin, con sinceridad
que me avergonzó:°

—¡Qué no haría yo por ti! Lo has querido… pues sea. Ahora   30
mismo verás lo que hay en la caja.

Apretó un resorte;° la tapa de la caja se alzó y divisé° en el
fondo unas cuantas bolitas tamañas° como guisantes,°
blanquecinas, secas. Miré sin comprender, y ella, reprimiendo un
gemido,° dijo solemnemente: 35

—Esas píldoras me las vendió un curandero que realizaba
curas casi milagrosas en la gente de mi aldea. Se las pagué muy
caras, y me aseguró que, tomando una al sentirme enferma,
tengo asegurada la vida. Sólo me advirtió que si las apartaba de
mí o las enseñaba a alguien, perdían su virtud. Será superstición o   40
lo que quieras: lo cierto es que he seguido la prescripción del
curandero, y no sólo se me quitaron achaques° que padecía (pues
soy muy débil), sino que he gozado salud envidiable. Te

La caja de oro   47

---

por lo mismo: *por la misma razón*

Desplegando: *desdoblando*
zalameras: *demostraciones afectadas de cariño*
coqueterías: flirting
ardides: *engaños*
ternura: *cariño*
Repugnábame: *Me repugnaba*
patán: *hombre grosero*

clave: *explicación*
sobrepujé: *de sobrepujar*
desplegué: utilized

arrebatar: *hacer con fuerza irresistible*

demudarse: to change expression
avergonzó: embarrassed

resorte: spring
divisé: *vi*
tamañas: *tan pequeñas*
guisantes: peas
gemido: *sonido de dolor*

achaques: *enfermedades crónicas de poca gravedad*

empeñaste en averiguar… Lo conseguiste… Para mí vales tú más que la salud y que la vida. Ya no tengo panacea, ya mi remedio ha perdido su eficacia: sírveme de remedio tú; quiéreme mucho, y viviré.

Quedéme° frío. Logrado mi empeño, no encontraba dentro de la cajita sino el desencanto de una superchería° y el cargo de conciencia del daño causado a la persona que al fin me amaba. Mi curiosidad, como todas las curiosidades, desde la fatal del Paraíso hasta la no menos funesta° de la ciencia contemporánea, llevaba en sí misma su castigo y su maldición. Daría entonces algo bueno por no haber puesto en la cajita los ojos. Y tan arrepentido que me creí enamorado; cayendo de rodillas a los pies de la mujer que sollozaba,° tartamudeé°:

—No tengas miedo… Todo eso es una farsa, un indigno embuste°… El curandero mintió… Vivirás, vivirás mil años… Y aunque hubiesen perdido su virtud las píldoras, ¿qué? Nos vamos a la aldea y compramos otras… Todo mi capital le doy al curandero por ellas.

Me estrechó, y sonriendo en medio de su angustia, balbuceó° a mi oído:

—El curandero ha muerto.

Desde entonces la dueña de la cajita—que ya no la ocultaba ni la miraba siquiera, dejándola cubrirse de polvo en un rincón de la estantería° forrada° de felpa° azul—empezó a decaer, a consumirse, presentando todos los síntomas de una enfermedad de languidez, refractaria° a los remedios. Cualquiera que no me tenga por un monstruo supondrá que me instalé a su cabecera y la cuidé con caridad y abnegación. Caridad y abnegación digo, porque otra cosa no había en mí para aquella criatura de quien había sido verdugo° involuntario. Ella se moría, quizás de pasión de ánimo, quizás de aprensión, pero por mi culpa; y yo no podía ofrecerla, en desquite de la vida que le había robado, lo que todo lo compensa: el don° de mí mismo, incondicional, absoluto. Intenté engañarla santamente para hacerla dichosa, y ella, con tardía° lucidez, adivinó mi indiferencia y mi disimulado tedio,° y cada vez se inclinó más hacia el sepulcro.

Y al fin cayó en él, sin que ni los recursos de la ciencia ni mis cuidados consiguiesen salvarla. De cuantas memorias quiso legarme° su afecto, sólo recogí la caja de oro. Aún contenía las famosas píldoras, y cierto día se me ocurrió que las analizase un químico amigo mío, pues todavía no se daba por satisfecha mi maldita curiosidad. Al preguntar el resultado del análisis, el químico se echó a reir.

Quedéme: *Me quedé*
superchería: *engaño*

funesta: *fatal*

sollozaba: *lloraba convulsivamente*
tartamudeé: stammered
embuste: *mentira*

balbuceó: *pronunció con dificultad*

estantería: shelf
forrada: *cubierta*
felpa: felt
refractaria: *que resiste*

verdugo: *asesino*

don: *regalo*

tardía: *lenta*
tedio: *repugnancia*

legar: *dejar*

5

10

15

20

25

30

35

40

miga: *parte interior*
listo: *inteligente*

—Ya podía usted figurarse—dijo—que las píldoras eran de miga° de pan. El curandero (¡si sería listo!°) mandó que no las viese nadie… para que a nadie se le ocurriese analizarlas. ¡El maldito análisis lo seca todo!

Práctica

Resumen

Escribe un resumen en español de este cuento, y ven a clase preparado(a) a presentárselo oralmente a un(a) compañero(a) de clase.

Uso de Palabras

Empleando cada una de las siguientes palabras en una oración, escribe un cuento original sobre el sujeto de una princesa. Puedes incluir también otras oraciones.

caja de oro, esconder, enterar, lugar, guardar, enamorado, cortejar, entregar, píldoras, celos, curandero, enfermo, virtud, análisis, salud

Al dividirse la clase en grupos de cuatro, lee los cuentos de los otros tres en tu grupo. Después de seleccionar el cuento mejor de cada grupo, escoge el cuento mejor de la clase.

Pensar y Comentar

Organización del cuento   Comenta en que momento terminan la introducción y el desarrollo. ¿Qué información da la autora al lector en cada sección, incluso el desenlace?

La caja de oro   ¿Qué valor tenía de veras el contenido de la caja de oro? ¿Qué valor tenía para la mujer? ¿Qué importancia tenía para el hombre?

La mujer   Explica por que guardaba la mujer con tanto cuidado la caja de oro y por que no quería decirle a nadie lo que contenía. ¿Por qué por fin le dijo al hombre lo que había adentro, y por qué se murió al fin? ¿Cómo era la mujer? Comenta la importancia que para ella tenía el contenido de la caja y su amor hacia el hombre.

El hombre   ¿Qué información del hombre presenta la autora al lector? ¿Qué hizo el hombre para enterarse de lo que había en la caja? ¿Qué es lo que no hizo? ¿Qué sacrificio hizo él por ella?

Simbolismo   ¿Qué simbolizan la caja de oro y las píldoras? ¿Qué tipo de persona representa la mujer? ¿Qué tipo de persona representa el hombre?

Tema   Este es un cuento sobre la fe completa en algo, la curiosidad, y el amor. ¿Cómo se mezclan los tres elementos para formar la base del argumento? En tu opinión, ¿cuál es el mensaje que quiere presentar la autora al lector?

Otros puntos de discusión   El autor dice, «Mi curiosidad, como todas las curiosidades, desde la fatal del Paraíso hasta la no menos funesta de la ciencia contemporánea, llevaba en sí misma su castigo y su maldición.» ¿Qué es «la fatal del Paraíso»? ¿Cuál es la opinión de la autora con respecto a la ciencia contemporánea? ¿Cuál es el resultado de la curiosidad según la autora? ¿En qué sentido es buena y en cuál es mala la curiosidad? ¿Sabes un ejemplo de un resultado bueno, malo, o cómico de la curiosidad?

La autora terminó el cuento diciendo «¡El maldito análisis lo seca todo!» ¿Qué quiere decir esto? ¿Por qué terminó la autora el cuento con esta idea?

La mujer revela su secreto, y arriesga su propia vida por el hombre. Comenta los posibles efectos buenos y malos del amor en el (la) que ama y en el (la) amado(a).

Discute el efecto del estado psicológico en la salud física. ¿Qué saben los psicólogos y los psiquiatras sobre las influencias de lo psicológico en lo físico del individuo? Ha ocurrido algo similar a este fenómeno en tu vida o en la de tus familiares?

Reacción personal   ¿Qué piensas del hombre? ¿de la mujer? ¿Conoces a alguien como estas dos personas? ¿Qué piensas del amor de la mujer hacia el hombre? ¿Qué piensas del amor de él hacia ella?

En este cuento la mujer reveló su secreto y se murió. Comenta el tema de guardar o revelar los secretos personales y la importancia de respetar las cosas íntimas de los demás.

¿Qué piensas del cuento? ¿Tienes otra(s) idea(s) que quieras relatar a la clase?

Temas de Composición

A. Como en el caso de todas las emociones, el amor tiene aspectos buenos y malos porque existen el amor bueno y el amor malo. En tu opinión, ¿cuáles son las características de un amor ideal?

B. A veces, los bebés tienen un juguete favorito o una manta favorita que llevan consigo todo el tiempo, y se ponen tristes si no pueden encontrarla. Es fácil burlarse de ellos sin pensar en que todos tenemos «cajas de oro» que nos dan un sentido de seguridad y confianza. Comenta lo que sirve a los otros como «cajas de oro.» ¿Tiene efectos positivos o negativos esta tendencia humana?

Capítulo 5
Una señora

Preparación

Introducción

En «Una señora» el autor nos presenta su percepción de las relaciones personales en las grandes ciudades. Hay un hombre y una mujer, lo cual es una escena típica en la literatura, pero lo que no es típico es que no hay amor entre los dos personajes. El hombre conoce a la mujer y la ve por todas partes de la ciudad. La observa y piensa en ella. Sin embargo, nunca habla con ella. Es decir, la conoce de vista pero no la conoce personalmente.

¿Cuáles son las características de este hombre, de esta mujer, y del ambiente urbano en que viven? ¿Qué representan estos tres aspectos del cuento?

Vocabulario

Cognados   Ya sabes muchas palabras que se encuentran en este cuento. Da el equivalente inglés de los siguientes cognados.

esporádico, avanzar, escena, disperso, luminoso, oscuridad, arco, distintivo, ocultar, solitario, discutir, adquisición, confundir, contrario, facultad, frecuentar, sorprender, próspero, ofendido, terreno, aclarar, animación, extinguir, sitio, aire, brisa, cesar, cementerio, tranquilidad, especial

Raíces Similares   En el caso de otras palabras en este cuento, la palabra española y la palabra inglesa tienen raíces muy parecidas en forma y en significado. Estudia las tres listas siguientes. Para cada palabra española, en la lista a la izquierda, escoge de la segunda lista la palabra asociada inglesa. Entonces, de la tercera lista escoge el significado inglés de la palabra española.

1. recordar	**A.** library	**a.** to sit
2. atravesar	**B.** travesty	**b.** to ring, sound
3. libro	**C.** regress	**c.** empty
4. vacío	**D.** vacuum	**d.** to remember
5. sentarse	**E.** respiration	**e.** to breathe
6. sonar	**F.** sonar	**f.** book
7. cine	**G.** record	**g.** to return
8. regresar	**H.** sedentary	**h.** to cross
9. respirar	**I.** cinema	**i.** movie

Palabras Relacionadas En el caso de aún otras palabras en este cuento se puede determinar el significado por pensar en palabras similares en español. Da el significado inglés de las palabras en itálica en las selecciones siguientes. Para ayudarte, se indica entre paréntesis una palabra relacionada a la itálica.

1. (cierto)   No recuerdo con *certeza*
2. (conocer)   cuyo recorrido *desconozca*
3. (correr)   aquella sensación tan *corriente*
4. (letra)   botica de barrio con su *letrero* luminoso
5. (parar, aguas)   llevaba un *paraguas* mojado
6. (extraño)   Me cruzó una ligera *extrañeza*
7. (principio)   *Principié* a reunir datos
8. (oscuro)   Antes de volver a casa, cuando *oscureció*
9. (que, hacer)   abandoné mis *quehaceres*
10. (consolar)   en una habitación llena de *consuelos*

Preguntas

Busca las respuestas a estas preguntas mientras que leas el cuento.

1. ¿Qué hace el narrador cuando se aburre?
2. ¿Quién se sentó cerca de él el primer día?
3. ¿Cómo iba vestida?
4. ¿Qué sensación tuvo él al ver a la señora?
5. ¿Qué tipo de comunicación se estableció entre los dos?
6. ¿Cuándo la vio por segunda vez?
7. ¿Dónde la vio después?
8. ¿Cuál fue el resultado de ver tanto a la señora?
9. ¿Qué le pasó por fin a la señora?
10. ¿Cuál fue la reacción del narrador?

Una señora

por José Donoso (1924–   )

Chileno de Santiago, la capital. Es de familia rica y ha viajado mucho. Ha estudiado en Chile y en los Estados Unidos. Ha vivido en la Argentina, Chile, y los Estados Unidos, teniendo distintas ocupaciones, tales como pastor de ovejas, periodista, y profesor. Actualmente, vive en España en donde se dedica a la literatura.

En sus obras trata de las relaciones entre el individuo y la sociedad en que vive. Le interesa la reacción psicológica del individuo como resultado de las influencias de una sociedad compleja e impersonal. Ha publicado varios volúmenes de cuentos y unas novelas incluso *El obsceno pájaro de la noche* (1970).

No recuerdo con certeza cuándo fue la primera vez que me di cuenta de su existencia. Pero si no me equivoco, fue cierta tarde de invierno en un tranvía que atravesaba un barrio° popular.

Cuando me aburro de mi pieza y de mis conversaciones habituales, suelo° tomar algún tranvía, cuyo recorrido° 5
desconozca y pasear así por la ciudad. Esa tarde llevaba un libro por si se me antojara leer, pero no lo abrí. Estaba lloviendo esporádicamente y el tranvía avanzaba casi vacío. Me senté junto a una ventana, limpiando un boquete° en el vaho° del vidrio° para mirar las calles. 10

No recuerdo el momento exacto en que ella se sentó a mi lado. Pero cuando el tranvía hizo alto° en una esquina, me invadió aquella sensación tan corriente y, sin embargo, misteriosa, que cuanto veía, el momento justo y sin importancia como era, lo había vivido antes, o tal vez soñado. La escena me 15
pareció la reproducción exacta de otra que me fuese conocida: delante de mí, un cuello rollizo° vertía° sus pliegues° sobre una camisa deshilachada;° tres o cuatro personas dispersas ocupaban los asientos del tranvía; en la esquina había una botica° de barrio con su letrero luminoso, y un carabinero° bostezó° junto al 20
buzón° rojo, en la oscuridad que cayó en pocos minutos. Además, vi una rodilla cubierta por un impermeable verde junto a mi rodilla.

Conocía la sensación, y más que turbarme me agradaba. Así, no me molesté en indagar° dentro de mi mente dónde y 25

barrio: *distrito*

suelo: *de soler*
recorrido: *ruta*

boquete: opening
vaho: *vapor*
vidrio: glass

hizo alto: *se detuvo*

rollizo: *grueso y robusto*
vertía: spilled over
pliegues: rolls (of fat)
deshilachada: frayed
botica: *tienda de medicinas*
carabinero: *soldado*
bostezó: yawned
buzón: mailbox
indagar: *tratar de descubrir*

cómo sucediera todo esto antes. Despaché la sensación con una irónica sonrisa interior, limitándome a volver la mirada para ver lo que seguía de esa rodilla cubierta con un impermeable verde.

Era una señora. Una señora que llevaba un paraguas mojado en la mano y un sombrero funcional en la cabeza. Una de esas señoras cincuentonas, de las que hay por miles en esta ciudad: ni hermosa ni fea, ni pobre ni rica. Sus facciones° regulares mostraban los restos de una belleza banal. Sus cejas° se juntaban más de lo corriente sobre el arco de la nariz, lo que era el rasgo° más distintivo de su rostro.

Hago esta descripción a la luz de hechos posteriores, porque fue poco lo que de la señora observé entonces. Sonó el timbre,° el tranvía partió haciendo desvanecerse° la escena conocida, y volví a mirar la calle por el boquete que limpiara en el vidrio. Los faroles° se encendieron. Un chiquillo salió de un despacho con dos zanahorias° y un pan en la mano. La hilera de casas bajas se prolongaba a lo largo de la acera: ventana, puerta, ventana, puerta, dos ventanas, mientras los zapateros,° gasfíteres° y verduleros° cerraban sus comercios exiguos.°

Iba tan distraído que no noté el momento en que mi compañera de asiento se bajó del tranvía. ¿Cómo había de notarlo si después del instante en que la miré ya no volví a pensar en ella?

No volví a pensar en ella hasta la noche siguiente.

Mi casa está situada en un barrio muy distinto a aquél por donde me llevara el tranvía la tarde anterior. Hay árboles en las aceras y las casas se ocultan a medias detrás de rejas° y matorrales.° Era bastante tarde, y yo estaba cansado, ya que pasara gran parte de la noche charlando° con amigos ante cervezas° y tazas de café. Caminaba a mi casa con el cuello del abrigo muy subido. Antes de atravesar una calle divisé° una figura que se me antojó familiar, alejándose bajo la oscuridad de las ramas. Me detuve, observándola un instante. Sí, era la mujer que iba junto a mí en el tranvía la tarde anterior. Cuando pasó bajo un farol reconocí inmediatamente su impermeable verde. Hay miles de impermeables verdes en esta ciudad, sin embargo no dudé de que se trataba del suyo, recordándola a pesar de haberla visto sólo unos segundos en que nada de ella me impresionó. Crucé a la otra acera. Esa noche me dormí sin pensar en la figura que se alejaba bajo los árboles por la calle solitaria.

Una mañana de sol, dos días después, vi a la señora en una calle céntrica. El movimiento de las doce estaba en su apogeo.° Las mujeres se detenían en las vidrieras para discutir la posible adquisición de un vestido o de una tela. Los hombres salían de

5

10

15

20

25

30

35

40

facciones: *partes de la cara*
cejas: eyebrows
rasgo: *atributo*

timbre: *campanilla*
desvanecerse: *desaparecerse*
faroles: street lights
zanahorias: carrots

zapateros: *los que reparan zapatos*
gasfíteres: plumbers
verduleros: *personas que venden vegetales*
exiguos: *escasos*

rejas: iron bars
matorrales: thickets
charlando: *hablando*
cervezas: beers
divisé: *percibí a distancia*

apogeo: highest point

sus oficinas con documentos bajo el brazo. La reconocí de nuevo al verla pasar mezclada con todo esto, aunque no iba vestida como en las veces anteriores. Me cruzó una ligera extrañeza de por qué su identidad no se había borrado de mi mente, confundiéndola con el resto de los habitantes de la ciudad. 5

En adelante comencé a ver a la señora bastante seguido. La encontraba en todas partes y a toda hora. Pero a veces pasaba una semana o más sin que la viera. Me asaltó la idea melodramática de que quizás se ocupara en seguirme. Pero la deseché° al constatar° que ella, al contrario que yo, no me identificaba en 10 medio de la multitud. A mí, en cambio, me gustaba percibir su identidad entre tanto rostro desconocido. Me sentaba en un parque y ella lo cruzaba llevando un bolsón con verduras. Me detenía a comprar cigarrillos y estaba ella pagando los suyos. Iba al cine, y allí estaba la señora, dos butacas más allá. No me 15 miraba, pero yo me entretenía observándola. Tenía la boca más bien gruesa. Usaba un anillo° grande, bastante vulgar.

Poco a poco la comencé a buscar. El día no me parecía completo sin verla. Leyendo un libro, por ejemplo, me sorprendía haciendo conjeturas acerca de la señora en vez de 20 concentrarme en lo escrito. La colocaba en situaciones imaginarias, en medio de objetos que yo desconocía. Principié a reunir datos acerca de su persona, todos carentes de° importancia y significación. Le gustaba el color verde. Fumaba sólo cierta clase de cigarrillos. Ella hacía las compras para las comidas de su casa. 25

A veces sentía tal necesidad de verla, que abandonaba cuanto me tenía atareado° para salir en su busca. Y en algunas ocasiones la encontraba. Otras no, y volvía malhumorado a encerrarme en mi cuarto, no pudiendo pensar en otra cosa durante el resto de la noche. 30

Una tarde salí a caminar. Antes de volver a casa, cuando oscureció, me senté en el banco de una plaza. Sólo en esta ciudad existen plazas así. Pequeña y nueva, parecía un accidente en ese barrio utilitario, ni próspero ni miserable. Los árboles eran raquíticos,° como si se hubieran negado a crecer, ofendidos al ser 35 plantados en terreno tan pobre, en un sector tan opaco° y anodino.° En una esquina, una fuente de soda aclaraba° las figuras de tres muchachos que charlaban en medio del charco° de luz. Dentro de una pileta° seca, que al parecer nunca se terminó de construir, había ladrillos trizados,° cáscaras° de fruta, papeles. Las 40 parejas° apenas conversaban en los bancos, como si la fealdad° de la plaza no propiciara° mayor intimidad.

deseché: *rechacé*
constatar: *averiguar*

anillo: ring

carentes de: *sin*

atareado: *ocupado*

raquíticos: *débiles*
opaco: *triste*
anodino: *insignificante*
aclaraba: *hacía claro*
charco: puddle
pileta: *fuente*
trizados: *en pedazos pequeños*
cáscaras: *cubiertas exteriores*
pareja: *dos personas (un hombre y una mujer)*
fealdad: *calidad de feo*
propiciara: *hiciera propicio*

Por uno de los senderos vi avanzar a la señora, del brazo de
otra mujer. Hablaban con animación, caminando lentamente. Al
pasar frente a mí, oí que la señora decía con tono acongojado:°

—¡Imposible!

La otra mujer pasó el brazo en torno a los hombros de la   5
señora para consolarla. Circundando la pileta inconclusa se
alejaron por otro sendero.

Inquieto, me puse de pie° y eché a andar con la esperanza de
encontrarlas, para preguntar a la señora qué había sucedido. Pero
desaparecieron por las calles en que unas cuantas personas   10
transitaban° en pos de° los últimos menesteres° del día.

No tuve paz la semana que siguió de este encuentro. Paseaba
por la ciudad con la esperanza de que la señora se cruzara en mi
camino, pero no la vi. Parecía haberse extinguido, y abandoné
todos mis quehaceres, porque ya no poseía la menor facultad de   15
concentración. Necesitaba verla pasar, nada más, para saber si el
dolor de aquella tarde en la plaza continuaba. Frecuenté los sitios
en que soliera divisarla, pensando detener a algunas personas que
se me antojaban sus parientes o amigos para preguntarles por la
señora. Pero no hubiera sabido por quién preguntar y los dejaba   20
seguir. No la vi en toda esa semana.

Las semanas siguientes fueron peores. Llegué a pretextar una
enfermedad para quedarme en cama y así olvidar esa presencia
que llenaba mis ideas. Quizás al cabo de varios días sin salir la
encontrara de pronto el primer día y cuando menos lo esperara.   25
Pero no logré resistirme, y salí después de dos días en que la
señora habitó mi cuarto en todo momento. Al levantarme, me
sentí débil, físicamente mal. Aun así tomé tranvías, fui al cine,
recorrí el mercado y asistí a una función de un circo de
extramuros.° La señora no apareció por parte alguna.   30

Pero después de algún tiempo la volví a ver. Me había
inclinado para atar un cordón de mis zapatos y la vi pasar por la
soleada° acera de enfrente, llevando una gran sonrisa en la boca y
un ramo de aromo° en la mano, los primeros de la estación que
comenzaba. Quise seguirla, pero se perdió en la confusión de las 35
calles.

Su imagen se desvaneció de mi mente después de perderle el
rastro° en aquella ocasión. Volví a mis amigos, conocí gente y
paseé solo o acompañado por las calles. No es que la olvidara. Su
presencia, más bien, parecía haberse fundido° con el resto de las 40
personas que habitan la ciudad.

Una mañana, tiempo después, desperté con la certeza de que

la señora se estaba muriendo. Era domingo, y después del almuerzo salí a caminar bajo los árboles de mi barrio. En un balcón una anciana tomaba el sol con sus rodillas cubiertas por un chal° peludo.° Una muchacha, en un prado,° pintaba de rojo los muebles de jardín, alistándolos° para el verano. Había poca gente, y los objetos y los ruidos se dibujaban° con precisión en el aire nítido.° Pero en alguna parte de la misma ciudad por la que yo caminaba, la señora iba a morir.

Regresé a casa y me instalé en mi cuarto a esperar.

Desde mi ventana vi cimbrarse° en la brisa los alambres° del alumbrado. La tarde fue madurando° lentamente más allá de los techos, y más allá del cerro, la luz fue gastándose más y más. Los alambres seguían vibrando, respirando. En el jardín alguien regaba° el pasto° con una manguera.° Los pájaros se aprontaban° para la noche, colmando° de ruido y movimiento las copas° de todos los árboles que veía desde mi ventana. Rió un niño en el jardín vecino. Un perro ladró.°

Instantáneamente después, cesaron todos los ruidos al mismo tiempo y se abrió un pozo de silencio en la tarde apacible.° Los alambres no vibraban ya. En un barrio desconocido, la señora había muerto. Cierta casa entornaría° su puerta esa noche, y arderían cirios° en una habitación llena de voces quedas° y de consuelos. La tarde se deslizó hacia un final imperceptible, apagándose todos mis pensamientos acerca de la señora. Después me debo de haber dormido, porque no recuerdo más de esa tarde

Al día siguiente vi en el diario que los deudos° de doña Ester de Arancibia anunciaban su muerte, dando la hora de los funerales. ¿Podría ser?... Sí. Sin duda era ella.

Asistí al cementerio, siguiendo el cortejo° lentamente por las avenidas largas, entre personas silenciosas que conocían los rasgos° y la voz de la mujer por quien sentían dolor. Después caminé un rato bajo los árboles oscuros, porque esa tarde asoleada me trajo una tranquilidad especial.

Ahora pienso en la señora sólo muy de tarde en tarde.°

A veces me asalta la idea, en una esquina por ejemplo, que la escena presente no es más que reproducción de otra, vivida anteriormente. En esas ocasiones se me ocurre que voy a ver pasar a la señora, cejijunta° y de impermeable verde. Pero me da un poco de risa, porque yo mismo vi depositar su ataúd° en el nicho, en una pared con centenares° de nichos todos iguales.

chal: shawl
peludo: *de mucho pelo*
prado: lawn
alistándolos:
  preparándolos
dibujaban: were drawn
nítido: *claro*
cimbrarse: *vibrar*
alambres: *hilos de metal*
madurando:
  progressing

regaba: *esparcía agua*
pasto: *hierba*
manguera: hose
aprontaban: *preparaban*
colmando: *llenando*
copas: *partes altas del*
  árbol
ladró: howled
apacible: *de paz*
entornaría: *cerraría a*
  medidas
cirios: *velas grandes de*
  cera
quedas: *tranquilas*

deudos: *parientes*

cortejo: *procesión*

rasgos: *facciones del rostro*

de... tarde: *de vez en*
  cuando

cejijunta: *cejas juntadas*
ataúd: *caja para un*
  cadáver
centenares: *de ciento*

Práctica

Resumen

Escribe en español un resumen de este cuento y ven a clase preparado(a) a presentárselo oralmente a un(a) compañero(a) de clase.

Uso de Palabras

Abajo hay una lista de veinte y cuatro palabras que se repiten bastante en «Una señora». Usando por lo menos quince de estas palabras, y otras que quieras, escribe una descripción de alguien o algo que te llamó la atención como la señora llamó la atención del narrador de este cuento. Si esto te cuesta demasiado trabajo, escribe una oración completa con cada palabra.

darse cuenta de, conocer, aburrirse, equivocarse, pensar, morir, barrio, caminar, buscar, pieza, sentirse, seguir, sentarse, anterior, encontrar, recordar, esperar, mente, parecer, desconocer, acera, impermeable, entretener, menesteres

Pensar y Comentar

Una señora   Con respecto a la señora, el autor dice al lector todo lo que sabe el narrador. ¿Qué sabe de ella? ¿Qué no sabe de ella? ¿Cómo es ella? ¿En qué sentido es diferente de las otras señoras de la ciudad? ¿Cómo iba vestida ella cuando la vio por la primera vez? En tu opinión, ¿por qué describe como iba vestida? ¿Dónde y cuándo la vio?

¿Es ella la protagonista del cuento? ¿Es importante como individuo?

El narrador   ¿Cómo es él? ¿Qué hace durante el cuento? ¿Por qué toma a veces el tranvía por la ciudad? ¿Por qué tiene tal obsesión con la señora? ¿Cuál es su reacción cuando la señora se muere? ¿Es consistente esta reacción con la obsesión anterior de ver todos los días a la señora?

La ciudad   ¿En qué ciudad tiene lugar este cuento? ¿Es una ciudad grande o un pueblo pequeño? ¿Qué más sabes de la ciudad de este cuento?

Simbolismo   La señora, el narrador, y la ciudad—¿son importantes por sí mismos o sólo como símbolos? ¿Qué simbolizan la señora, el narrador, y la ciudad?

Tema   ¿Qué piensa el autor de la vida urbana? ¿Cree que es posible conocer bien a la gente a quien se ve en la ciudad? En tu opinión, ¿se siente uno parte integral de la sociedad que lo rodea o se siente uno aislado de una sociedad muy compleja e impersonal? ¿Que piensas sobre el tema y el tono de este cuento? ¿Expresan optimismo o pesimismo?

Otros puntos de discusión   En la primera línea del cuento el narrador dice que no recuerda «con certeza cuando fue la primera vez que me di cuenta de su existencia». En la primera línea del tercer párrafo dice, «No recuerdo el momento exacto en que ella se sentó a mi lado.» En la próxima oración dice, «. . . que cuanto veía, el momento justo y sin importancia como era, lo había vivido antes, o tal vez soñado.» En el párrafo siguiente dice, «Así, no me molesté en indagar dentro de mi mente donde y como sucediera todo esto antes.» En el último párrafo el narrador repite las repeticiones de la idea de repetición en la vida. ¿Qué quiere decir el narrador con este énfasis sobre la repetición? ¿Cuál es la actitud del narrador frente a la vida? ¿Qué piensa él de la vida? ¿Cómo describe él la vida? ¿Por qué se refiere tanto en el cuento a la repetición?

Reacción personal   ¿Qué piensas tú de la tésis del autor? ¿En qué sentido es así la vida urbana? ¿En qué sentido es diferente? ¿Tienes otra(s) idea(s) que quieras comentar con tus compañeros de clase?

Temas de Composición

A. ¿Vives tú en un centro urbano, en un pueblo, o en el campo? ¿Es la vida más personal, y menos impersonal, en un lugar que en los otros? ¿Cuáles son las ventajas y las desventajas de vivir en cada lugar? ¿Qué alternativo prefieres tú?

B. A veces unos se quejan de que todo es lo mismo en la vida contemporánea. La gente se viste de una manera similar. Los edificios son del mismo estilo. Todas las ciudades se parecen. Se dice que todo es producto de un sistema mecánico que produce todo igual. ¿Qué te parece esta queja? ¿Cómo serán las ciudades del futuro?

Ejercicios Suplementarios

Cognados Engañosos

Indica el cognado engañoso, la palabra que no significa lo que parece significar.

1. Anoche todos nosotros asistimos a un concierto de música popular en el auditorio.
2. Actualmente, con los exámenes comprensivos hay mucho que hacer y nos alegramos mucho de tener una noche libre para divertirnos.
3. En una clase de literatura medieval leímos un libro con un argumento tan complejo que no comprendí nada.
4. Pues tengo que irme corriendo ahora porque tengo, casi, miles de páginas que leer antes de los exámenes.

Antónimos

Completa los siguientes contrastes por escoger de la lista siguiente el antónimo de cada palabra en letra itálica.

el campo	acaba
nace	fuera
queda	lento
odia	olvida
saca	baja
arriba	cerca
se detiene	paga
sencillo	

1. No, no viven *abajo,* viven _____.
2. Ahora ella no lo *ama.* Lo _____.
3. Sí, mi compañero _____, pero siempre *recuerda* a su novia.
4. *Empieza* a las nueve, y _____ a las doce.
5. No le gusta la *ciudad.* Prefiere _____.
6. Mi amigo vive _____, pero yo vivo *lejos.*
7. No está *dentro.* ¿Está _____?
8. El individuo típico _____ y *muere* sin aprender a hablar un idioma extranjero.
9. Le *cobra* mucho, pero no le _____ poco.
10. ¿Se *marcha* o _____?
11. No, no se _____. *Sale* en seguida.
12. El dentista a veces _____ los dientes y otras veces *mete* la dentadura postiza.
13. ¿*Sube* o _____ el precio del oro?
14. Este tren es _____. No es tan *veloz* como el francés.
15. ¡Hombre! No es *complejo.* Es _____.

Sinónimos

Escribe en el espacio la letra del sinónimo de la palabra.

1. terminar _____
2. cuarto _____
3. sin embargo _____
4. ocultar _____
5. seno _____
6. significado _____
7. sitio _____
8. pieza _____

A. no obstante
B. pecho
C. lugar
D. acabar
E. habitación
F. sentido
G. esconder

Palabras Relacionadas

Escoge la palabra apropiada y usarla, en la forma correcta, para completar cada oración.

1. (cerca, cerca de, acercarse, cercano)
   a. Sí, vive _____ en una calle _____.
   b. En la fiesta el invitado _____ a una joven _____ la escalera.
2. (contar, cuento, cuentista)
   Le gusta _____ el _____ del _____ argentino.
3. (habitar, habitante, habitación)
   a. Me gusta tu _____.
   b. ¿Dónde _____ los refugiados?
   c. ¿Cuántos _____ hay en la Ciudad de México?
4. (enfermo, enfermarse, enfermedad)
   Sí, está _____. Tiene _____ grave, y _____ fácilmente.
5. (juego, jugar, jugada, juguete)
   Es tu _____. ¿No sabes nada? ¿Por qué _____ este _____? Para ti es mejor el _____ del bebé.

Capítulo 6
Héctor Max

Preparación

Introducción

Al comienzo de este cuento un criado entra en la casa casi corriendo para relatar al narrador las noticias extraordinarias que circulan por el pueblo. Jaime vuelve al pueblo después de hacerse famoso y los habitantes van a organizar innumerables festejos en su honor.

Estas noticias hacen pensar al narrador y durante el resto del cuento la autora nos describe lo que piensa y lo que siente el narrador al saber que su amigo Jaime vuelve glorioso para recibir el aplauso y la admiración de la gente que conocía en su juventud.

Piensa en las relaciones, ambiciones, y sueños de los dos cuando eran jóvenes y en lo que realmente han sido sus vidas. También, piensa en lo que es la gloria y el éxito, y compara su carrera y su vida a las de Jaime.

La sorprendente e interesante decisión al fin del cuento revela lo que piensa el narrador de sí mismo y de su trabajo.

Vocabulario

Raíces Similares   En el caso de muchas palabras en este cuento, la palabra española y la palabra inglesa tienen raíces muy parecidas en forma y en significado. Estudia las dos listas siguientes. Para cada palabra española a la izquierda, escoge de la segunda lista la palabra asociada inglesa. Entonces, da el significado inglés de la palabra española.

1. noticias	**A.** carnivorous
2. circular	**B.** notices
3. ansiar	**C.** deviate
4. jurar	**D.** treason
5. envidia	**E.** circulate
6. desviar	**F.** envious
7. traicionar	**G.** jury
8. carne	**H.** anxious

Palabras Relacionadas   En el caso de otras plabras en este cuento, se puede determinar el significado por pensar en palabras similares en español. Da el significado inglés de las palabras en itálica en las selecciones siguientes. Para ayudarte se indica entre paréntesis una palabra relacionada a la itálica.

1. (silla)   Estaba sentado en mi *sillón* favorito.
2. (interrogar)   le he mirado *interrogante*
3. (terminar)   en ese viaje sin *término*

4. (fiesta)   Usted no sabe la de *festejos* que se van a organizar en su honor.

5. (triste)   Parece que oigo tu voz *entristecida*

6. (des, esperar)   sintiéndote *desesperado*

7. (entre, ver)   por las *entrevistas* que te han hecho

8. (dolor) (descubrir)   Fue un *doloroso descubrimiento*

9. (bien, decir) (mal, decir)   No sé si *bendije* o ... *maldije* a aquel editor

10. (brazo)   cuanto deseo verte, volver a *abrazarte*

Palabras que Adivinar   Examina el contexto en que ocurre la palabra en letra itálica y sin usar el diccionario da un equivalente inglés.

1. —¡Pues su amigo! ¡Su amigo Jaime! *¿Se acuerda usted de* él?— —¡Pues me dice si me acuerdo de él! No he olvidado a Jaime ni un solo instante de estos treinta años....—

2. (Con estas noticias) me sería imposible escribir más.... yo he recogido mis papeles, he *enfundado* la máquina. Luego he encendido mi pipa y he salido afuera a fumarla.

3. No tuve paciencia, no tuve valor. Fui *cobarde*.... Me *aterró* la lucha que íbamos a emprender. Me *asustó* el largo camino que teníamos que recorrer. No tuve *coraje* para luchar, para esperar.

4. había que arriesgarse, y no me *atreví*. ¿Y si nunca alcanzamos la *meta*... después de tantos años haciendo planes y proyectos?

5. Pero tú tienes ya la gloria.... No te dejaste *vencer*... por nada

6. ha sido para mí un *duro* sacrificio *ahogar* mis sueños, mis ambiciones ... y resignarme a escribir como ahora escribo

7. (Al principio) mis trabajos me los *rechazaban*... por ser un desconocido. ...al *devolvérmelos*.

Preguntas

Busca las respuestas a estas preguntas mientras que leas el cuento.

1. ¿Quién viene al pueblo?

2. ¿Cómo lo va a recibir la gente del pueblo?

3. ¿Cuándo eran amigos Jaime y el narrador?

4. ¿Cuáles eran sus sueños juveniles?

5. ¿Qué cosa material quería el narrador?

6. ¿Por qué no pudo vender sus manuscritos al principio?

7. ¿Cómo cambió su manera de escribir?

8. ¿Dónde vive el narrador?

9. ¿Qué hizo Jaime con su vida?

10. ¿Qué decide hacer el narrador antes de que llegue su amigo al pueblo?

Héctor Max

por María Manuela Dolón

Española. Comenzó a escribir cuando tenía solo doce años. Se publicó
su primer cuento cuando tenía veinte y dos años. Sigue viviendo en
España, en Ceuta, y sigue como escritora productiva y premiada.

Ha publicado en varias revistas como *Siluetas, Mujer, Ella, Ilustra-
ción Femenina, Dunia,* y últimamente en *Ama* y *Tribuna Médica* y varios
periódicos como *Arriba, Diario Regional,* y *El Faro de Ceuta.* Ha ganado
un impresionante número de premios en varios concursos de cuentos.
Más recientemente recibió el segundo premio Hucha de Plata y fue
finalista en un concurso de la revista *Tribuna Médica.* «Héctor Max» es
premio Villa de Paterna 1973.

Apenas bajo al pueblo. Las noticias que circulan por él, las pocas
novedades que de vez en cuando hay en él, me vienen
únicamente por conducto de mi criado que se afana, el pobre, en°
tenerme informado de cuanto él juzga me puede interesar.

Hoy ha subido la escalinata de piedra que llega hasta la casa, 5
jadeante,° casi corriendo, porque según me dice entrando de
sopetón° en mi estudio, me trae una noticia que me va a alegrar
muchísimo.

—¿Sabe usted lo que están haciendo en el pueblo?... ¿Sabe
usted quién va a venir...? —me ha dicho a continuación, 10
atropelladamente,° sin resuello° todavía.

Yo he dejado de teclear en la máquina, me he repantigado°
en el sillón y le he mirado interrogante, esperando.

—¡Pues su amigo! ¡Su amigo Jaime! —ha exclamado con
aire triunfante. Y después ha añadido: —¿Se acuerda usted de 15
él...?

Este viejo criado mío está chocheando° ya. ¡Pues no dice si
me acuerdo de él...! No he olvidado a Jaime ni un solo instante
de estos treinta años que han transcurrido° desde que se marchó
en ese viaje sin término que proyectamos hacer juntos. 20

Mis ojos se han ido derechos al ventanal desde donde sólo se
divisa° el cielo y el mar. Por ese mar has de venir, Jaime. Por ese
mar que soñamos surcar° juntos para ir en busca de la gloria...

Noto que los recuerdos van a empezar a acosarme.° Los
recuerdos que jamás me han abandonado del todo, pero que 25
ahora, de pronto, me duelen más rabiosamente que nunca.

---

se afana en: *trata de*

jadeante: *respirando con dificultad*
sopetón: *golpe fuerte*

atropelladamente: *precipitadamente*
resuello: *respiración*
repantigado: stretched out

chocheando: acting senile

transcurrido: *pasado*

divisa: *percibe*
surcar: *viajar*
acosar: *perseguir*

Le pregunto al criado:

—¿Y cómo te has enterado tú que viene …?

—¿Que cómo me he enterado…? ¡Pues menudo revuelo° hay en el pueblo para no enterarse uno…! Usted no sabe la de festejos que se van a organizar en su honor. Ya están colocando una placa de mármol en la casa donde nació. La van a descubrir cuando él llegue. El ayuntamiento° le ha nombrado hijo predilecto,° y va a haber salvas,° discursos e innumerables fiestas en su honor. En fin, que va a ser igual que si viniera un rey—ha concluído.

Yo he sonreído. Esa es la gloria, Jaime. La gloria que tú ansiabas. La gloria que ansiaba yo. Mucho habíamos soñado con ella. ¿Te acuerdas? Tú ya la has alcanzado. ¿Y a qué sabe la gloria, Jaime? ¿Qué se siente poseyéndola…? No sé si me atreveré a preguntártelo cuando te vea. Tal vez no me atreva ni a mirarte, Jaime. Ni a ponerme frente a ti, ni a sostener tu penetrante mirada.

—¿Está usted contento con la noticia que le he traído hoy?—Y mi viejo criado me sonríe con satisfacción.

Su voz es como si me hubiera despertado de golpe.° Como si hubiera esperado cual palomas a mis pensamientos.

—Sí, claro—le he respondido—. Es una agradable noticia la que me has dado. Gracias—y me he puesto seguidamente de pie.

Sé que hoy ya no podré seguir escribiendo. Que me sería imposible escribir más.

El criado ha salido de la habitación. Yo he recogido mis papeles, he enfundado la máquina. Luego he encendido mi pipa y he salido afuera a fumarla.

Desde el ventanal del estudio sólo se divisa el mar y el cielo como si la casa estuviese suspendida en una nube. Pero desde el exterior el panorama es más extenso. Se ve toda la colina° que escalonada llega hasta el mismo borde del mar. Se ve todo el monte, hoy de un verde fuerte e intenso. Se ven los árboles trepando° hacia la cima.° Se ve el pueblo a lo lejos, pequeño, apretado, muy blanco y con sus tejados° grises, verdosos, rojizos… Y allá abajo, allá al fondo, se ve por último el mar inmenso y a los buques que de vez en cuando lo cruzan y que luego se pierden en el ilimitado horizonte.

Contemplando el mar, el mar de nuestros sueños e ilusiones, no puedo evitar recordar nuestra juventud, Jaime. Cuando éramos muy jóvenes, muy locos, y estábamos llenos de ambiciones y quimeras.° ¿Te acuerdas tú, también, Jaime? Ansiábamos conquistar el mundo. Nos parecía fácil, posible,

revuelo: *agitación*

ayuntamiento: *corporación que gobierna un municipio*
predilecto: *favorito*
salvas: *saludos*

de golpe: *de pronto*

colina: *elevación de terreno*

trepando: *subiendo*
cima: *lo más alto*
tejados: *partes exteriores y superiores de un edificio*

quimeras: *fantasías*

5

10

15

20

25

30

35

40

¿por qué no? Aún no conocíamos nada de la vida. No sabíamos nada de los obstáculos, de los fracasos,° de las derrotas° que puede uno ir encontrando a cada paso en su camino. Estábamos muy seguros de nosotros mismos y nada ni nadie podía detener a nuestra imaginación exaltada ni a nuestras ambiciones de triunfo. No había nada imposible para nosotros entonces, ¿te acuerdas, Jaime?

He suspirado de pronto, y he vuelto la vista atrás. He contemplado mi casa. Y me he acordado de cuando paseando tú y yo por estos alrededores, en aquellas eternas caminatas,° la veíamos a lo lejos y comentábamos lo bien que se tenía que escribir aquí, en completa soledad, rodeado sólo de mar y cielo. Recuerdo que ya entonces, en mi fuero° interno, aunque nunca te lo dije tal vez, me prometí a mí mismo que esta casa algún día habría de ser mía. No sabía cómo ni cuándo... Pero un día yo sería su dueño; yo viviría y escribiría aquí. Y lo he logrado, Jaime. Ya ves que yo también, a mi modo, he triunfado. ¿No es, acaso, triunfo el dinero? Parece que te veo. Parece que oigo tu voz entristecida diciéndome: «Pero eso no era solamente lo que tú querías, Antonio...». De acuerdo, Jaime. De acuerdo. Pero, ¡qué quieres! No tuve paciencia, no tuve valor. Fui cobarde. Tuve miedo al hambre, a la miseria, a las privaciones, a todo eso, a lo que nos íbamos a exponer. Me aterró la lucha que íbamos a emprender. Me asustó el largo camino que teníamos que recorrer. No tuve coraje para luchar, para esperar. Había que atreverse, había que arriesgarse, y no me atreví. ¿Y si nunca alcanzamos la meta? —me pregunté de pronto. Y al final, después de tantos años haciendo planes y proyectos sobre nuestro viaje a la capital a la conquista de la gloria, te abandoné dejándote marchar solo. No sé si me habrás perdonado del todo mi deserción de entonces. Yo, te lo juro, en lo más íntimo de mi alma no me lo he perdonado ni me lo perdonaré mientras viva. Pero nunca, nunca me ha dolido tanto, me ha hecho tanto daño este recuerdo como hoy que se ha avivado al enterarme que vuelves, y que vuelves triunfante, famoso, con un nombre que suena ya universalmente.

Me imagino que habrás tenido que luchar duro para conseguirlo. Porque tu triunfo—como todo triunfo verdadero—no fue fácil ni rápido. No en balde° te ha costado años, casi la vida entera obtenerlo. Y que acaso más de una vez, sintiéndote desmoralizado, desesperado, pensaras tú también en desertar. ¿No es cierto, Jaime? Pero no lo hiciste, no te dejaste vencer ni amilanar° por nada y ahí radica° tu grandeza, tu mérito

fracasos: failures
derrotas: defeats

caminatas: *viajes cortos*

fuero: *conciencia*

en balde: in vain

amilanar: *asustar*
radica: *se halla*

y tu compensación. ¡Cómo te envidio, Jaime! ¡Cómo envidio tu
tesón° y voluntad! Tu paciente y laboriosa espera hasta conquistar
lo que te propusiste lograr cuando eras muchacho. Cuando
éramos muchachos los dos y no hablábamos de otra cosa que de
los libros que pensábamos escribir, de la gloria que íbamos a   5
alcanzar... La gloria que tú ya has alcanzado, Jaime. No te
desviaste ni un ápice° de tu camino, de la meta que te fijaste
entonces. Lo sé bien porque he leído todos tus libros. He seguido
tu carrera literaria por los periódicos, por las revistas° y por las
entrevistas que te han hecho a lo largo de todos estos años. Y he   10
visto cuán fiel has sido a tu vocación y a tu ideal. Quizá para
triunfar hayas tenido que renunciar a muchas cosas. No se da
nada gratuitamente. Pero, ¿no he renunciado yo también, Jaime?
Sí, yo he renunciado a lo que más quería. A mi vocación de
escritor. ¿Es que no ha sido para mí un duro sacrificio ahogar mis   15
sueños, mis ambiciones, ahogar a mis personajes, mis
argumentos,° todo lo que me bullía° en la cabeza entonces y
resignarme a escribir como ahora escribo, palabras, sólo palabras,
palabras sin alma, sin pensamientos, palabras vacías y huecas...?°
¡Ay, aquellos libros que yo pensaba hacer! ¡Ay, aquellos temas,   20
aquellas ideas que me hervían° en el cerebro! Todo se secó, Jaime.
Todo se agostó.° Ya nada queda de aquello. De tantos sueños y
tantas ambiciones. La realidad se impuso. La crudeza de la vida
me despertó. A las primeras derrotas me asusté. Me encogí.° ¿Es
que, acaso, no era tan fuerte como la tuya me vocación? me   25
pregunto ahora y me lo he preguntado miles de veces más. ¿Qué
me pasó entonces, Jaime, qué me pasó? Yo era tan buen escritor
como tú. O acaso más, ¿te acuerdas? Pero me faltó voluntad,
tesón para seguir a pesar de todas las contingencias, a pesar de los
obstáculos. Sí, me falló° la voluntad...   30
　　¿Y sabes, Jaime, amigo, cómo empezó todo? Después que
tú te fuiste continué escribiendo. Pero empecé a desfallecer,° a
sentir un atroz desaliento° al ver que mis cuentos, mis trabajos,
me los rechazaban sistemáticamente por ser un desconocido. Y
también porque estaban demasiado bien escritos, según llegaron a   35
decirme más de una vez al devolvérmelos, ¿sabes? ¿Y no era cruel
eso, Jaime, no era monstruoso? Me propuse escribir cada día
peor. No preocuparme del estilo ni del idioma ni de la forma. Un
día, lo recuerdo muy bien, entré en la librería del pueblo y
advertí con tristeza que cuantas personas entraban allí lo hacían   40
solamente para comprar noveluchas baratas, noveluchas de esas
que están muy mal escritas y peor pergueñadas.° Pensé que los
autores de semejantes engendros° se hinchaban de ganar dinero

tesón: firmeza

ápice: poco

revistas: magazines

argumentos: plots
bullía: was boiling
huecas: hollow

hervían: were boiling
agostó: was used up

encogí: *puse tímido*

falló: *fue deficiente*

desfallecer: *debilitarse*
desaliento: *falta de
esfuerzo*

pergueñadas: *ejecutadas*
engendros: *obras mal
ideadas*

asco: *cosa que repugna*
hastío: *disgusto*

mientras nosotros, los verdaderos escritores, nos moríamos de
asco° y hastío.° Fue un doloroso descubrimiento aquél, no creas.
Pero fue el comienzo de todo. ¿Y si yo intentaba escribir algo
parecido para ganar dinero?—me dije—. No lo pensé mucho
aunque tú no sabes lo que me repugnaba hacerlo. La violencia   5
que me tuve que hacer. No era eso lo mío, no, y me costó un
esfuerzo inaudito. Me parecía que me estaba prostituyendo, que
me vendía, que estaba traicionando a algo o a alguien. ¡Oh,
aquellos terribles días en los que escribí mi primera novela mala!
No quiero acordarme lo que sufrí. Pero eso fue solamente al   10
principio. Después me acostumbré. A todo acaba
acostumbrándose uno, Jaime. Y el dinero es agradable, el dinero
hace falta para vivir, Jaime. Y yo no podía pasarme toda mi vida
esperando un premio que a lo peor nunca llegaba, o aguardando a
que un editor se decidiera al fin a publicar mis trabajos. No, yo   15
tenía que comer todos los días. ¿Comprendes, Jaime? He
olvidado completamente el título que le puse a aquella estúpida
historia que inventé en la que salía una rubia explosiva y unos
pistoleros. Pero fueron las primeras diez mil pesetas que gané
escribiendo. No sé si bendije o por el contrario maldije a aquel   20
desconocido editor que me las proporcionaba. No obstante mi
intención era solamente ganar algún dinero para poder dedicarme

de lleno: *completamente*
fabulador: *autor de
fábulas*

de lleno,° más tarde, a lo que yo verdaderamente quería y sentía.
Es decir, que en mí habría dos personas, el fabulador° de
idioteces y el escritor de verdad, el creador auténtico que yo era.   25
Pero, ¡ay! Jaime, me vi de pronto inmerso en la fiebre que da el
dinero. Y seguí, seguí escribiendo aquella clase de novelas y
seguí, seguí ganando dinero. Empecé a encontrarle gusto a la
riqueza, yo que nunca había tenido nada. Y ya nada pudo
detenerme. Pero no creas que me sentía contento ni orgulloso.   30
No, no lo estaba. Sentía una tristeza, una amargura tremenda que
todavía no se me ha curado ni jamás se me curará del todo. Pero

emborracha:
intoxicates

el dinero también puede ser como el vino que te emborracha° o
como la droga que te adormece y te hace soñar. Más, más,
quieres más, y ya sólo vives para ello. Eso me ha ocurrido   35
a mí.

Al poco tiempo me vi con dinero suficiente para comprar la
casa de la colina. La casa en la que desde muchacho soñaba como
el sitio ideal para escribir. Pero, ¡ya ves! ironías de la vida,
escribo, sí, ¡pero qué cosas, Señor, qué cosas...! ¿Más voy a   40

filón: *de fila*
galeoto: galley slave

renunciar al filón° de oro, ahora? No puedo. Es cierto que
parezco un galeoto.° Que trabajo muy duramente. Y que me es
más difícil escribir mal que bien. Porque es forzado, porque no lo

...lma ni me ha nacido dentro. Tampoco te
...omo cuando escribes una bella página ni te
... Así que cada novela que hago es a costa
...ente. A menudo me asalta el pensamiento
...tanto esfuerzo. Pero continuo escribiendo. 5
...entado ante la máquina. Lo dejo solamente
...ansancio agarrota° mis dedos, cuando la
...e. Descanso un rato y vuelvo después a la
...ro lo que yo escribo y no debo
...ad, Jaime? 10
...eces, Jaime, todavía alguna vez me torturan
...dos personajes y me hacen daño en el
...artillearan° exigiéndome salir. Aquellos
...tía vivos, palpitantes y sólo me pedían que
...e yo ahogué dentro de mí. Sí, amigo, que 15
...uedo hacer nada ya por ellos. Es demasiado
...podría. He olvidado escribir bien. Ya no sé.
...an monstruos. Tanto tiempo los he tenido
...acostumbrado, además, a mis nuevos
...° no humanos, no de carne como los que tú 20
...o quería crear. Y ya me siento impotente de

...e «Héctor Max»? ¿El famoso, a su modo,
...a hecho millonario escribiendo cada semana
...sin haber ido ni haber visto jamás el Oeste? 25
...has oído, ni remotamente lo relacionarías
...racias, Jaime. Y sin embargo ése soy yo,
...ho que hace treinta años soñaba con alcanzar
la gloria literaria. Pero nadie lo sabe. A nadie se lo he dicho. Me
avergüenzo° íntimamente de ello. ¡Ah, sí, cómo me avergüenzo! 30
Y ni siquiera mi criado, que me ve escribir continuamente, puede
sospechar una cosa así. Tampoco te lo diré a ti, Jaime. No, no te
lo diré. No quiero que lo sepas. Prefiero que creas que abandoné
la literatura años ya porque no logré triunfar. No quiero tu
compasión, Jaime. No quiero oír tu voz queda,° profunda y 35
apenada° al decirme: «Antonio, Antonio, ¿cómo has podido hacer
eso…?»

   De pronto he sentido el vehemente deseo de bajar al pueblo.
De ver los preparativos que están haciendo para tu llegada. He
descendido los escalones de piedra, de prisa. He llegado al 40
pueblo. Me he detenido ante la casa donde naciste. Unos
hombres están terminando de colocar la lápida.° Es una lápida
hermosa, grande, como no hay otra igual en el pueblo. Leo:

avergüenzo: feel ashamed

queda: *tranquila*
apenada: *de pena*

lápida: *piedra en que se graba una inscripción*

insigne: *distinguido*
preclaro: *famoso*

«Aquí nació hace cincuenta años el insigne° y preclaro° escritor, gloria de nuestras Letras, Jaime Torrel. Tu pueblo en homenaje, 1972.»

Me he quedado mucho tiempo contemplándola. ¿Es eso la gloria, Jaime? ¿La gloria con la que soñábamos los dos cuando éramos muchachos...? La pipa hace rato que se me ha apagado y ni me he dado cuenta. Pensativo, despacio, he dado la vuelta y he regresado a casa. 5

anhelo: *deseo vehemente*

Mañana llegas, Jaime. Me lo acaba de decir mi criado. ¡Si supieras cuánto deseo verte, volver a abrazarte...! Es un anhelo° fuerte, potente que me domina, pero al que voy a renunciar. Porque hoy, ahora mismo, salgo de viaje, Jaime. No sé todavía a dónde ni por cuánto tiempo. Sólo sé que no quiero encontrarme contigo cuando vengas, aunque mi corazón lo desee tan ardientemente. ¿Pero, lo comprendes, verdad, querido amigo...? Perdóname si una vez más te defraudo. Si una vez más deserto, Jaime... 10

15

Práctica

Resumen

Escribe en español un resumen de este cuento y ven a clase preparado(a) a presentárselo oralmente a un(a) compañero(a) de clase.

Uso de Palabras

De estas viente y cuatro palabras escoge quince, o más, con que escribir quince oraciones sobre tu situación personal, tus sueños de niño, o tus metas de estudiante universitario(a).

noticias	ansiar	de entonces	derrota
acordarse de	triunfar	coraje	voluntad
recuerdos	alcanzar	esperar	triste
soñar	gloria	lograr	novelucha
atreverse	de acuerdo	meta	acostumbrarse
sueños	camino	duro	ahogar

Pensar y Comentar

El narrador   Describe su juventud y sus relaciones con Jaime. ¿Cómo se llama? ¿Dónde vive? ¿Cómo vive? En tu opinión, ¿cuántos años tiene? De sus metas en la vida, ¿cuáles ha alcanzado? ¿Cuáles no ha alcanzado? ¿Qué piensa de su amigo Jaime? ¿Qué piensa de los libros que ha escrito? ¿Qué piensa de sí mismo? ¿Por qué sale del pueblo antes de que llegue Jaime?

Jaime   Describe la juventud de Jaime según la información y las implicaciones de esa información. Describe las relaciones entre Jaime y Antonio durante su juventud. ¿Cuál es la profesión de Jaime? ¿Es conocido? ¿Por qué hacen tantos planes los habitantes del pueblo?

Héctor Max   ¿Quién es? ¿Qué tipo de persona es? ¿Qué hace bien? ¿Tiene éxito en la vida?

La casa   ¿Dónde está? ¿Por qué la quería tanto el narrador?

Simbolismo   ¿Qué representa el escribir para los dos jóvenes? ¿Qué representa Jaime para el narrador? ¿Qué tipo de persona representa el narrador? ¿Qué simboliza la casa en los sueños de Antonio? Contrasta la casa de Antonio con la placa de Jaime.

Tema   ¿Por qué no está contento el narrador? ¿Qué aspectos de su carácter fueron la causa de abandonar sus sueños? ¿Qué obtuvo por abandonar sus sueños? ¿Qué perdió por abandonarlos? En tu opinión, ¿qué nos dice la autora?

Otros puntos de discusión   ¿En qué consiste el éxito, o la gloria, según este cuento? ¿En qué sentido es éste un cuento triste?

Reacción personal   ¿Tiene razón el narrador cuando dice que Jaime tiene la gloria y él no? ¿Es realista este personaje? Explica tus respuestas.

¿Con qué sentimiento terminaste el cuento? ¿Qué piensas del cuento? ¿Tienes otra(s) idea(s) que quieras relatar a la clase?

Temas de Composición

A. Comenta los sueños de los jóvenes de hoy en día. ¿Cómo cambian los sueños cuando uno pasa de la escuela elemental a la escuela secundaria y finalmente a la universidad?

B. ¿Cómo define el éxito la sociedad contemporánea? ¿Cómo lo definen tú y tus amigos? ¿Cuáles son otras posibles definiciones del éxito?

Capítulo 7
El prodigioso miligramo

Preparación

Introducción

Un día una hormiga llega a su hormiguero con un prodigioso miligramo. Esta acción pone en marcha una serie de acciones y reacciones, causas y efectos que cambian radicalmente su vida y la vida del hormiguero.

¿Qué tiene que ver un hormiguero con la vida en la sociedad contemporánea? Mucho. Presta atención a lo que hacen la hormiga, las autoridades, los ancianos, y las otras hormigas, y compara todo con asuntos similares en la sociedad humana de los tiempos modernos.

Vocabulario

Raíces Similares En el caso de muchas palabras en este cuento, la palabra española y la palabra inglesa tienen raíces muy parecidas en forma y en significado. Estudia las dos listas siguientes. Para cada palabra española a la izquierda, escoge de la segunda lista la palabra asociada inglesa. Entonces, da el significado inglés de la palabra española.

1. meditar		**A.** alimentary
2. extraño		**B.** conduct
3. conducir		**C.** account
4. agravarse		**D.** felicitate
5. felicitar		**E.** dissimulate
6. alimenticio		**F.** meditation
7. difunto		**G.** superficial
8. disimular		**H.** defunct
9. cuenta		**I.** aggravation
10. superficie		**J.** extraneous

Palabras Relacionadas En el caso de otras palabras en este cuento, se puede determinar el significado por pensar en palabras similares en español. Da el significado inglés de las palabras en itálica en las selecciones siguientes. Para ayudarte, se indica entre paréntesis una palabra relacionada a la itálica.

1. (hallar)   sin detenerse a meditar en las consecuencias del *hallazgo*
2. (salud)   un *saludable* sentimiento
3. (carga)   Llevaba un extraño *cargamento*.
4. (deber)   mi *deber* es dar parte a la policía

5. (im, pre, ver) Ante un caso *imprevisto* por el código penal
6. (lento) La *lentitud* habitual de los procedimientos judiciales
7. (acuerdo) La lentitud... iba en *desacuerdo* con la ansia de la hormiga
8. (buscar) mediante la *búsqueda* de miligramos
9. (frenar) se entregan en todas partes a una *desenfrenada* búsqueda de miligramos
10. (sobre, vivir) el hambre mermaba el número de las *supervivientes*

Palabras que Adivinar Examina el contexto en que ocurre la palabra en letra itálica y sin usar el diccionario da un equivalente inglés.

1. (la hormiga) se unió al *hilo* de sus compañeras que regresaban
2. No *hizo* el menor *caso* a todos los curiosos que iban a contemplar... el espectáculo de su desordenada agonía. *Dejó de* comer casi por completo, se negó a recibir a los periodistas
3. El prodigioso miligramo brillaba en el *suelo,* como un diamante inflamado de luz propia. Cerca de él yacía la hormiga heróica, *patas* arriba, consumida y transparente.
4. A duras penas logró funcionar poco después un *consejo* de ancianos que puso término a la prolongada *etapa* de orgiásticos honores.
5. En vano algunas hormigas viejas y *sensatas* recomendaron *medidas* precautorias.
6. Las disputas dentro de las galerías degeneraban fácilmente en *riñas* y éstas en asesinatos.
7. De allí en adelante cualquier hormiga, *agotada* por el trabajo o *tentada* por la *pereza,* podía reducir sus ambiciones de gloria a los límites de una pensión vitalicia, libre de obligaciones serviles.

Preguntas

Busca las respuestas a estas preguntas mientras que leas el cuento.

1. ¿Por qué censuraban a la hormiga de este cuento?
2. ¿Qué trajo un día al hormiguero?
3. ¿Cuál fue la reacción de las autoridades del hormiguero?
4. ¿Cómo reaccionó la hormiga?
5. ¿Qué encontró un día el carcelero?
6. Entonces, ¿cuál fue la opinión de las otras hormigas?
7. ¿Qué tipo de gobierno surgió al fin de las celebraciones?
8. Después, ¿qué buscaban las hormigas?
9. ¿Qué les faltaba en el hormiguero a causa de esta búsqueda continua?
10. ¿Qué hicieron las hormigas para sobrevivir durante el invierno?

El prodigioso miligramo

por Juan José Arreola (1918–   )

Mexicano nacido en Ciudad Guzmán en el estado de Jalisco. Tuvo varias profesiones hasta llegar a ser profesor universitario en la capital.

En su obra combina la fantasía con el humor y las ideas intelectuales, en parte de ella criticando con gran amargura la sociedad actual de México. Su primera obra publicada fue *Varia invención* (1949). Se publicó una colección de sus obras en *Confabulario total 1941–1961*. Otra novela, *La feria,* apareció en 1963.

> *…moverán prodigiosos miligramos.*
> CARLOS PELLICER.[1]

hormiga: ant
sutileza: lightness

Una hormiga° censurada por la sutileza° de sus cargas y por sus frecuentes distracciones, encontró una mañana, al desviarse nuevamente del camino, un prodigioso miligramo.

Comprobó: *confirmó*

Sin detenerse a meditar en las consecuencias del hallazgo, cogió el miligramo y se lo puso en la espalda. Comprobó° con alegría una carga justa para ella. El peso ideal de aquel objeto daba a su cuerpo extraña energía: como el peso de las alas en el cuerpo de los pájaros. En realidad, una de las causas que anticipan la muerte de las hormigas es la ambiciosa desconsideración de sus propias fuerzas. Después de entregar en el depósito de cereales un grano de maíz, la hormiga que lo ha conducido a través de un kilómetro, apenas tiene fuerzas para arrastrar al cementerio su propio cadáver.   10

La hormiga del hallazgo ignoraba su fortuna, pero sus pasos demostraron la prisa ansiosa del que huye llevando un tesoro. Un   15
vago y saludable sentimiento de reivindicación comenzaba a

henchir: *llenar*

henchir° su espíritu. Después de un larguísimo rodeo, hecho con alegre propósito, se unió al hilo de sus compañeras que regresaban todas, al caer la tarde, con la carga solicitada ese día:

[1]**Carlos Pellicer** (1899–   ), poeta mexicano

lechuga: lettuce
recortados: *cortados*
crestería: crest
verdor: *de verde*
desentonaba: *se salía de tono*

sorna: *lentitud estudiada*

apego: *cariño*

trámite: procedure

despropósitos: *dichos o hechos fuera de razón*
colmo: *último grado*

fiscal: *acusador público en los tribunales*
estentórea: *muy fuerte*

pulía: *daba lustre*

a cuestas: *en los hombros*
presa: *víctima*

pequeños fragmentos de hoja de lechuga° cuidadosamente recortados.° El camino de las hormigas formaba una delgada y confusa crestería° de diminuto verdor.° Era imposible engañar a nadie: el miligramo desentonaba° violentamente en aquella perfecta uniformidad. 5

Ya en el hormiguero, las cosas empezaron a agravarse. Las guardianas de la puerta, y las inspectoras situadas en todas las galerías, fueron poniendo objeciones cada vez más serias al extraño cargamento. La palabras «miligramo» y «prodigioso» sonaron aisladamente, aquí y allá, en labios de algunas entendidas. 10 Hasta que la inspectora jefe, sentada con gravedad ante una mesa imponente, se atrevió a unirlas diciendo con sorna° a la hormiga confundida: «Probablemente nos ha traído usted un prodigioso miligramo. La felicito de todo corazón, pero mi deber es dar parte a la policía.» 15

Los funcionarios del orden público son las personas menos aptas para resolver cuestiones de prodigios y de miligramos. Ante un caso imprevisto por el código penal, procedieron con apego° a las ordenanzas comunes y corrientes, confiscando el miligramo con hormiga y todo. Como los antecedentes de la 20 acusada eran pésimos, se juzgó que un proceso era de trámite° legal. Y las autoridades competentes se hicieron cargo del asunto.

La lentitud habitual de los procedimientos judiciales iba en desacuerdo con la ansiedad de la hormiga, cuya extraña conducta la predispuso hasta con sus propios abogados. Obedeciendo al 25 dictado de convicciones cada vez más profundas, respondía con altivez a todas las preguntas que se le hacían. Propagó el rumor de que se cometían en su caso gravísimas injusticias, y anunció que muy pronto sus enemigos tendrían que reconocer forzosamente la importancia del hallazgo. Tales despropósitos° 30 atrajeron sobre ella todas las sanciones disponibles. En el colmo° del orgullo, dijo que lamentaba sinceramente formar parte de un hormiguero tan imbécil. Al oír semejantes palabras, el fiscal° pidió con voz estentórea° una sentencia de muerte.

En esa circunstancia vino a salvarla el informe de un célebre 35 alienista, que puso en claro su desequilibrio mental. Por las noches, en vez de dormir, la prisionera se ponía a darle vueltas a su miligramo, lo pulía° cuidadosamente, y pasaba largas horas en una especie de éxtasis contemplativo. Durante el día lo llevaba a cuestas,° de un lado a otro, en el estrecho y oscuro calabozo. Se 40 acercó al fin de su vida presa° de terrible agitación. Tanto, que el médico de guardia pidió tres veces que se le cambiara de celda. La celda era cada vez más grande, pero la agitación de la hormiga

El prodigioso miligramo   **81**

crecía con el espacio disponible. No hizo el menor caso a todos los curiosos que iban a contemplar, en número creciente, el espectáculo de su desordenada agonía. Dejó de comer casi por completo, se negó a recibir a los periodistas y guardó un mutismo absoluto.   5

Las autoridades superiores decidieron finalmente trasladar a un sanatorio a la hormiga enloquecida. Pero las decisiones oficiales adolecen° siempre de lentitud.

adolecen: *tienen un defecto*

Un día, al amanecer, el carcelero halló quieta la celda, y llena de un extraño esplendor. El prodigioso miligramo brillaba   10
en el suelo, como un diamante inflamado de luz propia. Cerca de él yacía la hormiga heroica, patas arriba, consumida y transparente.

La noticia de su muerte y la virtud prodigiosa del miligramo se derramaron como inundación en todas las galerías. Caravanas   15
de visitantes recorrían la celda, improvisada en capilla ardiente.°

capilla ardiente: chamber where dead bodies lie in state

Las hormigas se daban contra el suelo en su desesperación. De sus ojos, deslumbrados° por la visión del miligramo, corrían las lágrimas en tal abundancia que la organización de los funerales se

deslumbrados: dazzled

vio complicada con un problema de drenaje. A falta de ofrendas   20
florales suficientes, las hormigas conmovidas saqueaban los depósitos para cubrir el cadáver de la víctima con pirámides de alimentos.

El hormiguero vivió días indescriptibles, mezcla de admiración, de orgullo y de dolor. Se organizaron exequias°   25
suntuosas, colmadas° de bailes y banquetes. Rápidamente se

exequias: *honras fúnebres*
colmadas: *terminadas*

inició la construcción de un santuario para el miligramo, y la hormiga incomprendida y asesinada obtuvo el honor de un mausoleo. Las autoridades fueron depuestas y acusadas de traición.   30

A duras penas logró funcionar poco después un consejo de ancianos que puso término a la prolongada etapa de orgiásticos honores. La vida volvió a su curso normal, gracias a innumerables fusilamientos.° Los ancianos más sagaces°

fusilamientos: executions by shooting
sagaces: *prudentes*

derivaron entonces la corriente de admiración devota que   35
despertara el miligramo a una forma cada vez más rígida de religión oficial. Se nombraron guardianes y sacerdotes. En torno al santuario fue surgiendo un círculo de grandes edificios, y una extensa burocracia comenzó a ocuparlos en rigurosa jerarquía. La capacidad económica del floreciente hormiguero se vio   40
seriamente comprometida.

Lo peor de todo fue que el desorden, expulsado de la superficie, prosperaba una vida inquietante y subterránea.

Aparentemente, el hormiguero vivía tranquilo y compacto, dedicado al trabajo y al culto, pese° al gran número de funcionarios que se pasaban la vida desempeñando tareas cada vez menos apreciables. Es imposible decir cuál hormiga albergó° en su mente los primeros pensamientos funestos.° Tal vez fueron muchas las que pensaron al mismo tiempo, cayendo en la tentación.

En todo caso,° se trataba de hormigas ambiciosas y ofuscadas° que consideraron, blasfemas, la humilde condición de la hormiga descubridora. Entrevieron° la posibilidad de que todos los homenajes tributados a la gloriosa difunta les fueran discernidos a ellas en vida. Empezaron a tomar actitudes sospechosas. Divagadas° y melancólicas, se extraviaban° adrede° del camino y volvían al hormiguero con las manos vacías. Contestaban a las inspectoras sin disimular su arrogancia; frecuentemente se hacían pasar por enfermas y anunciaban para muy pronto un hallazgo sensacional. Y las propias autoridades no podían evitar la idea de que una de aquellas lunáticas llegara con un prodigio sobre sus débiles espaldas.

Las hormigas comprometidas obraban en secreto, y digámoslo así, por cuenta propia.° De haber sido posible un interrogatorio general, las autoridades habrían llegado a la conclusión de que un cincuenta por ciento de las hormigas, en lugar de preocuparse por mezquinos° cereales y frágiles hortalizas,° tenía los ojos puestos en la incorruptible sustancia del miligramo.

Un día ocurrió lo que debía ocurrir. Como si se hubieran puesto de acuerdo, seis hormigas comunes y corrientes, que parecían de las más normales, llegaron al hormiguero con sendos° objetos extraños que hicieron pasar, ante la general expectación, por miligramos de prodigio. Naturalmente, no obtuvieron los honores que esperaban, pero fueron exoneradas ese mismo día de todo servicio, y se les otorgó° una renta vitalicia.°

Acerca de los seis miligramos, fue imposible decir nada en concreto. El recuerdo de la imprudencia anterior apartó a las autoridades de todo propósito judicial. Los ancianos se lavaron las manos en consejo, y dieron a la población una amplia libertad de juicio. Los supuestos miligramos se ofrecieron a la admiración pública en las vitrinas° de un modesto recinto,° y todas las hormigas opinaron según su leal saber y entender.

Esta debilidad por parte de las autoridades, sumada al silencio culpable de la crítica, precipitó la ruina del hormiguero. De allí en adelante° cualquier hormiga, agotada° por el trabajo o

5

10

15

20

25

30

35

40

El prodigioso miligramo **83**

tentada por la pereza, podía reducir sus ambiciones de gloria a los límites de una pensión vitalicia, libre de obligaciones serviles. Y el hormiguero comenzó a llenarse de falsos miligramos.

En vano algunas hormigas viejas y sensatas recomendaron medidas precautorias, tales como el uso de balanzas y la confrontación minuciosa de cada nuevo miligramo con el modelo original. Nadie les hizo caso. Sus proposiciones, que ni siquiera fueron discutidas en asamblea, hallaron punto final en las palabras de una hormiga flaca y descolorida que proclamó abiertamente y en voz alta sus opiniones personales. Según la irreverente, el famoso miligramo original, por más° prodigioso que fuera, no tenía por qué sentar un precedente de calidad. Lo prodigioso no debía ser impuesto en ningún caso como una condición forzosa a los nuevos miligramos encontrados.

El poco de contención que les quedaba a las hormigas desapareció en un momento. En adelante las autoridades fueron incapaces de reducir o tasar° la cuota de objetos que el hormiguero podía recibir diariamente bajo el título de miligramos. Se les negó caulquier derecho de veto, y ni siquiera lograron que cada hormiga cumpliera con sus obligaciones. Todas quisieron salvar su condición de trabajadoras, mediante° la búsqueda de miligramos.

El depósito para esta clase de artículos llegó a ocupar las dos terceras partes del hormiguero, sin contar las colecciones particulares, algunas de ellas famosas por la valía de sus piezas. Respecto a los miligramos comunes y corrientes, descendió tanto su precio que en los días de mayor afluencia podían obtenerse a cambio de° una bicoca.° No debe negarse que de cuando en cuando° llegaban al hormiguero algunos ejemplares estimables. Pero corrían la suerte de las peores bagatelas.° Legiones de aficionados se dedicaron a exaltar el mérito de los miligramos de más dudosa calidad, fomentando° así un general desconcierto.

En su desesperación de no hallar miligramos auténticos, muchas hormigas acarreaban° verdaderas obscenidades e inmundicias.° Galerías enteras fueron clausuradas° por razones de salubridad. El ejemplo de una hormiga extravagante hallaba al día siguiente millares° de imitadores. A costa de grandes esfuerzos, y empleando todas sus reservas de sentido común, los ancianos del consejo seguían llamándose autoridades y hacían vagos ademanes de gobierno.

Los burócratas y los miembros del culto, no contentos con su holgada° situación, abandonaron el templo y las oficinas para echarse a la busca de miligramos, tratando de aumentar gajes° y

por más: however

tasar: regular

mediante: por la
  intervención de

a cambio de: por
bicoca: cosa de poco
  aprecio
de... cuando: from
  time to time
bagatelas: cosas frívolas
fomentando:
  adelantando
acarreaban: causaban
inmundicias:
  repugnancias
clausuradas: cerradas
  solas
millares: de mil

holgada: desocupada
gajes: salarios

motines: *rebeliones*
cotidianas: *de todos los días*
despojar: *robar*

promovían: *adelantaban*
cateo: arbitrary search

cifra: *número*
pavorosa: *que da terror*

rezagado: latecomer

barrenderas: sweepers
escobazos: swipes with a broom
ofrendas: *contribuciones*
desperdicios: *residuos inservibles*
nubarrones: *de nube*

llevaba a cabo: *completaba*

achacosos: *levemente enfermos*

Imprevisoras: *faltas de previsión*

acaudaladas: *adquiridas*

puñado: *pequeña cantidad*

bancarrota: bankruptcy
aferró: *cogió fuertemente*
mermaba: *rebajaba*

honores. La policía dejó prácticamente de existir, y los motines° y las revoluciones eran cotidianas.° Bandas de asaltantes profesionales aguardaban en las cercanías del hormiguero para despojar° a las afortunadas que volvían con un miligramo valioso. Coleccionistas resentidos denunciaban a sus rivales y promovían° largos juicios, buscando la venganza del cateo° y la expropiación. Las disputas dentro de las galerías degeneraban fácilmente en riñas, y éstas en asesinatos... El índice de mortalidad alcanzó una cifra° pavorosa.° Los nacimientos disminuyeron de manera alarmante, y las criaturas, faltas de atención adecuada, morían por centenares.

El santuario que custodiaba el miligramo verdadero se convirtió en tierra de nadie. Las hormigas, ocupadas en la discusión de los hallazgos más escandalosos, ni siquiera acudían a visitarlo. De vez en cuando, algún devoto rezagado° llamaba la atención de las autoridades sobre su estado de ruina y de abandono. Lo más que se conseguía era un poco de limpieza. Media docena de irrespetuosas barrenderas° daban unos cuantos escobazos,° mientras decrépitos ancianos pronunciaban largos discursos y cubrían la tumba de la hormiga con deplorables ofrendas,° hechas casi de puros desperdicios.°

Sepultado entre nubarrones° de desorden, el prodigioso miligramo brillaba en el olvido. Llegó incluso a circular la especie escandalosa de que había sido robado por manos sacrílegas. Una copia de mala calidad suplantaba al miligramo auténtico, que pertenecía ya a la colección de una hormiga criminal, enriquecida en el comercio de miligramos. Rumores sin fundamento, pero nadie se inquietaba ni se conmovía; nadie llevaba a cabo° una investigación que les pusiera fin. Y los ancianos del consejo, cada día más débiles y achacosos,° se cruzaban de brazos ante el desastre inminente.

El invierno se acercaba, y la amenaza de muerte detuvo el delirio de las imprevisoras° hormigas. Ante la crisis alimenticia, las autoridades decidieron ofrecer en venta un gran lote de miligramos a una comunidad vecina, compuesta de acaudaladas° hormigas. Todo lo que consiguieron fue deshacerse de unas cuantas piezas de verdadero mérito, por un puñado° de hortalizas y cereales. Pero se les hizo una oferta de alimentos suficientes para todo el invierno, a cambio del miligramo original.

El hormiguero en bancarrota° se aferró° a su miligramo como a una tabla de salvación. Después de interminables conferencias y discusiones, cuando ya el hambre mermaba° el número de las supervivientes en beneficio de las hormigas ricas,

El prodigioso miligramo   **85**

éstas abrieron la puerta de su casa a las dueñas del prodigio.

contrajeron: *de contraer*
exentas: *libres*

Contrajeron° la obligación de alimentarlas hasta el fin de sus días, exentas° de todo servicio. Al ocurrir la muerte de la última hormiga extranjera, el miligramo pasaría a ser propiedad de las compradoras.   5

difundieron: *extendieron*

¿Hay que decir lo que ocurrió poco después en el nuevo hormiguero? Las huéspedes difundieron° allí el germen de su contagiosa idolatría.

Actualmente las hormigas afrontan una crisis universal. Olvidando sus costumbres, tradicionalmente prácticas y   10

desenfrenada: reckless

utilitarias, se entregan en todas partes a una desenfrenada° búsqueda de miligramos. Comen fuera del hormiguero, y sólo

almacenan: *conservan*
sutiles: *delicados*

almacenan° sutiles° y deslumbrantes objetos. Tal vez muy pronto desaparezcan como especie zoológica y solamente nos quedará,

ineficaces: *no producen el efecto deseado*

encerrado en dos o tres fábulas ineficaces,° el recuerdo de sus   15
antiguas virtudes.

Práctica

Resumen

Escribe en español un resumen de este cuento, y ven a clase preparado(a) a presentárselo oralmente a un(a) compañero(a) de clase.

Uso de Palabras

Escribe una definición en español de veinte de estas palabras. En clase lee la definición a un(a) compañero(a) de clase y pídele la palabra.

hormiga	extraño	debilidad	cuenta propia
carga	hallazgo	convicciones	renta vitalicia
miligramo	esfuerzo	negarse a	ruina
calidad	busca	crisis	agotar
desconcierto	afrontar	alimentar	tentar
imitador	dejar de	recuerdo	medidas
prodigioso	consejo	autoridades	costumbres prácticas y utilitarias

Pensar y Comentar

La hormiga Describe las dificultades de la hormiga y su muerte. ¿En qué sentido se puede decir que no es conformista la hormiga? ¿Por qué la llevaron las autoridades a la cárcel? ¿Es comprensible la actitud de la hormiga cuando la llevaron a la cárcel? ¿Por qué pronunció el fiscal la sentencia de muerte? ¿Por qué no la mataron? ¿Cómo se explica la fama de la hormiga después de la muerte? ¿Tenía ella la culpa de la ruina del hormiguero?

Las autoridades ¿Por qué era necesario censurar a la hormiga? ¿Por qué era necesario decidir el asunto por los procedimientos judiciales? ¿Por qué no era posible darle la libertad? ¿Qué idea no podían evitar? ¿Qué debilidad por parte de las autoridades precipitó la ruina del hormiguero? ¿Qué es lo que no fueron capaces de reducir? ¿Cómo resolvieron la crisis alimenticia? ¿Tenían ellas la culpa de la ruina del hormiguero?

El hormiguero Describe la organización social de un hormiguero. ¿Cómo era este hormiguero al principio del cuento? ¿Cómo era al fin? ¿Cuáles son las razones para explicar esta diferencia?

Las hormigas Describe la función de una hormiga en un hormiguero. ¿Cómo eran las hormigas al principio del cuento? ¿Qué ambición principal adoptaron? ¿Cómo eran al fin? ¿Cómo se explican estas diferencias? ¿Tenían ellas la culpa de la ruina del hormiguero?

Los ancianos ¿Qué papel tenían en la formación de una rígida religión oficial? Cuando los ancianos les ofrecieron varias veces consejo a las autoridades, ¿qué querían? ¿Tenían ellos la culpa de la ruina del hormiguero?

Niveles de interpretación A un nivel este cuento describe una hormiga en un hormiguero. ¿Qué describe a otro(s) nivel(es)?

Simbolismo Es obvio que el hormiguero simboliza una organización social. ¿Qué tipo de persona representa la hormiga? ¿Qué tipo de persona representan las hormigas? ¿Qué representan los ancianos? La pregunta más difícil es, ¿qué simboliza el prodigioso miligramo? ¿Cómo se puede explicar esta combinación de palabras «prodigioso» y «miligramo»? ¿Tiene esta combinación algún significado? ¿Qué quiere decir el autor cuando dice que «el miligramo desentonaba violentamente en aquella perfecta uniformidad»?

Tema ¿Qué quiere decirnos el autor sobre la sociedad? ¿Qué efecto hacen en el lector la hormiga? ¿las autoridades? ¿las hormigas? ¿los ancianos? ¿el prodigioso miligramo? ¿Critica la sociedad o la defiende? Desde el punto de vista del individuo, ¿qué le gusta? Desde el punto de vista de toda la sociedad, ¿qué es necesario? ¿Qué proceso describe el autor? ¿Qué causa la ruina de esta sociedad?

Otros puntos de discusión   ¿Tienes una explicación del «extraño esplendor» de la celda cuando se murió la hormiga y del hecho de que la hormiga yacía «consumida y transparente»?

El autor habla del «sentido común». ¿Cuáles son las características del sentido común? ¿Es de veras algo común entre los humanos?

Lee otra vez las líneas 5–19 en la pagina 83, y compara el contenido con algunos aspectos de la sociedad contemporánea. ¿Qué obligación contrajeron las compradoras del prodigioso miligramo? ¿Qué pasó, o pasaría, con el prodigioso miligramo? ¿Cuál fue el efecto de las hormigas corruptas en el nuevo hormiguero?

Lee otra vez el último párrafo del cuento, y comenta las implicaciones del autor.

Reacción personal   ¿Qué aspectos de este cuento te parecen razonables y dignos de crédito? ¿Qué aspectos no te parecen razonables y dignos de crédito?

¿Te gusta el cuento? ¿Crees que es apropiado usar un hormiguero como símbolo de la sociedad moderna? ¿Por qué estás o por qué no estás de acuerdo con el tema del autor? ¿Tienes tú otra(s) idea(s) que quieras relatar a la clase?

Temas de Composición

A. En tu opinión, ¿es más importante en la sociedad la libertad del individuo o la responsabilidad del individuo para ayudar y mantener la sociedad misma? ¿Qué derechos tiene el individuo? ¿Qué responsabilidades tiene el individuo?

B. Identifica los factores que destruyen la sociedad descrita en este cuento. ¿Cómo habría sido posible evitar lo que pasó para que no se destruyera el hormiguero? ¿Hasta que nivel habría sido posible hacer otras cosas para evitar lo que le pasó al hormiguero de este cuento?

Capítulo 8
El despojado

Preparación

Introducción

Al narrador le gusta la cerámica. Le fascina. Un día encuentra una pieza de cerámica en la tienda de una india. Habla con ella de la cerámica y del artista que la hizo.

Después va a visitar al artista. Hablan sobre la cerámica, la mecanización del mundo moderno, y lo importante de la vida. Durante la conversación el artista relata su historia personal al narrador. Le dice como era antes, y le explica por que rechazó la vida anterior y la cambió por la presente. También le revela el significado del título «el despojado».

Es importante que prestes atención a los comentarios del artista, en lo que se refiere a su filosofía de la vida, y en su historia. En esta conversación el autor presenta al lector sus ideas sobre la vida. ¿Cuál es lo más importante?

Este cuento es fácil de leer, pero es difícil de comprender. No malgastes tiempo en las primeras dos páginas que no son nada más que introducción, pero estudia con cuidado la conversación entre el narrador y el artista, don Isidro.

Vocabulario

Raíces Similares   En el caso de muchas palabras en este cuento, la palabra española y la palabra inglesa tienen raíces muy parecidas en forma y en significado. Estudia las dos listas siguientes. Para cada palabra española a la izquierda, escoge de la segunda lista la palabra asociada inglesa. Entonces, da el significado inglés de la palabra española.

1. capaz	**A.** associate
2. don	**B.** capacity
3. labrar	**C.** negotiate
4. fabricar	**D.** cargo
5. cargar	**E.** donation
6. socio	**F.** savory
7. sabor	**G.** elaborate
8. negocio	**H.** fabricate

Palabras Relacionadas   En el caso de otras palabras en este cuento, se puede determinar el significado por pensar en palabras similares en español. Da el significado inglés de las palabras en itálica en las selecciones siguientes. Para ayudarte, se indica en paréntesis una palabra relacionada a la itálica.

1. (regla)   el mucho saber... las *reglamenta*
2. (en, volver)   Lo estaba *envolviendo* (la cerámica)....
3. (pesar)   la *pesadez*... se hacía libertad de valle
4. (paz)   Era pequeño, delgado, *apacible*.
5. (pensar)   Fue uno de esos *pensamientos* que nos vienen sin saber por qué.
6. (antes, pasado)   algo que separase a don Isidro... del lejano *antepasado* neolítico

Palabras que Adivinar   Examina el contexto en que ocurre la palabra en letra itálica, y sin usar el diccionario da un equivalente inglés.

1. A veces pienso que así debía *lucir* Adán, un minuto antes de que Dios le *soplara* en la boca, para llenarle el corazón de nostalgias y meterle el humor errático en las *venas*.
2. Yo quisiera explicar esto, aunque sé hace tiempo que hay cosas que no *caben* en palabras. Cosas que desbordan a la palabra que quiere encerrarlas,....
3. Para comprender esto, no hace falta saber muchas cosas. Al contrario: el mucho saber *estorba*.
4. Al decir dos sombras, quería decir lo que anda por dentro de uno, y lo que anda por dentro de los *demás* que le rodean.
5. Pero se me hace duro pensar que ése sea nuestro destino sobre la tierra. ¿No ve adonde vamos a *parar* por ese camino?
6. —Y si la *sal* pierde su sabor, ¿quién se lo devolverá?
   —¡Más que la sal—dijo—, más que la sal! Es la sonrisa, y la *sangre* de las venas, y la *leche* en los pechos de la madre.

Preguntas

Busca las respuestas a estas preguntas mientras que leas el cuento.

1. Hay dos escenas en este cuento. ¿En dónde ocurrió la conversación entre el narrador y la india?
2. ¿Dónde estaban el narrador y don Isidro cuando hablaban?
3. ¿En qué sentido eran similares los dos sitios?
4. ¿Qué compró el narrador a la india?
5. ¿Por qué la compró?
6. Según ella, ¿qué tipo de cerámica no le gustaba hacer a don Isidro?

7. ¿Qué quería poner don Isidro en sus obras?
8. ¿Qué pensaba don Isidro de los tornos eléctricos?
9. ¿Cómo era don Isidro antes de ser alfarero?
10. ¿Qué tipo de vida prefería don Isidro?

El despojado

por Félix Pita Rodríguez (1909–   )

Cubano. Es poeta, dramaturgo, cuentista, y ensayista. También escribió para la radio y la televisión. Pasó gran parte de su juventud en Francia e Italia. Regresó a Cuba en 1939. Comenzó a escribir cuando era joven, y fue parte de los movimientos literarios de esos días. Vivió varios años en Buenos Aires y Caracas, pero regresó a Cuba después del triunfo de la revolución. Respecto a su afiliación política, durante gran parte de su vida ha sido miembro del partido comunista.

Sus primeras obras fueron publicadas en *Diario de la Marina y Revista de Avance* (1927–30), que eran publicaciones del vanguardismo cubano. En 1946 ganó el premio literario «Hernández Catá». En 1955 se publicó *Tobias,* una antología de sus cuentos, así como *Cuentos completos* en 1963. En sus obras se puede descubrir rasgos de dos elementos: su atracción por la fantasía y la filosofía comunista.

cacharro: earthen pot
tenderete: *puesto de venta al aire libre*
yemas: *extremos*

Adán: Adam

Todo empezó por aquel cacharro° de cerámica que vi en el tenderete° de la india. Yo no sé si para los demás será igual: para mí, la cerámica es la cosa más misteriosa del mundo. Como está hecha con toda la fuerza de un hombre saliendo por las yemas° de los dedos, la siento como una cosa viva, a pesar de su apariencia, la más quieta y muerta que pueda encontrarse. A veces pienso que así debía lucir Adán,° un minuto antes de que Dios le soplara en la boca, para llenarle el corazón de nostalgias y meterle el humor errático en las venas.
      —¿Cuánto vale ese cacharro?—le dije a la india.
      —Cuatro pesos, señor. Mire qué bonito es.
      Yo quisiera explicar esto, aunque sé hace tiempo que hay

desbordan: *salen de los bordes*

cosas que no caben en palabras. Cosas que desbordan° a la palabra que quiere encerrarlas, y uno oye el nombre y sabe de qué se trata, pero está comprendiendo que no es enteramente así,

5

10

15

que hay algo más. La india me había puesto el cacharro en las manos y yo lo estaba mirando. La cabeza hacía su trabajo y sumaba la forma, y el color, y los reflejos, valorizando. Pero estaba lo otro, lo que no cabe en palabras y yo no podía añadirlo al resto para que mi cabeza le diera un nombre. Era el peso. Pero no el peso físico de la arcilla,° convertida en forma armoniosa por el sueño de un hombre. Era otra cosa. Después iba a saber que lo que pesaba y yo sentía en las yemas de mis dedos, era la fuerza del corazón del hombre que la había modelado en su torno de alfarero.° Para comprender esto, no hace falta saber muchas cosas. Al contrario: el mucho saber estorba. Le quita misterio a las cosas, las reglamenta, las cataloga. Para mí, Linneo le hizo más daño a las flores que todas las tormentas° de este mundo.

—¿Verdad que es bonito, señor? Don Isidro le pone un no sé qué a sus cacharros, que se conocen siempre los salidos de sus manos. No pueden ser de nadie más.

Quité la mirada del cacharro y la llevé al rostro oliváceo° de la india. Hablaba porque quería vender, pero en la entraña de sus palabras había viejas verdades, deslizándose como lagartos° de ruinas con mucho sol.

—Eso pasa —le dije.

—¿Se lo lleva entonces?

—Sí.

Lo estaba envolviendo cuando Dios quiso que hablara, porque todo es resonancia y la singular correspondencia entre el cacharro y mi corazón, no podía quedar navegando sin destino en el aire de la mañana.

—Si don Isidro quisiera, podía vender mucho más. Pero no quiere. Y luego, lo que hace lo hace a su antojo.° Porrones° y jofainas° o azafates,° hechas por él con este primor,° se me irían de las manos en un decir Jesús. Pero no quiere.

—¿Qué es lo que no quiere?

—Pues ya le dije: hacer porrones, o jofainas, o azafates. Cosas de las que la gente tiene necesidad todos los días porque se rompen más. Pero ahí tiene a don Isidro que no se le puede hablar de eso. Se enoja, señor. Tiene una idea distinta.

—¿Entonces don Isidro no es un indio?—le dije.

—¡Oh, no señor! ¡Qué idea! ¿No ve que tiene don?°—rió divertida—. Si lo fuera, sería taita° Isidro. Es el que cuida en la casa grande.

Me tendió el cacharro con sus manos cortas y tostadas, como de arcilla también, y recogió ávidamente las monedas, agradeciéndomelas con una sonrisa.

---

arcilla: clay

alfarero: *persona que fabrica cacharros de arcilla*

tormentas: *tempestades*

oliváceo: *de olivo*

lagartos: *reptiles de cuatro patas*

a su antojo: *como quiera*
Porrones: earthen jugs
jofainas: basins
azafates: trays
primor: *habilidad*

don: *título de caballero*
taita: *jefe*

plazuela: *de plaza*
cacharrerías: *tiendas de cacharros*
tapia: adobe wall
enredadera: *planta que trepa las tapias*
cuajada: *recargada*
campánulas: *flores en forma de campanillas*
se hacía: *daba la apariencia de*
portón: *de puerta*
hueco: *espacio*
enmarcaban: *de marcar*

Se... pensar: The thought struck me

penumbra: *sombra débil entre la luz y la oscuridad*
acongojado: *afligido*

previendo: *conjeturando*

Salí de la plazuela° de las cacharrerías° pensando en las jofainas y azafates que don Isidro no quería hacer.

Había una tapia,° pero como si no la hubiera, porque la enredadera,° toda cuajada° de pequeñas campánulas° amarillas, la cubría por entero y la pesadez y el encierro de la piedra se hacía° libertad de valle. Desde el portón° sin rejas, marcado sólo por el hueco° de cielo azul que enmarcaban° las campánulas, vi la casa grande. Las muchas ventanas y el labrado de la piedra en sus columnas, proclamaban el señorío. Al final del sendero, una fuente española enseñaba su agua delgada y solitaria. Pero yo buscaba a don Isidro, el alfarero, y torcí para encontrarle en su cabaña, al fondo de los jardines, entre una columnata de eucaliptus.

—Quisiera comprar unos cacharros bonitos. Me mandaron aquí—dije turbado, porque estaba mintiendo.

Era pequeño, delgado, apacible. Se me antojó pensar° que era todo él como labrado en una sola sonrisa.

—Entre, pues—me dijo al tiempo que se apartaba ceremonioso para dejarme pasar—, entre y tal vez pudiera ser.

Había muchos al alcance de los ojos, surgiendo magnificados de la penumbra,° y me detuve acongojado,° sintiéndoles la fuerza que no puede encerrarse en palabras.

—Yo los vendo—me dijo—, pero no los hago para vender. Es diferente, aunque no lo parezca, así al decirlo. Yo digo que no se puede hacer nada que valga la pena, previendo° o calculando, diciéndose que va a ser así, o de la otra manera, o que va a servir para esto o lo de más allá. ¿No le parece?

Sí que me lo parecía y se lo dije. Entonces él continuó:

—Si yo hiciera mis cacharros pensando en los hombres que van a comprarlos después, ya no estaría yo en ellos. Estarían esos hombres que los compran, y sus deseos, y la mirada de sus ojos. ¿Y para qué podía servir eso? Un hijo tiene que ser como el vaso del corazón del padre, ¿no? Y si no, dígame: ¿vio la enredadera que hay hobre la tapia del frente?

—Sí que la vi. Y para decirle lo que estoy pensando, además de lo que usted me pregunta, tengo que decir que se me antojó como si estuviera allí separando, partiendo el mundo en dos, entre el cielo y la tierra, pero no como una tapia precisamente, que es siempre la hija sombría de un egoísmo, sino como otra cosa que no sé. Fue uno de esos pensamientos que nos vienen sin saber por qué.

Me miró con agrado.

94 *CAPITULO OCHO*

tallos: *partes de la planta que llevan las flores*

muro: *tapia*

mensajero: *persona que lleva noticia*
mudo: *que no habla*

trasvasando: pouring
alba: *primera luz del día*

ondulaba: was waving
ánfora: long-necked jug or pitcher
posadas: resting

—Yo creo que ésos son nuestros mejores pensamientos —dijo—. Pero le quería poner la enredadera por ejemplo: ¿Cree usted que la enredadera piensa en los que van a mirar sus flores, mientras las está fabricando, allá en la hondura de sus tallos,° en el secreto de sus raíces?

Le dije que no, que no lo creía.

—Pues ahí tiene: por eso las flores cargan ese no se sabe qué, capaz de hacer pensar a un hombre que pasa, en un muro° separando el mundo, dividiéndole en dos, entre el cielo y la tierra. Créame, en estas cosas no se puede ser más que el mensajero:° un mensajero mudo° entre dos sombras.

Por los ojos me adivinó que no comprendía. Y sonrió para aclarar sin ofenderme.

—Al decir dos sombras, quería decir lo que anda por dentro de uno, y lo que anda por dentro de los demás que le rodean. Si yo hiciera un cacharro pensando en el dinero que me van a dar por él, estaría metiendo en la arcilla cosas de fuera. Y al salir del horno, puede que hasta fuera bonito, pero ya no podría contarle nada a nadie.

Me pidió permiso para seguir trabajando en el torno, porque la arcilla estaba a punto, y el pie menudo sobre el pedal de madera hizo circular la energía, trasvasándola° desde su cuerpo al torno. Era una imagen que venía repitiéndose desde el alba° del mundo. ¿Había acaso alguna diferencia, algo que separase a don Isidro en aquel momento, del lejano antepasado neolítico que modeló en arcilla sus oscuros sueños? Desde el torno me llegó su voz interrogante.

—Dicen que en la fábrica de cerámica de San Miguel del Monte, los tornos son eléctricos. ¿Se imagina?

Las dos palabras últimas venían envueltas en una sonrisa tan aguzada, que vi el absurdo de San Miguel del Monte sin necesidad de pensar más en él. Don Isidro ondulaba° la boca de un ánfora° con las yemas de los dedos apenas posadas° sobre la arcilla en movimiento.

—Y yo me digo, ¿qué puede salir de esos tornos? ¡Cadáveres solamente! A lo mejor un día se les ocurre también que los dedos no son necesarios, y ponen una máquina a modelar la arcilla. Los alfareros desaparecerán y habrá sólo alfarerías. ¿Se da cuenta? Están matando al hombre, asesinando su sonrisa. Por pensar esas cosas es que me he preguntado muchas veces: ¿qué va a quedar de nosotros cuando nos vayamos, y unos cuantos siglos dispersen el polvo que somos? Una máscara vacía: eso es lo que quedará de nosotros. ¡Le digo a usted que da pena!

5

10

15

20

25

30

35

40

El despojado   95

En aquel momento yo tenía en las manos un ánfora, fina y frágil como el pensamiento. Y su peso estaba sobre mis dedos, revelador: aquello era lo que me había misteriosamente acongojado, cuando tomara en mis manos el cacharro, en el tenderete de la india: el peso inexpresable del corazón de un hombre, su mensajero deslumbrador.° 5

—¡Nunca los tornos de San Miguel del Monte podrán hacer un ánfora como ésta!—le dije mostrándole la que tenía en mis manos.

—Ya sé que no—se detuvo un instante sin separar los dedos de la arcilla—, ya sé que no. Pero es que también los ojos van 10 perdiendo su fuerza. Pronto no serán capaces de distinguir. Y entonces será como si se apagaran de una vez° todas las lámparas que guían a los leñadores° extraviados° en medio de los bosques. ¿No leyó eso cuando niño en muchos cuentos? Ahora yo 15 comprendo lo que querían decir.

—Tal vez el mal esté en que todo es demasiado fácil en estos tiempos—le dije.

—Pudiera ser. Pero se me hace duro pensar que ése sea nuestro destino sobre la tierra. ¿No ve adonde vamos a parar por 20 ese camino?

Hice un vago gesto de negativa.

—Yo digo que es como si camináramos hacia un hormiguero° de monstruosas hormigas ciegas, deslumbrantes, crueles. Un mundo siniestro, en el que el acto de amamantar° a 25 un niño no tendrá relación alguna con el hermoso fluir° de la vida. Todo será entonces como salido de los tornos de San Miguel del Monte. Y los almarios° ya no tendrán almas.

Me escuché hablar como una voz ajena.

—Y si la sal pierde su sabor, ¿quién se lo devolverá? 30

—¡Más que la sal—dijo—, más que la sal! Es la sonrisa, y la sangre de las venas, y la leche en los pechos de la madre. Todo está perdiendo su sabor. Y si llegara a perderlo por entero, ¿quién podría devolvérselo?

—Será tal vez que hay un tope°—aventuré en un 35 murmullo—. Un tope, una medida fija de la que no puede pasarse, sino volver atrás para recomenzar.

—¡Quién sabe!—murmuró con el acento cantarino° de los indios. —¡Quién sabe! pero a mí se me hace difícil imaginar a Dios con una vara de medir° entre los dedos, atisbando° a los 40 hombres desde sus nubes, para cortarles las alas tan pronto les han crecido demasiado. Ya está. ¿Qué le parece?

deslumbrador: dazzling

de una vez: *para siempre*
leñadores: woodcutters
extraviados: *perdidos*

hormiguero: anthill
amamantar: to nurse
fluir: *movimiento*

almarios: *donde vive el alma*

tope: stopper

cantarino: *de cantar*

vara de medir: measuring rod
atisbando: *observando con cuidado*

Me costó trabajo volver a la cabaña en penumbra y poner los ojos sobre el ánfora que las manos de don Isidro acababan de sacar del torno y colocaban delicadamente sobre la mesa.

—Muy hermosa—le dije—, no sé por qué, me hace pensar en todo lo que acaba de decirme.   5

Sonrió complacido.

—Tenía que ser. Si le hiciera pensar en otra cosa, entonces no valdría más que una cualquiera de las que salen de los tornos de San Miguel del Monte.

sutil: *delgado*
alucinador: captivating

En aquel preciso momento, el hilo sutil,° alucinador,° que   10
venía desde el tenderete de la india hasta la cabaña de don Isidro, se rompió. Vi las sandalias primitivas en los pies desnudos, vi el

lienzo: canvas

pantalón de lienzo° barato, vi el torno y la cabaña a la luz cruda de las cosas que son. Y quise saber dónde estaba la base de aquella espiral risueña, que buscaba el cielo modelando ánforas   15
cargadas de misterio. Y se lo dije.

—¿No le contaron entonces?—me contestó con una sonrisa—. Pues es raro. Siempre lo cuentan, sobre todo si el que escucha es un forastero.° Yo soy un poco como la catedral, la

forastero: *persona que es de fuera*

plaza de las cacharrerías y el viejo palacio colonial: una curiosidad   20
del pueblo.

—No—le contesté—, no me contaron. Llegué anoche al pueblo atraído por la fama de su cerámica. Y si vine aquí, fue porque compré un cacharro en la plazuela, y la india que me lo vendió, me dijo que era hecho por usted. El cacharro me gustó y   25
vine.

—Pues ya van a hablarle, y sobre todo ahora, cuando sepan que vino a verme.

—¿Por qué lo cree?

—Es que en un tiempo yo fui el hombre de más riqueza en   30
todo el Estado.

Le miré y él me vio en el mirar la duda y el pensamiento

mezquino: *pequeño*

mezquino.° Y añadió sonriendo:

—Puede creerme sin esperar a que se lo confirmen en el pueblo.   35

disculpé: *perdoné*

—Yo no tengo por qué dudarlo, don Isidro—me disculpé° torpemente.

—No importa. Yo era el dueño de la casa grande, como le llaman los indios a esa que está al otro lado de los jardines. Y tenía otras además. Y tierras hasta hacer horizonte.° En aquel tiempo,   40

hasta... horizonte: as far as the eye can see

yo na sabía aún hasta qué punto tener las cosas es matarlas. Quiero decir, tenerlas de la mala manera. ¿Me comprende?

Le confesé que no.

—Quiero decir,° que en aquel tiempo yo no sabía. No sabía que basta con que las cosas existan para tenerlas. Y eso va desde el sol hasta la más pequeña de las mariposas.° Puesto que° están ahí, son mías, que también estoy. Las miro, las tengo, me pertenecen. Pero si cojo un pedazo de bosque y tiendo una valla° todo alrededor, con una puerta, y un cerrojo,° y una llave que me guardo bien profundo en el bolsillo, entonces empieza la melancolía y la tristeza. Es así como de veras se tapa el sol con un dedo.

Guardó silencio un momento, como para volver al punto de partida.

—Yo andaba así, como ciego, poniendo vallas a pedazos de bosque cada vez mayores. Y claro que no veía la hermosura de los árboles. No podía verla. Pero un día vi a uno de mis indios modelando en el torno una pieza. Y le escuché la congoja° de dentro. Aquel indio no tenía palabras para dejarla salir. Y por eso le brotaba de las yemas de los dedos, y se mezclaba con la arcilla. Y la congoja salía del horno encerrada en una bella forma melancólica. Ese fue el punto de partida de la paz, la primera vez que vi más allá de mis narices, por debajo de la piel del mundo. Mire ese grillo° que salta ahí. ¿Lo vio?

Me sobresaltó° con la pregunta. Pensé que divagaba,° pero no.

—¿Ha mirado alguna vez un grillo de cerca? ¡Seguro que no! Y sin embargo, es un prodigio que emociona hasta dar ganas de llorar. Todo su andamiaje° es como tallado° en esmeralda. Y tan perfecto, que parece mentira. ¿Cree que eso puede estar en el mundo solamente para ocultarse entre la hierba y saltar de tiempo en tiempo?

—A la verdad, nunca había pensado.

—Ahí está la semilla° del mal. Por ese camino es por el que se llega a los tornos eléctricos de San Miguel del Monte. Y de San Miguel del Monte sale el otro, el que nos llevará hasta el hormiguero sombrío de que le hablé antes.

Plantó sobre el torno una masa de arcilla y el pedal comenzó de nuevo su trabajo. Pensé que olvidaba mi presencia allí, entregado por entero al deleite de crear.

—Mire, no hablo por hablar. Una mañana por aquel tiempo, vi por primera vez un petirrojo° posado en una rama, casi al alcance de la mano. Fíjese bien que digo por primera vez, aunque mis ojos se habían detenido millares y millares de veces en otros petirrojos como aquél. Pero es que nunca los había visto verdaderamente. Y así me fue pasando con todo. Estaba ganando

Quiero decir: I mean

mariposas: butterflies
Puesto que: *porque*

valla: *línea de estacas que circunda un sitio*
cerrojo: latch

congoja: *angustia*

grillo: cricket
sobresaltó: *sorprendió*
divagaba: *hablaba sin concierto*

andamiaje: *esqueleto*
tallado: *fabricado*

semilla: seed

petirrojo: robin

el mundo y al mismo tiempo comprendiendo lo fácilmente que puede perderse. ¿No iba a sentirme feliz si estaba salvado?

Me miró con la interrogación, pero era evidente que no esperaba respuesta.

—Y claro, entonces los que me rodeaban, comenzaron a pensar que mi cabeza no funcionaba bien. ¿Se imagina? Ellos hablaban de los negocios, del dinero, de colocar más vallas en más pedazos de bosque. Y yo me estaba mientras tanto embelesado,° mirando a un petirrojo en el jardín. Y comenzaron. Primero mis socios, luego mis dos yernos, y mi hermano.

—¿Comenzaron a qué?

Hizo una pausa para que el pensamiento no le estorbase a la sonrisa.

—A despojarme.° ¿Se va dando cuenta? Se tomaron un trabajo enorme para hacerlo sin que yo lo viera. Y a mí no se me escapaba uno solo de sus movimientos, y me reía. Ya entonces venía a refugiarme aquí. Un indio me enseñó a modelar, a manejar el torno, a tomarle el pulso al horno para saber cuándo es capaz de cocer un cacharro sin romperlo. Y me enseñó también a tenderme bajo los eucaliptus y a mirar a las nubes que pasan y a las estrellas quietas. Ya puede imaginarse el tamaño° de mi alegría: había estado a punto de perder mi vida y en un momento todo había cambiado y la ganaba. Mientras tanto ellos, en la casa grande, se despedazaban° por mis despojos. Ya se habían repartido legalmente—¿no le hace gracia la palabra?—ya se habían repartido legalmente mis casas y mis tierras. Tenían un papel en el que decía no sé quien, que yo estaba incapacitado mentalmente para administrar mi fortuna. Después me olvidaron. Creo que por eso no me echaron también de esta cabaña. ¿No le parece maravillosa la historia?

Me adivinó en los ojos que me lo parecía. Sus dedos se deslizaban suavemente sobre la arcilla del torno. El cuello del ánfora que modelaba, era alegre como la paz.

El dueño del hotel me oyó contarle que había estado en la casa grande para comprar unos cacharros a don Isidro. Y en seguida me contó la historia, como si hablara de la catedral, de la plazuela o del palacio colonial. Pero tenía en los ojos la aspereza de los reproches.

—Le despojaron—decía—, le despojaron de todo lo que tenía. Poco a poco y con malas artes se lo quitaron todo. Entre los socios, el hermano y los yernos, le dejaron poco menos que a pedir limosna.° Ya usted pudo ver en lo que le han convertido. ¡Le digo que hay gentes que no pueden tener perdón de Dios!

embelesado: *encantado*

despojar: *robar*

tamaño: *dimensión o magnitud de una cosa*

despedazaban: *hacían pedazos*

limosna: *lo que se da a un pobre con caridad*

—¡Quién sabe!—le respondí—. ¡Quién sabe!— A lo mejor Dios les perdona. A lo mejor hasta don Isidro intercede por ellos. Uno nunca puede decir.

Y sonreí, mientras él me miraba estupefacto, con el sol de la tarde que se colaba° por un cristal roto,° reflejado en los ojos muy abiertos y asombrados.

colaba: *pasaba*
roto: *de romper*

5

Práctica

Resumen

Escribe en español un resumen de este cuento, y ven a clase preparado(a) a presentárselo oralmente a un(a) compañero(a) de clase.

Uso de Palabras

Según los psicólogos la mente espera encontrar información lógica en una comunicación. Si lo que una persona oye o lee no es lógico, su mente rechaza la palabra o frase que ha oído o leído. Utilizando las siguientes palabras escribe por lo menos diez oraciones en las que hay una palabra inapropiada. Luego, en clase cambia las oraciones con un(a) compañero(a) de clase para ver si sabe encontrar la palabra ilógica y sustituirla por una lógica. Por ejemplo, si tu oración es *El alfarero pone la arcilla en su corazón*, él que lee debe poner un círculo alrededor de la palabra «corazón» y sustituirla por «torno».

cacharro	alfarero	corazón	dedo
peso	cabaña	pensamiento	destino
sueño	socio	mensajero	sabor
despojado	torno	horno	grillo
arcilla	mirada	pena	deleite

Pensar y Comentar

La india   ¿Es rica o pobre? ¿Cómo gana la vida? ¿Qué piensa de don Isidro? ¿Qué le dice al narrador de él? ¿Qué función tiene ella en el cuento?

El narrador   ¿Qué piensa él de la cerámica? ¿Qué palabras usa para describir el cacharro que le muestra la india? ¿Qué característica indica el valor del cacharro? ¿Por qué va a la cabaña de don Isidro? ¿Comprende lo que le dice don Isidro del arte? Explica tu respuesta. ¿Comprende lo que le dice sobre la vida? Explica tu respuesta. ¿Cómo es él?

El dueño del hotel   ¿Por qué cuenta al narrador la historia de don Isidro? ¿Qué piensa de los socios y parientes que despojaron a don Isidro?

don Isidro   ¿Cómo es su cerámica? ¿Sabes explicar por qué es así? ¿Cómo es don Isidro? ¿Cómo es su cabaña? ¿Cómo era él antes? ¿Por qué hace la cerámica? ¿Qué hay que poner en la cerámica, según él? ¿Qué opina de la fabricación mecánica del arte? ¿Qué aspecto del futuro le da miedo? Según él, ¿qué se perderán? ¿Con qué compara la vida del posible futuro? ¿Qué no sabía y que no veía cuando era rico? ¿Cómo cambió después de ver al indio modelando en el torno? ¿Qué pensaban todos entonces? ¿Qué hicieron sus socios y parientes? ¿Por qué? ¿Cuál era su reacción cuando lo despojaban y después? ¿Qué don (dones) tiene don Isidro? ¿Por qué dice de sí mismo que es una curiosidad del pueblo?

Simbolismo   ¿Qué tipo de personas representan el narrador, el dueño del hotel, los socios y los parientes, el indio alfarero, y don Isidro? ¿Qué simbolizan la enredadera, los animalitos, el petirrojo, y el grillo?

Tema   Según este autor, ¿qué no ve, qué no comprende el típico ser humano? ¿En qué consiste la riqueza? ¿Qué significa el título? ¿En qué sentido está despojado don Isidro? ¿En qué sentido no está despojado, o es rico? ¿Qué tiene que hacer uno para producir lo mejor?

Niveles de interpretación   A un nivel el autor describe la visita de un aficionado a la cerámica a un artista. ¿Qué otros niveles de interpretación hay?

Considera que el autor usa muchos nombres de la Biblia: Adán, Dios, y Jesús. Al principio se refiere a Adán, el primer hombre de la Biblia, y al fin habla del perdón de Dios para los que despojaron a don Isidro. También, habla de «los ojos que van perdiendo su fuerza,» «la sal pierde su sabor,» y «había estado a punto de perder mi vida y en un momento todo había cambiado y la ganaba.» Explica por qué crees que es o que no es posible decir que don Isidro iba perdiendo la vida y que encontró la salvación. Explica por qué crees que es o que no es posible interpretar el cuento a un nivel religioso.

Otros puntos de discusión   ¿Por qué no le gustan a don Isidro las máquinas? Comenta el significado de lo que dice don Isidro en el primer párrafo de la página 98. ¿En qué momento empezó don Isidro a encontrar la paz en su vida? ¿Qué relación hay entre la profesión de don

Isidro, alfarero, y el tema de este cuento? ¿Ha ganado o ha perdido don Isidro al fin del cuento?

Reacción personal   ¿Cuál es tu opinión de don Isidro? ¿Es un sabio o un loco? ¿Tienes otra(s) idea(s) que quieras comentar con la clase?

Temas de Composición

A. ¿Qué ves tú en la vida? ¿Qué es más importante: la diversión, los estudios, las posesiones, la fe, los amigos, la familia, la fama, la carrera, el éxito, la paz, o qué? ¿Cuáles son tus metas? ¿En qué aspecto eres similar y en cuál diferente del estudiante típico?

B. El narrador dice, «Tal vez el mal esté en que todo es demasiado fácil en estos tiempos.» ¿Qué opinas tú? Comenta lo fácil y lo difícil de la vida contemporánea.

Capítulo 9
El mejor lugar

Preparación

Introducción

Fernando es un joven. Vive con su familia. Trabaja en una oficina. Lleva una vida típica con su familia y su trabajo. Pero termina por hallarse, como a disgusto, con todo y en todo. Cada día es como el anterior—el mismo trabajo, la misma conversación. Por fin se dice, «esto no es vivir» y sale, a encontrar una utopia con la que poder vivir contento y feliz.

El resto del cuento describe sus visitas a varios sitios y sus reacciones en cada uno de ellos. ¿Qué encuentra en su viaje? ¿Cómo son las diversas ciudades? ¿Qué piensa de cada una? ¿Qué aprende en cada una? Y al fin, ¿qué aprende de la vida y de sí mismo?

Vocabulario

Raíces Similares En el caso de muchas palabras en este cuento, la palabra española y la palabra inglesa tienen raíces muy parecidas en forma y en significado. Estudia las dos listas siguientes. Para cada palabra española a la izquierda, escoge de la segunda lista la palabra asociada inglesa. Entonces, da el significado inglés de la palabra española.

1. feliz
2. ánimo
3. ostentar
4. tempestad
5. barco
6. soberano
7. aborrecer
8. próximo

A. felicitations
B. animate
C. embark
D. abhor
E. tempest
F. approximate
G. ostentatious
H. sovereign

Palabras Relacionadas En el caso de otras palabras en este cuento, se puede determinar el significado por pensar en palabras similares en español. Da el significado inglés de las palabras en itálica en las selecciones siguientes. Para ayudarte, se indica entre paréntesis una palabra relacionada a la itálica.

1. (pie) No existían muchos *peatones* como él
2. (en, fila) un parque con árboles *enfilados*
3. (entrar) había una línea de personas sacando las *entradas*

4. (en, carcel)   Se sentía *encarcelado*
5. (aliento)   se marchó *desalentado*
6. (gastar)   como si el *gasto* que hacía del café supusiera un gran favor económico
7. (culpa)   dispuesto a *disculpar* los defectos
8. (saber)   la *sabiduría* que demostraban aquellos
9. (humo)   el desayuno con la leche *humeante*
10. (mar)   una balsa movida sólo levemente por la corriente *marina*

Palabras que Adivinar   Examina el contexto en que ocurre la palabra en letra itálica y sin usar el diccionario da un equivalente inglés.

1. Las casas, alineadas, parecían la repetición de una *sola*: ventanas iguales, con rostros idénticos *asomados* a ellas.
2. Fernando no se atrevió a *dirigirles* la palabra y salió a la calle, *dispuesto a* disfrutar de un paseo por la ordenada ciudad.
3. En el cine, la *película* era muda.
4. Cuando *se tendió* en la cama a las seis de la mañana, se dio cuenta de que era *tonto* dormir, pues a las nueve habría de salir para el trabajo. Estaba agotado, no había *parado* de reír durante horas seguidas.
5. Se acercaron a una mesa; en ella un grupo disertaba tranquilamente al ritmo del *humo* de sus pipas. Fue *acogido* cordialmente e integrado rápidamente en el grupo, como si se tratase de la cosa más normal del mundo el que un extraño *compartiese* su sociedad.
6. Pero lo que más le asombraba es que cuando hablaba uno, los demás *callaban*, respetando así al protagonista del momento.

Preguntas

Busca las respuestas a estas preguntas mientras que leas el cuento.

1. Al principio del cuento, ¿cómo estaba Fernando?
2. Describe un día típico en su vida.
3. ¿Le gustaba su vida?
4. ¿Qué quería en su vida?
5. ¿Qué hacía para obtener lo que quería?
6. ¿Qué características de la primera ciudad no le gustaban?
7. ¿Qué características de la segunda ciudad no le gustaban?
8. ¿De qué se dio cuenta en la tercera ciudad?
9. ¿Adónde fue cuando dejó la tercera cuidad?
10. ¿Qué tipo de vida siguió después?

El mejor lugar

por Gloria Hervás Fernández (1951–   )

Es de Sevilla, al sur de España. A los ocho años ya estaba interesada en la literatura española. A esa edad empezó a escribir. Ha estudiado en Sevilla, Tenerife, las Islas Canarias, y Madrid. Tiene el título de profesora de francés y ha pasado cierto tiempo en Francia. También ha sido estudiante en la Universidad de Madrid.

Ha escrito cuentos, ensayos, artículos para un periódico, y una novela, participando también en varios concursos literarios en España.

Fernando se levantó aquel día de peor humor que de costumbre. No es que tuviese mal carácter, pero últimamente se hallaba como a disgusto con todo, en todo,... y no sabía por qué. Soy joven, se decía, tengo un trabajo, unos amigos y debería ser feliz... pero no lo soy.   5

Aquella mañana su madre fue la depositaria de sus desabridos° ánimos, transformados en una continua queja, por lo tarde del desayuno, porque aún no estaban planchados° los pantalones, por...

Llegaría tarde a la oficina, el coche está frío por la mañana,   10
luego tendría que esperar por causa de los semáforos°... y su jefe le daría un raspapolvo° empleando ese tono paternal que tenía por costumbre y que tenía la virtud de crisparle los nervios. Los compañeros hablarían de fútbol como siempre y de las chicas estupendas que habían conocido ayer. El desayuno en el bar y en   15
éste el camarero que se creía con derecho a conocer la vida de cada uno.

Al mediodía, al volante,° sería un animal más que insultaría a su vecino, porque había hecho una mala maniobra° que le había interrumpido la suya, maldeciría los semáforos, y al final, llegaría   20
a su casa de nuevo. La madre preguntaría lo de todos los días: ¿qué tal la oficina, hijo?, y él respondería lo de siempre: ¡Mucho trabajo, mamá, mucho trabajo! Se oirían los niños de los vecinos alborotando,° cualquier televisión a todo volúmen, y se olerían los guisos° por las ventanas abiertas.   25

Por la tarde, otra vez a la oficina. A la salida las copas en el bar, alguna película y alguna chica. Y por la noche la televisión, quizá un libro entretenido, el cigarrillo y a dormir.

desabridos: sour
planchados: ironed

semáforos: *señales de tráfico*
raspapolvo: *de poco valor*

volante: *rueda de mano para dirigir el automóvil*
maniobra: *acción con el automóvil*

alborotando: *haciendo gran ruido*
guisos: *platos de comida*

Realmente, esto no es vivir, se decía Fernando, esto es
gastarse poco a poco la existencia de la forma más monótona. ¡Si
pudiera encontrar un lugar diferente! Sí, un lugar donde la gente
no tuviera tanta prisa, donde existiesen personas que pensaran en
algo más que fútbol y chicas, donde sólo se trabajara una parte   5
del día... un lugar en el cual se hallase eso tan grande que
imagino debe existir, aunque no sepa que es a ciencia cierta, un
montaría: *establecería*   lugar donde yo estuviera siempre de buen humor. Allí montaría°
mi hogar. Sí, yo busco...

I

Aquella ciudad era muy grande. Las casas, alineadas,   10
parecían la repetición de una sola: ventanas iguales, con rostros
idénticos asomados a ellas. Había muchos coches, pero no hacían
ruido, se alineaban frente a las señales luminosas, como las
casas... No existían muchos peatones como él, pero los que había
guardaban el más absoluto silencio.   15
Daba la impresión de ser una ciudad sumamente ordenada.
Eso está bien, se dijo Fernando, es señal de que sus habitantes se
respetan unos a otros. Creo que me gusta estar aquí, parece que
no se discute, y yo aborrezco la discusión. Me quedaré unos días
y si me sigo sintiendo bien, montaré aquí mi hogar.   20
En la oficina nadie hablaba de fútbol, todo el mundo pasaba
su tiempo con la cabeza baja atendiendo a su cometido hasta la
hora de cerrar. Por la tarde no se trabajaba, lo cual alegró mucho
a Fernando, animándose cada vez más a la vista de tales cualidades.
Ahora tendría tiempo para pasear, leer y hablar largas horas   25
con sus amigos. Bueno, ésa era otra cuestión. Como estaba en un
sitio desconocido, no tenía amigos. Pero tampoco era un
problema, los buscaría. Así, se metió en un bar en el cual parecía
entablar: *comenzar*   haber juventud, y se dispuso a entablar° un diálogo con el
primero que viera a propósito para ello. Pero allí estaban todos   30
en una mesa, serios, hablando en un tono de voz muy bajo y con
expresiones uniformes.
Nadie parecía llevar el peso de la conversación, al contrario,
a la vez: *al mismo tiempo*   todos daban la impresión de hablar a la vez.°
Fernando no se atrevió a dirigirles la palabra y salió a la   35
calle, dispuesto a disfrutar de un paseo por la ordenada ciudad.
Buscó un parque, o un museo, cualquier cosa que pudiese llenar
su tarde. Caminando llegó a algo que parecía un parque con
árboles enfilados, con bancos todos iguales y colocados a la
misma distancia. Como no hubo ninguno que le llamara   40

El mejor lugar   **107**

especialmente la atención, se sentó en el primero que vio y se
dispuso a contemplar a los chiquillos jugando a la pelota° y a las
señoras haciendo calceta.° Pero transcurrieron las horas y ante sus
ojos no se presentó ninguna de esas cosas. Al parecer, en aquella
ciudad no existían los niños, ni las señoras. Bueno, se dijo, al fin   5
y al cabo° los niños sólo arman escándalo, y las señoras son
molestas, me iré al cine.

    En el cine, había una línea de personas sacando las entradas,°
sin hablar también. Cogían la entrada y pasaban en orden
riguroso, y con el mismo orden se sentaban. La película era   10
muda, ¡lo que faltaba!° Fernando se exasperó y se dispuso a salir
del cine, pero el portero le indicó que tal cosa no podía hacerse
hasta el final de la proyección. Resignado volvió a su asiento y
pensó que tal vez se sentía así por ser su primer día en la ciudad.
Mañana hablaría con alguien en la oficina y todo sería mucho   15
mejor.

    Al día siguiente, en el trabajo todo seguía igual. Parecía
como si los que estaban allí no se hubiesen movido de su lugar
correspondiente desde el día anterior, por lo que Fernando no se
atrevió a hablar con ninguno. Volvió al bar, tomó dos o tres   20
coñacs, intentando hacer ánimos para iniciar la conversación, y se
acercó a una mesa. Nada advirtió o pareció advertir su llegada y
mantuvieron idéntica postura a la que tenían antes de él acercarse.
Inquieto, Fernando empezó a hablar en un tono más alto que los
otros para que notaran su presencia. ¡En vano! Sólo al cabo de   25
bastante tiempo se oyó una voz metálica: ¿Qué buscas en esta
ciudad? Pues, verá, yo... No pudo continuar. Se sentía
encarcelado, como inmerso en una urna de silencio y
desalentado° se marchó. ¡Dios mío, qué lugar más triste! ¿Es que
ya no existe la alegría en el mundo?   30

    Si continuara en esta cuidad me moriría o me convertiría en
un ser mecánico como ellos. ¡No! No deseo ninguna de las dos
cosas. Seguiré buscando. Debe existir una ciudad donde todo el
mundo sonría y se divierta, donde los rostros tengan una
expresión, una expresión de seres vivos.   35

II

    Esta otra ciudad ofrecía un aspecto de película de Walt Disney.
El sol daba un tinte chillón° a los colores de las viviendas. Había
casas azules con ventanas rosas, casas rosas con ventanas azules,
blancas con balcones verdes, donde las flores ostentaban, también

pelota: *bola*
haciendo calceta:
  knitting

al fin y al cabo: *despu*és
  de todo

sacando las entradas:
  comprando los billetes

lo que faltaba: that was
  the last straw

desalentado: *desanimado*

chillón: *demasiado vivo y*
  mal combinado

arco iris: *arco en el cielo formado por la luz solar y las gotas de lluvia*

claxón: horn (auto)
alamedas: poplar groves
álamo: poplar tree

la rueda: pinwheel

rebosaban: *abundaban con exceso*

agotado: *fatigado*
ocurrentes: *divertidas*
chiste: joke
mandíbulas: jaws
desentonar: *no participar*

colores de todas las bandas del arco iris.° Por algunos de ellos se oían las risas de mujeres que hablaban con otras. El canto de los pájaros era tal, que hubiese hecho competencia con el acto final de una opereta.

Cada noche tenía un tono diferente y cada claxón° un sonido distinto. Los árboles de las alamedas°: unos colgaban más ramas que otros y otros eran más bajos que unos. En cuanto a la especie, nada de que fueran las mismas. Junto a un álamo° había una palmera, al lado de un eucalipto se hallaba un pino, y cosas así.

Fernando, un poco extrañado de tantas variedades, pensó que al menos esta ciudad parecía alegre. Daba la impresión de hallarse en una fiesta continua. Todo el mundo paseaba por las calles riendo e incluso cantando. Los niños jugaban a la pelota y las niñas a la rueda.° Este detalle le hizo recordar su infancia y se sintió feliz de poder contemplar cómo los chiquillos practicaban todavía el mismo juego de sus tiempos.

Miles de vendedores llenaban las aceras y los parques. Las cafeterías rebosaban° de personas, y en las carteleras de los cines sólo se exhibían películas cómicas. Lo mismo sucedía con los teatros. No se anunciaba ningún espectáculo serio o triste.

¡Sí!, sería feliz en esta ciudad, no tendría que pensar en nada, sólo en divertirse y vivir, sólo eso.

Ya únicamente faltaba ver cómo andaban las cosas por la oficina. Pero como eso no era hasta el día siguiente, aprovecharía para divertirse esta noche, como no lo había hecho hasta ahora.

Cuando se tendió en la cama a las seis de la mañana, se dio cuenta de que era tonto dormir, pues a las nueve habría de salir para el trabajo. Estaba agotado,° no había parado de reír durante horas seguidas. Las chicas eran ocurrentes,° los chicos contaban un chiste° detrás de otro, y aunque al final ya tenía cansadas las mandíbulas° de tanta risa, hubo de continuar pues todo el mundo estaba eufórico y no era cosa de desentonar.°

En la oficina todo el mundo estaba tan fresco, como si hubiesen empleado toda la noche en dormir. Fernando pensó que sería porque los demás días habían descansado y que ayer por lo visto era fiesta. Pero sus compañeros de trabajo reían y reían, se diría que era su única ocupación, ya que las mesas estaban limpias de papeles. Buscó los suyos, pero no los encontró. Entonces preguntó a los demás y le dijeron que no los tenía porque no los había. En esa ciudad no hacía falta trabajar mucho, ya que la gente no necesitaba gran cantidad de dinero, sólo el suficiente para poder vivir al día y reír a gusto.

Reír... Fernando lo hizo durante días, tres concretamente, pero al cuarto estaba tan cansado que se quedó dormido en una acera.

Un guardia se rió al verlo y siguió su camino cantando. Cuando despertó, intentó pedir ayuda para llegar a su casa, pero todo el mundo lo miraba, se reía y seguía su camino. Gritó, lloró, pataleó,° pero la gente siguió riendo olvidada de todo aquello que no fuera su propria alegría. 5

¡Soy un desgraciado!, se dijo Fernando, tendré que seguir errante hasta encontrar el lugar soñado. 10

Lo peor de todo es que al principio me parece como si tocara la Luna, pero luego se me va.

Puede que todo sea culpa mía, que sea muy quisquilloso° y a cualquier cosa le encuentre defectos, pero la verdad es que no soporto vivir en un lugar donde la gente se pasa el día riendo, como si fuesen enormemente felices, y luego se les pide ayuda en serio y no te hace caso. 15

¿Es que no somos humanos ya? Debe ser eso, que nos estamos mecanizando hasta el punto de importarnos un cuerno° lo que le pase al vecino. Pero yo sé que debe existir en el mundo un lugar donde la gente se preocupe de la gente. ¡Sí!, tiene que haberlo. Seguiré buscando... 20

III

Se podía decir que más que una ciudad, aquello parecía un pueblo. Fachadas limpias y calles también. El ruido indispensable en los aparatos de cuatro ruedas y el pasear pausado de las gentes le daban un aspecto de tranquilidad y paz que ilusionó a Fernando. 25

Siguiendo el ritmo general, paseó por las avenidas, parques y jardines, observando con alegría que todo aquí transcurría normal: ni mucha tristeza, ni excesiva alegría, sino ambas cosas dosificadas.° A medida que caminaba pensaba que por fin había encontrado el término medio,° pero escarmentado° de las veces anteriores, le exigió a su imaginación que no corriera demasiado. Así que, para comprobar° si efectivamente en esta ciudad estaba lo que buscaba, se dispuso a efectuar el recorrido de rigor. 30

Por las calles daba gusto andar porque los coches se paraban para que pasaran los peatones, hubiera o no semáforos. En el parque los niños jugaban divirtiéndose, pero sin alborotar en exceso. Las madres conversaban entre sí con una leve sonrisa de comprensión en sus labios hacia la que en aquel momento hablaba. 35

40

pataleó: *movió las piernas con violencia*

quisquilloso: *se ofende fácilmente*

importarnos un cuerno: *no importar nada*

dosificadas: *distribuidas en proporción*
término medio: happy medium
escarmentado: *corregido por la experiencia*
comprobar: *probar*

En el bar se oía un murmullo como de misa de domingo mezclado con un tono repetido de tazas que se ponen y se quitan, de cafeteras con vapor, y de cucharillas en los platos. Se notaba calor humano en la atmósfera. Fernando pidió un café, pues había observado a sus vecinos y ninguno tomaba alcohol. El camarero le atendió gentilmente, como si el gasto que hacía del café supusiera° un gran favor económico para el local.

supusiera: *de suponer*

Siguió observando en el bar, pretendiendo encontrarle algún defecto. Usted es nuevo aquí, ¿verdad... ¿Cómo? ¡Ah, sí, perdone, estaba distraído! Sí, efectivamente hace poco tiempo que estoy en esta ciudad.

Y así de ese modo tan sencillo, se inició la conversación entre Fernando y un señor que no pasaría cuarenta años, o quizá tuviera menos, pero la expresión de hombre feliz en su rostro le confería madurez.° Era nacido allí y hablaba de sus convecinos como si se tratasen de familiares. Era interesante oírlo; parecía la imagen de un buen sacerdote en su púlpito, dispuesto a disculpar° los defectos y realizar las virtudes de sus feligreses.° Se acercaron a una mesa; en ella un grupo disertaba° tranquilamente al ritmo del humo de sus pipas. Fue acogido cordialmente e integrado rápidamente en el grupo, como si se tratase de la cosa más normal del mundo el que un extraño compartiese° su sociedad. Se habló de trabajo de organización interior, predominando el tema de la familia. Pero para nada se nombró la situación exterior, y cuando Fernando insinuó algo relacionado con ella, respondieron, amablemente, que no podían hablar de un lugar y de un problema que no conocían. Para ellos lo importante era vivir en paz y comunidad con sus vecinos más próximos, ya que lo que no les concernía no podían ni debían arreglarlo ellos. Era una tontería perder el tiempo en hablar de esas cosas.

madurez: maturity

disculpar: *perdonar*
feligreses: parishioners
disertaba: *discutía*

compartiese: *repartiese*

Fernando se dijo que llevaban razón y recordó las reuniones de sus amigos, en las que cuando se hablaba de política todos eran unos entendidos a la hora de arreglar el mundo. Pero no se pasaba de ahí, de hablar... y se olvidaban de otros problemas más importantes, como los de arreglar las situaciones de ellos mismos y que exigían una solución más inmediata.

Se encontraba bien pero a la vez un poco acomplejado ante la sabiduría que demostraban aquellos seres. Pasó un largo rato con ellos. Al final quedaron amigos y con la invitación de acudir a su mesa cuando lo deseara. Fernando se iba animando poco a poco, pero aún permanecía a la espectativa,° como el perro apaleado,° que huye cuando ve algo relacionado con el objeto de sus desdichas. Mujeres jóvenes, no parecían haber muchas por las

a la espectativa: on the lookout
apaleado: *golpeado con palo*

pensión: *casa de huéspedes*
hospedó: *vivió*

restaba: *reducía*
perjudicaba: *dañaba*

balsa: raft

cauces: *lecho de un río*

cotidiana: *de todos los días*

poquitín: *de poco*

calles; y como consideró que para un día ya estaba suficiente-
mente documentado, se dirigió a la pensión° donde se hospedó°
al llegar, pensando en ver la televisión un rato y acostarse.

Pero en aquella casa no había televisión. Según la señora de
la pensión, este aparato restaba° mucho a la comunicación   5
familiar y perjudicaba° la educación de los niños. También en eso
llevaba razón, pensó Fernando y se dirigió a la cama.

Se sentía como si después de haber sufrido una tempestad en
un barco, hubiese encontrado una balsa,° movida sólo levemente
por la corriente marina. Sí, le gustaba aquel lugar en el que se   10
preocupaban unos por otros, donde nadie se mostraba hostil ni
exageradamente acogedor, donde todo transcurría por unos
cauces° de normalidad realmente confortantes.

Durmió bien esa noche. Por la mañana el desayuno con la
leche humeante y la sonrisa de la patrona, recordó el lugar donde   15
se hallaba.

En el trabajo, todos aceptaron alegremente su llegada, le
indicaron su cometido y se dedicaron a cumplir el suyo. De vez
en cuando paraban unos breves minutos, se fumaban un cigarrillo
y se preguntaban por sus problemas, que, al parecer de Fernando,   20
no eran muchos. Pero lo que más le asombraba es que cuando
hablaba uno, los demás callaban, respetando así al protagonista
del momento.

Se daban buenos consejos entre sí y no trabajaban con
demasiada prisa, sino tranquilamente, como realizaban todo lo   25
demás de su vida cotidiana.° Según ellos, el trabajo era muy
bueno para el hombre, pero la agonía en el mismo resultaba muy
perjudicial para su salud física y mental. Llevan razón, se dijo,
llevan toda la razón.

Varios días estuvo comprobando lo razonables que eran en   30
todo lo que hacían o decían. Pero, ¡ay!, el hombre no soporta
vivir mucho tiempo entre tanta perfección y Fernando se cansó
de comprobar lo imperfecto que era él al lado de esa gente. Bien
es verdad que ninguno se lo señaló especialmente, pero es muy
difícil no poder comprobar que alguien tiene los mismos defectos   35
que nosotros, para consolarnos.

Tampoco había encontrado una chica que no fuese
perfecta para hacer de compañera suya, una mujer que él pudiese
amar por sus defectos y virtudes, todo unido, y Fernando se
aburrió, llegando a aborrecerse a sí mismo por no poder   40
corresponder con su persona al buen hacer y decir de los que le
rodeaban.

Se daba cuenta de que tenía un poquitín° de envidioso y

mucho de inconstante para adaptarse sin un soberano esfuerzo a la tónica general.

Estaba cansado de recorrer el mundo, para al fin no encontrar su meta.° No podía luchar más contra él mismo.

meta: *objetivo*
abatido: *humillado*

Regresaré a mi casa, se confesó abatido,° al menos allí nadie me exige nada de lo que no pueda dar, porque ellos tampoco pueden hacerlo. Me duele volver vencido, pero no puedo seguir destruyéndome yendo de un sitio a otro sin encontrar nada. Moriré poco a poco allí donde nací, entre la gente que me quiere como soy y no como pretendo ser.

—¡Hijo mío! —¿Dónde has estado? Te hemos estado esperando mucho tiempo, ya pensábamos con tristeza que no volverías más.

—He estado lejos, muy lejos... madre, y en muchos lugares, pero lo que fui a buscar no lo encontré y por eso he vuelto, a vuestro hogar.

—Que también es el tuyo, hijo. Esta casa no era la misma sin ti; yo parecía muerta, y tu padre, y tus hermanos... Tus amigos venían muchas veces para ver si teníamos noticias tuyas, diciéndonos que eras feliz por lo menos.

—No, mamá, no he sido feliz, pero creo que porque estaba equivocado lo he comprendido ahora, al veros. No se puede ser dichoso en un lugar en el que no te une más que el presente, porque aunque éste es muy importante, no vale gran cosa si no puede compararse con su pasado, que es el que nos hace amar con más fuerza este presente.

—Estaba equivocado porque buscando la «gran cosa» olvidé las «pequeñitas» que, sin hacer tanto ruido, van metiéndose dentro de uno. Ya no iré más a buscar fuera lo que puedo encontrar dentro.

Y Fernando siguió viendo la televisión, oyendo hablar de fútbol y maldiciendo los semáforos... Siguió oyendo y diciendo tonterías, pero en el fondo consciente ahora de que había algo que le unía a los demás: su pasado, su presente, y... ¿por qué no?, su futuro también.

Práctica

Resumen

Escribe en español un resumen de este cuento y ven a clase preparado(a) a presentárselo oralmente a un(a) compañero(a) de clase.

Uso de Palabras

Prepara una lista de por lo menos cinco, de más si es posible, palabras o frases que caracterizan lo siguiente:

1. El estado psicológico de Fernando antes de dejar a su familia
2. La primera ciudad
3. La segunda ciudad
4. La tercera ciudad
5. El estado psicológico de Fernando al volver a su familia

Pensar y Comentar

Fernando   Describe un día típico en la vida de Fernando. Describe su estado psicológico. Nombra algunas cosas que no le gustaban. ¿Por qué no era feliz al principio del cuento? ¿Qué buscaba cuando dejó el pueblo? ¿Cómo estaba cuando volvió a su casa?

La primera ciudad   ¿Qué le llamó a Fernando más la atención en esta ciudad? ¿Qué le pasó cuando entró en un bar y cuando fue a un parque para buscar amigos? Aunque no quería quedarse en el cine porque la película era muda, no salió. ¿Por qué? ¿Cómo reaccionaron todos cuando empezó a hablar en voz alta para que notaran su presencia? Esta ciudad pareció tener las condiciones del ideal que buscaba Fernando, ¿qué le hacía falta para ser feliz?

La segunda ciudad.   ¿Qué le llamó más la atención en esta ciudad? ¿A Fernando le gustaba que la gente estuviera de buen humor y supiera divertirse? ¿Qué le paso el cuarto día de fiesta y risa continua? ¿Qué hicieron el guardia y todos los que lo miraban? ¿Por qué dejó esta ciudad?

La tercera ciudad.   ¿Qué le gustó de lo que vio y de lo que oyó allí? ¿De qué hablaba la gente? ¿Por qué no había televisión en la pensión? ¿Qué pensaban en esta ciudad del trabajo? ¿De qué se cansó Fernando en esta ciudad?

La vuelta a casa   ¿Cuál fue la reacción de todos al verlo? Según él, ¿cuáles son los requisitos para ser feliz? ¿Qué hacía después de volver a su casa? ¿En dónde encontró lo que buscaba? ¿En qué se equivocó Fernando?

Simbolismo   ¿A quién representa Fernando? ¿A todos los seres humanos, a unos seres humanos, o a todos los seres humanos a cierta edad? ¿A qué edad? ¿Qué tipo de sociedad simboliza cada ciudad? ¿Qué tipo de deseo humano simboliza cada ciudad?

Tema ¿Qué mensaje nos quiere dar la autora sobre la sociedad, la gente, y la felicidad? En tu opinión, ¿hay otros temas?

Otros puntos de discusión En la descripción de Fernando en el primer párrafo la autora dice, «No es que tuviese mal carácter, pero últimamente se hallaba como a disgusto con todo, en todo,… y no sabía por qué. Soy joven, se decía, tengo un trabajo, unos amigos y debiera ser feliz… pero no lo soy.» ¿Qué te parece esto? ¿Es realista esta descripción? ¿Es posible ser infeliz y no saber por qué? ¿Es eso común entre los jóvenes?

¿Crees que la autora tiene razón cuando dice que «el hombre no soporta vivir mucho tiempo entre tanta perfección»? ¿Por qué?

Lee otra vez el párrafo que incluye las líneas 5–10 de página 113 y comenta las emociones y los pensamientos de Fernando.

Lee otra vez los últimos tres párrafos y comenta las implicaciones.

Reacción personal ¿Qué piensas del estado psicológico de Fernando al principio? ¿Qué piensas de las reacciones de Fernando en cada lugar? ¿Tienes otra(s) idea(s) que quieras comentar con la clase?

Temas de Composición

A. Todos hemos sentido a veces la insatisfacción de Fernando y hemos pensado como Fernando, «Si pudiera encontrar un lugar diferente….» ¿Qué tipo de lugar buscarías tú? De los cuatro lugares en este cuento, ¿en cuál preferirías vivir? ¿Por qué? ¿Por qué no te gustarían los otros?

B. También todos queremos ser felices. ¿Por qué no lo somos muchas veces? ¿De qué depende la felicidad? ¿De circunstancias externas, internas, o de las dos? ¿Qué podemos cambiar para ser felices? ¿Qué problemas especiales tienen los jóvenes de la universidad? ¿Qué pueden cambiar para ser más felices?

C. ¿Cuáles son las características de un «adulto» y de un «joven»? ¿En qué son similares? ¿En qué son diferentes?

Capítulo 10
Las abejas de bronce

Preparación

Introducción

Los personajes de este cuento son animales. El Zorro es un hombre de negocios. Al principio, sus mejores amigos son las abejas que le producen la miel que él vende. Por supuesto, su mejor cliente es el Oso. Todo va bien. Las abejas están contentas y ayudan al Zorro. Al Oso le gusta la miel y el Zorro recibe ganancias suficientes para vivir bien. Pero un día todo cambia. Alguien inventa abejas artificiales.

Mientras leas, presta atención a las ventajas y las desventajas de las abejas de bronce, la reacción de los clientes frente a la nueva miel, los problemas que surgen, el resultado, y el fin. También, piensa en lo que simboliza cada aspecto del cuento.

Vocabulario

Raíces Similares   En el caso de muchas palabras en este cuento, la palabra española y la palabra inglesa tienen raíces muy parecidas en forma y en significado. Estudia las dos listas siguientes. Para cada palabra española a la izquierda, escoge de la segunda lista la palabra asociada inglesa. Entonces, da el significado inglés de la palabra española.

1. desdeñoso	A. to prove, to probe
2. aconsejar	B. venomous
3. extranjero	C. extraneous
4. demoler	D. demolition
5. capricho	E. tardy
6. probar	F. disdain
7. venenoso	G. capricious
8. tardar	H. counsel

Palabras Relacionadas   En el caso de otras palabras en este cuento, se puede determinar el significado por pensar en palabras similares en español. Da el significado inglés de las palabras en itálica en las selecciones siguientes. Para ayudarte, se indica entre paréntesis una palabra relacionada a la itálica.

1. (en, tierra)   Lo *enterrarán* con la sonrisa puesta
2. (piel)   El Oso no cabía en su vasto *pellejo*.

3. (contar)   miel que en la *contabilidad*... figuraba con grandes cifras rojas
4. (ahorrar)   con sus *ahorros* compró mil abejas de bronce
5. (ganar)   las *ganancias* del Zorro crecían como un incendio en el bosque
6. (ayudar)   Tuvo que tomar a su servicio un *ayudante*
7. (in, alfabeto)   las Arañas, esas *analfabetas*
8. (vacío)   al *vaciar* una colmena, el Zorro descrubrió... unos goterones
9. (perder)   debió de sufrir la *pérdida* de la miel
10. (loco)   es capaz de relacionar la extraña *locura*... con un frasco de miel

Palabras que Adivinar   Examina el contexto en que ocurre la palabra en letra itálica y sin usar el diccionario da un equivalente inglés.

1. Desde el *principio* del tiempo el Zorro vivió de la venta de la miel. Era, aparte de una tradición de familia, una especie de *vocación* hereditaria. Nadie tenía la *maña* del Zorro para *tratar* a las Abejas....
2. a causa de no sé qué cuestión baladí, el Oso destruyó de un zarpazo la *balanza* para pesar la miel. El Zorro no se *inmutó* ni perdió su sonrisa. Pero le hizo notar al Oso que, conforme a la ley, estaba obligado a indemnizar aquel *perjuicio*.
3. El Oso, que a pesar de su fuerza era un *fanfarrón*, palideció de miedo. «Está bien, Zorro,» *balbuceaba*.
4. Las abejas *zumbaron* a coro.
5. miel que en la contabilidad y en el alma del Zorro figuraba con grandes cifras rojas; no había, entre ellas, ni *reinas*, ni *zánganos*; todas iguales, todas *obreras*
6. Es la eterna lucha entre la luz y la sombra, entre el *bien* y el *mal*
7. abrió el *pico* y se la *tragó*.... La abeja metálica le *desgarró* las *cuerdas* vocales, se le embutió en el buche y allí le formó un tumor, de resultas del cual *falleció* al poco tiempo

Preguntas

Busca las respuestas a estas preguntas mientras que leas el cuento.

1. ¿De qué vivió el Zorro?
2. ¿Cómo son el Zorro y el Oso?
3. Describe la escena de la confrontación entre el Zorro y el Oso relacionada a la balanza.
4. ¿Qué compró el Zorro para ganar más dinero?
5. ¿Cómo fue la nueva miel?

6. ¿Cuál fue el resultado inmediato de la nueva miel?
7. ¿Qué accidentes ocurrieron?
8. ¿Cómo se explican estos accidentes?
9. ¿Qué les pasó a las flores a causa de las abejas artificiales?
10. ¿Cómo resolvió el Zorro su problema al fin?

Las abejas de bronce

por Marco Denevi (1922–   )

Nacido en un suburbio de Buenos Aires, todavía vive allí donde trabaja
en un banco postal nacional de ahorros y sigue escribiendo.

La fama le llegó de forma instantánea con la publicación en 1955 de
su primer libro, *Rosaura a las diez,* una obra de misterio que ha tenido
mucho éxito. También, ha escrito cuentos y obras de teatro. Como en
el caso de otros escritores hispanoamericanos, la fantasía de sus obras
sirve de base para la crítica social.

Zorro: *fox*

Abejas: *insectos que producen la miel*
Esto... lado: This to begin with
Por otro lado: Furthermore
entenderse con: to get along with
Oso: bear
por lo mismo: for the same reason
llevarse... con: to get along well with
baladí: *de poca substancia*
zarpazo: swipe
desdeñosamente: *con desdén*

Desde el principio del tiempo el Zorro° vivió de la venta de la
miel. Era, aparte de una tradición de familia, una especie de
vocación hereditaria. Nadie tenía la maña del Zorro para tratar a
las Abejas° (cuando las Abejas eran unos animalitos vivos y muy
irritables) y hacerles rendir al máximo. Esto por un lado.°   5
Por otro lado° el Zorro sabía entenderse con° el Oso°, gran
consumidor de miel y, por lo mismo,° su mejor cliente. No
resultaba fácil llevarse bien con° el Oso. El Oso era un sujeto un
poco brutal, un poco salvaje, al que la vida al aire libre, si le
proporcionaba una excelente salud, lo volvía de una rudeza de   10
manera que no todo el mundo estaba dispuesto a tolerarle.
(Incluso el Zorro, a pesar de su larga práctica, tuvo que
sufrir algunas experiencias desagradables en ese sentido.) Una
vez, por ejemplo, a causa de no sé qué cuestión baladí,° el Oso
destruyó de un zarpazo° la balanza para pesar la miel. El Zorro   15
no se inmutó ni perdió su sonrisa. (*Lo enterrarán con la sonrisa
puesta,* decía de él, desdeñosamente,° su tío el Tigre.) Pero le hizo

notar al Oso que, conforme a la ley, estaba obligado a indemnizar aquel perjuicio.

—Naturalmente —se rió el Oso— te indemnizaré. Espera que corro a indemnizarte. No me alcanzan las piernas para correr a indemnizarte. 5

Y lanzaba grandes carcajadas° y se golpeaba un muslo° con la mano.

—Sí —dijo el Zorro con su voz tranquila—, sí, le aconsejo que se dé prisa,° porque las Abejas se impacientan. Fíjese, señor.

Y haciendo un ademán teatral, un ademán estudiado, señaló 10 las colmenas.° El Oso se fijó e instantáneamente dejó de reír. Porque vio que millares de abejas habían abandonado los panales° y con el rostro rojo de cólera, el ceño fruncido° y la boca crispada,° lo miraban de hito en hito° y parecían dispuestas a atacarlo. 15

—No aguardan sino mi señal —agregó el Zorro, dulcemente—. Usted sabe, detestan las groserías.

El Oso, que a pesar de su fuerza era un fanfarrón, palideció de miedo.

—Está bien, Zorro —balbuceaba—, repondré la balanza. 20 Pero por favor, dígales que no me miren así, ordéneles que vuelvan a sus colmenas.

—¿Oyen, queriditas? —dijo el Zorro melífluamente, dirigiéndose a las Abejas—. El señor Oso nos promete traernos otra balanza. 25

Las Abejas zumbaron a coro. El Zorro las escuchó con expresión respetuosa. De tanto en tanto° asentía con la cabeza y murmuraba:

—Sí, sí, conforme. Ah, se comprende. ¿Quién lo duda? Se lo transmitiré. 30

El Oso no cabía en su vasto pellejo.

—¿Qué es lo que están hablando, Zorro? Me tienes sobre ascuas.°

El Zorro lo miró fijo.

—Dicen que la balanza deberá ser flamante.° 35
—Claro está, flamante. Y ahora, que se vuelvan.
—Niquelada.
—De acuerdo, niquelada.
—Fabricación extranjera.
—¿También eso? 40
—Preferentemente suiza.°
—Ah, no, es demasiado. Me extorsionan.
—Repítalo, señor Oso. Más alto. No lo han oído.

---

carcajadas: loud laughter
muslo: thigh

se dé prisa: tenga prisa

colmenas: receptáculo en que las abejas hacen los panales
panales: conjunto de celdas de cera
ceño fruncido: scowl
crispada: set
de... hito: from head to foot

De... tanto: every so often

ascuas: embers

flamante: nueva

suiza: Swiss

de... vez: once and for all	—Digo y sostengo que... Está bien, está bien. Trataré de complacerlas. Pero ordéneles de una buena vez° que regresen a sus panales. Me ponen nervioso tantas caras de abeja juntas, mirándome.

—Digo y sostengo que... Está bien, está bien. Trataré de complacerlas. Pero ordéneles de una buena vez° que regresen a sus panales. Me ponen nervioso tantas caras de abeja juntas, mirándome.

El Zorro hizo un ademán raro, como un ilusionista, y las Abejas, después de lanzar al Oso una última mirada amonestadora,° desaparecieron dentro de las colmenas. El Oso se alejó, un tanto mohino° y con la vaga sensación de que lo habían engañado. Pero al día siguiente reapareció trayendo entre sus brazos una balanza flamante, niquelada, con una chapita de bronce donde se leía: *Made in Switzerland.*

Lo dicho:° el Zorro sabía manejar° a las Abejas y sabía manejar al Oso. Pero ¿a quién no sabía manejar ese zorro del Zorro?

Hasta que un día se inventaron las abejas artificiales.

Sí. Insectos de bronce, dirigidos electrónicamente, a control remoto (como decían los prospectos ilustrativos), podían hacer el mismo trabajo que las Abejas vivas. Pero con enormes ventajas. No se fatigaban, no se extraviaban,° no quedaban atrapadas en las redes de las arañas,° no eran devoradas por los Pájaros; no se alimentaban, a su vez, de miel, como las Abejas naturales (miel que en la contabilidad y en el alma del Zorro figuraba con grandes cifras° rojas); no había, entre ellas, ni reinas, ni **zánganos**; todas iguales, todas obreras, todas dóciles, obedientes, fuertes, activas, de vida ilimitada, resultaban, en cualquier sentido que se considerase la cuestión, infinitamente superiores a las Abejas vivas.

El Zorro en seguida vio el negocio, y no dudó. Mató todos sus enjambres, demolió las colmenas de cera, con sus ahorros compró mil abejas de bronce y su correspondiente colmenar también de bronce, mandó instalar el tablero de control, aprendió a manejarlo, y una mañana los animales presenciaron, atónitos,° cómo las abejas de bronce atravesaban por primera vez el espacio.

El Zorro no se había equivocado. Sin levantarse siquiera de su asiento, movía una palanquita,° y una nube de abejas salía rugiendo° hacia el norte, movía otra palanquita, y otro grupo de abejas disparaba° hacia el sur, un nuevo movimiento de palanca, y un tercer enjambre se lanzaba en dirección al este, *et sic de ceteris.*° Los insectos de bronce volaban raudamente,° a velocidades nunca vistas, con una especie de zumbido amortiguado° que era como el eco de otro zumbido; se precipitaban como una flecha° sobre los cálices,° sorbían° rápidamente el néctar, volvían a levantar vuelo, regresaban a la

Glossary:
amonestadora: warning
mohino: *disgustado*

Lo dicho: As has been said
manejar: *controlar*

extraviaban: *perdían*
arañas: spiders

cifras: *números*

atónitos: *sorprendidos*
palanquita: lever
rugiendo: *haciendo ruido fuerte*
disparaba: were being discharged
et sic de ceteris: and the same for all the rest
raudamente: *rápidamente*
amortiguado: *disminuido*
flecha: arrow
cálices: *cubierta externa de las flores*
sorbían: *bebían aspirando*

alvéolo: *celda de panal*

dorada: *del color de oro*

chasquear: to click

Vaya: Well

rebatir: *refutar*

Qué quieres: say whatever you want

aparentaba: *manifestaba*
ufano: *orgulloso*

alardear: *ostentar*

colmena, se incrustaban cada una en su alvéolo,° hacían unas rápidas contorsiones, unos ruiditos secos, *tric, trac, cruc,* y a los pocos instantes destilaban la miel, una miel pura, limpia, dorada,° incontaminada, aséptica; y ya estaban en condiciones de recomenzar. Ninguna distracción, ninguna fatiga, ningún capricho, ninguna cólera. Y así las veinticuatro horas del día. El Zorro no cabía en sí de contento. 5

La primera vez que el Oso probó la nueva miel puso lo ojos en blanco, hizo chasquear° la lengua y, no atreviéndose a opinar, le preguntó a su mujer: 10

—Vaya,° ¿qué te parece?

—No sé —dijo ella—. Le siento gusto a metal.

—Sí, yo también.

Pero sus hijos protestaron a coro:

—Papá, mamá, qué disparate. Si se ve a la legua que esta 15 miel es muy superior. Superior en todo sentido. ¿Cómo pueden preferir aquella otra, elaborada por unos bichos tan sucios? En cambio ésta es más limpia, más higiénica, más moderna y, en una palabra, más miel.

El Oso y la Osa no encontraron razones con que rebatir° a 20 sus hijos y permanecieron callados. Pero cuando estuvieron solos insistieron:

—Qué quieres,° sigo prefiriendo la de antes. Tenía un sabor...

—Sí, yo también. Hay que convenir, eso sí, en que la de 25 ahora viene pasteurizada. Pero aquel sabor...

—Ah, aquel sabor...

Tampoco se atrevieron a decirlo a nadie, porque, en el fondo, se sentían orgullosos de servirse en un establecimiento donde trabajaba esa octava maravilla de las abejas de bronce. 30

—Cuando pienso que, bien mirado, las abejas de bronce fueron inventadas exclusivamente para nosotros... —decía la mujer del Oso.

El Oso no añadía palabra y aparentaba° indiferencia, pero por dentro estaba tan ufano° como su mujer. 35

De modo que por nada del mundo hubieran dejado de comprar y comer la miel destilada por las abejas artificiales. Y menos todavía cuando notaron que los demás animales también acudían a la tienda del Zorro a adquirir miel, no porque les gustase la miel, sino a causa de las abejas de bronce y para 40 alardear° de modernos.

Y, con todo esto, las ganancias del Zorro crecían como un incendio en el bosque. Tuvo que tomar a su servicio un

ayudante: *persona que ayuda*
Cuervo: crow

frotaba: rubbed

ráfagas: *golpes de luz instantánea*

telarañas: *tejidos que hace la araña*
chillaron: *gritaron agudamente*

pleito: *litigio judicial*

se llevaron una sorpresa: were surprised
Desdichado: *pobre*
embutió: inserted
buche: crop
falleció: *murió*

escarmentaron: *se corrigieron por la experiencia*
paladeaba: *gozaba de*
tormenta: *tempestad*

goterones: *de gota*

desprovistas: *destituidas*
Gansa: goose

en un guiñapo: in tatters

ayudante° y eligió, después de meditarlo mucho, al Cuervo,° sobre todo porque le aseguró que aborrecía la miel. Las mil abejas fueron pronto cinco mil; las cinco mil, diez mil. Se comenzó a hablar de las riquezas del Zorro como de una fortuna fabulosa. El Zorro se sonreía y se frotaba° las manos.   **5**

Y entretanto los enjambres iban, venían, salían, entraban. Los animales apenas podían seguir con la vista aquellas ráfagas° de puntos dorados que cruzaban sobre sus cabezas. Las únicas que, en lugar de admirarse, pusieron el grito en el cielo, fueron las Arañas, esas analfabetas. Sucedía que las abejas de bronce   **10**
atravesaban las telarañas° y las hacían pedazos.

—¿Qué es esto? ¿El fin del mundo? —chillaron° las damnificadas la primera vez que ocurrió la cosa.

Pero como alguien las explicó luego de qué se trataba, amenazaron al Zorro con iniciarle pleito.° ¡Qué estupidez! Como   **15**
decía la mujer del Oso:

—Es la eterna lucha entre la luz y la sombra, entre el bien y el mal, entre la civilización y la barbarie.

También los Pájaros se llevaron una sorpresa.° Porque uno de ellos, en la primera oportunidad en que vio una abeja de   **20**
bronce, abrió el pico y se la tragó. ¡Desdichado!° La abeja metálica le desgarró las cuerdas vocales, se le embutió° en el buche° y allí le formó un tumor, de resultas del cual falleció° al poco tiempo, en medio de los más crueles sufrimientos y sin el consuelo del canto, porque había quedado mudo. Los demás   **25**
Pájaros escarmentaron.°

Y cuando ya el Zorro paladeaba° su prosperidad, comenzaron a aparecer los inconvenientes. Primero una nubecita, después otra nubecita, hasta que todo el cielo amenazó tormenta.°

La serie de desastres quedó inaugurada con el episodio de las   **30**
rosas artificiales. Una tarde, al vaciar una colmena, el Zorro descubrió entre la miel rubia unos goterones° grises, opacos, de un olor nauseabundo y sabor acre. Tuvo que tirar toda la miel restante, que había quedado contaminada. Pronto supo, y por la colérica boca de la víctima, el origen de aquellos goterones   **35**
repugnantes. Había sucedido que las abejas de bronce, desprovistas° de instintos, confundieron un ramo de rosas artificiales de propiedad de la Gansa° con rosas naturales, y cayendo sobre ellas les sorbieron la cera pintada de que estaban hechas y las dejaron convertidas en un guiñapo.° El Zorro no   **40**
solamente debió de sufrir la pérdida de la miel, sino indemnizar a la Gansa por daños y perjuicios.

—Malditas abejas—vociferaba° mentalmente—. Las otras jamás habrían caído en semejante error. Tenían un instinto infalible. Pero quién piensa en las otras. En fin, nada es perfecto en este mundo.

centella: *rayo*
corola: *cubierta interior de la flor*
azucena: white lily
degolló: *cortó la garganta*
Picaflor: hummingbird
libó: *bebió*

Otro día, una abeja, al introducirse como una centella° en la corola° de una azucena,° degolló° a un Picaflor° que se encontraba allí alimentándose. La sangre del pájaro tiñó de rojo la azucena. Pero como la abeja, insensible a olores y sabores, no atendía sino sus impulsos eléctricos, libó° néctar y sangre, todo junto. Y la miel apareció después con un tono rosa que alarmó al Zorro. Felizmente su empleado le quitó la preocupación de encima.

Patrón: *jefe*
ronca: harsh-sounding
solterona: *de soltera*

—Si yo fuese usted, Patrón°—le dijo con su vocecita ronca° y su aire de solterona°—, la vendería como miel especial para niños.

—¿Y si resultase venenosa?

—En tan desdichada hipótesis yo estaría muerto, Patrón.

—Ah, de modo que la ha probado. De modo que mis

subalternos: *empleados de categoría inferior*

ultrajada: *de ofensa grave*

subalternos° me roban la miel. ¿Y no me juró que la aborrecía?

—Uno se sacrifica, y vean cómo le pagan—murmuró el Cuervo, poniendo cara de dignidad ultrajada°—. La aborrezco, la aborreceré toda mi vida. Pero quise probarla para ver si era venenosa. Corrí el riesgo por usted. Ahora, si cree que he procedido mal, despídame, Patrón.

¿Qué querían que hiciese el Zorro, sino seguir el consejo del Cuervo? Tuvo un gran éxito con la miel rosa especial para niños.

íntegramente: *completamente*
Cerdo: pig
veleidades: *inconstancias*

frasco: *botella*
ignoraba: *no sabía*

La vendió íntegramente.° Y nadie se quejó. (El único que pudo quejarse fue el Cerdo,° a causa de ciertas veleidades° poéticas que asaltaron por esos días a sus hijos. Pero ningún Cerdo que esté en su sano juicio es capaz de relacionar la extraña locura de hacer versos con un frasco° de miel tinta en la sangre de un Picaflor.)

El Zorro se sintió a salvo. Pobre Zorro, ignoraba° que sus tribulaciones iban a igualar a sus abejas.

Al cabo de unos días observó que los insectos tardaban cada vez más tiempo en regresar a las colmenas.

Una noche, encerrados en la tienda, él y el Cuervo consideraron aquel nuevo enigma.

demoró: *tardó*

—¿Por qué tardan tanto? —decía el Zorro— ¿A dónde diablos van? Ayer un enjambre demoró° cinco horas en volver. La producción diaria, así, disminuye, y los gastos de electricidad aumentan. Además, esa miel rosa la tengo todavía atravesada en la garganta. A cada momento me pregunto: ¿Qué aparecerá hoy?

salada: *de sal*

¿Miel verde? ¿Miel negra? ¿Miel azul? ¿Miel salada?°

—Accidentes como el de las flores artificiales no se han repetido, Patrón. Y en cuanto a la miel rosa, no creo que tenga de qué quejarse.

—Lo admito. Pero ¿y este misterio de las demoras? ¿Qué explicación le encuentra? 5

—Ninguna. Salvo...

—¿Salvo qué?

El Cuervo cruzó gravemente las piernas, juntó las manos y miró hacia arriba.

—Patrón —dijo, después de reflexionar unos instantes—. 10 Salir y vigilar a las abejas no es fácil. Vuelan demasiado rápido. Nadie, o casi nadie, puede seguirlas. Pero yo conozco un pájaro que, si se le unta la mano,° se ocuparía del caso. Y le doy mi palabra que no volvería sin haber averiguado la verdad.

—¿Y quién es ese pájaro? 15

—Un servidor.°

El Zorro abrió la boca para cubrir de injurias al Cuervo, pero luego lo pensó mejor y optó por aceptar. Pues cualquier recurso era preferible a quedarse con los brazos cruzados, contemplando la progresiva e implacable disminución de las 20 ganancias.

El Cuervo regresó muy tarde, jadeando° como si hubiese vuelto volando desde la China. (El Zorro, de pronto, sospechó que todo era una farsa y que quizá su empleado conocía la verdad desde el primer día.) Su cara no hacía presagiar° nada bueno. 25

—Patrón —balbuceó°—, no sé cómo decírselo. Pero las abejas tardan, y tardarán cada vez más, porque no hay flores en la comarca° y deben ir a libarlas al extranjero.

—Cómo que no hay flores en la comarca. ¿Qué tontería es ésa?

—Lo que oye, Patrón. Parece ser que las flores, después que 30 las abejas les han sorbido el néctar, se doblan, se debilitan y se mueren.

—¡Se mueren! ¿Y por qué se mueren?

—No resisten la trompa° de metal de las abejas.

—¡Diablos! 35

—Y no termina ahí la cosa. La planta, después que las abejas le asesinaron las flores...

—¡Asesinaron! Le prohibo que use esa palabra.

—Digamos mataron. La planta, después que las abejas le mataron sus flores, se niega a florecer nuevamente. 40
Consecuencia: en toda la comarca no hay más flores. ¿Qué me dice, Patrón?

se... mano: *if you grease his palm*

Un servidor: *Yours truly*

jadeando: *respirando con dificultad*

presagiar: *anunciar*
balbuceó: *pronunció con dificultad*

comarca: *territorio*

trompa: *aparato chupador de algunos insectos*

	El Zorro no decía nada. Nada. Estaba alelado.°
alelado: stupefied	

Y lo peor es que el Cuervo no mentía. Las abejas artificiales habían devastado las flores del país. Entonces pasaron a los países vecinos, después a los más próximos, luego a los menos próximos, más tarde a los remotos y lejanos, y así, de país en país, dieron toda la vuelta al mundo y regresaron al punto de partida. 5

Ese día los Pájaros se sintieron invadidos de una extraña congoja,° y no supieron por qué. Algunos, inexplicablemente, se suicidaron. El Ruiseñor° quedó afónico° y los colores del Petirrojo° palidecieron. Se dice que ese día ocurrieron extraños acontecimientos. Se dice que, por ejemplo, los ríos dejaron de correr y las fuentes, de cantar. No sé. Lo único que sé es que, cuando las abejas de bronce, de país en país, dieron toda la vuelta al mundo, ya no hubo flores en el campo, ni en las ciudades, ni en los bosques, ni en ninguna parte. 15

congoja: *angustia*
Ruiseñor: nightingale
afónico: *sin voz*
Petirrojo: robin

10

Las abejas volvían de sus viajes, anidaban° en sus alvéolos, se contorsionaban, hacían *tric, trac, cruc,* pero el Zorro no recogía ni una miserable gota de miel. Las abejas regresaban tan vacías como habían salido. 20

anidaban: *hacían nido*

El Zorro se desesperó. Sus negocios se desmoronaron.° Aguantó un tiempo gracias a sus reservas. Pero incluso estas reservas se agotaron.° Debió despedir al Cuervo, cerrar la tienda, perder la clientela.

desmoronaron: *deshicieron poco a poco*
agotaron: *consumieron*

El único que no se resignaba era el Oso. 25

—Zorro —vociferaba—, o me consigues miel o te levanto la tapa de los sesos.°

sesos: *cerebro*
partida: *porción de mercaderías*

—Espere. Pasado mañana recibiré una partida° del extranjero —le prometía el Zorro. Pero la partida del extranjero no llegaba nunca. 30

Hizo unas postreras° tentativas. Envió enjambres en distintas direcciones. Todo inútil. El *tric, trac, cruc* como una burla, pero nada de miel.

postreras: *últimas*

Finalmente, una noche el Zorro desconectó los cables, destruyó el tablero de control, enterró en un pozo las abejas de bronce, recogió sus dineros y a favor de las sombras huyó con rumbo° desconocido. 35

rumbo: *camino*

Cuando iba a cruzar la frontera escuchó a sus espaldas unas risitas y unas vocecitas de vieja que lo llamaban.

—¡Zorro! ¡Zorro! 40

Eran las Arañas, que a la luz de la luna tejían° sus telas prehistóricas.

tejían: were weaving

mueca: *contorsión del rostro burlesca*

El Zorro les hizo una mueca° obscena y se alejó a grandes pasos.

Desde entonces nadie volvió a verlo jamás.

Práctica

Resumen

Escribe en español un resumen de este cuento, y ven a clase preparado(a) a presentárselo oralmente a un(a) compañero(a) de clase.

Uso de Palabras

Prepara quince preguntas que se puedan contestar con una de las palabras de la siguiente lista. Hazle la pregunta a un(a) compañero(a) de clase.

Ejemplos: ¿Qué tiene un joven que tiene siete pies de altura si quiere jugar al baloncesto?

¿Qué tiene que hacer alguien que destruye la propiedad de otro?

maña	negocio	probar	sangre
tratar	enjambre	ganancia	tardar
abejas	colmena	analfabeto	comarca
indemnizar	miel	daños	morirse
manejar	higiénico	pájaro	extranjero
ventaja	sabor	arañas	

Pensar y Comentar

El Zorro   ¿Cómo es el Zorro? ¿Cómo se gana la vida? ¿Qué maña tiene? ¿A quiénes sabe manejar? ¿Cuál es su profesión? ¿Cuál es su objectivo principal en la vida? Describe su condición al fin del cuento.

El Oso   ¿Cómo es el Oso? ¿Dónde vive? ¿Por qué se ríe cuando el Zorro le pide una balanza nueva? ¿Por qué le compró una nueva? ¿Por qué no le gustó la nueva miel? ¿Por qué la compró? ¿Qué le dijo al Zorro cuando no había más miel?

El Cuervo   ¿Para quién trabaja el Cuervo? ¿Qué no le gustaba? ¿Qué sugirió al Zorro cuando encontraron miel con una tinta rosa? ¿De qué problema informó al Zorro? ¿Qué tipo de empleado es? Justifica tu respuesta con ejemplos de lo que dice o hace.

Las Abejas   ¿Cómo ayudan al Zorro? ¿Cuáles son sus ventajas? ¿Cuáles son sus desventajas? ¿Qué hizo el Zorro con las Abejas?

Las abejas de bronce   Describe las abejas de bronce. ¿Cuáles son sus ventajas? ¿Cuáles son sus desventajas? ¿Qué hizo el Zorro con las abejas de bronce?

Simbolismo   ¿Qué tipo de persona representan el Zorro, el Oso, y el Cuervo? ¿Qué simbolizan las Abejas? ¿Qué simbolizan las abejas de bronce?

Tema   Es obvio que el autor contrasta los beneficios de la naturaleza con los de la tecnología. Según lo que ocurre en este cuento, ¿cuál será el resultado de la tecnología? ¿Quién tiene la culpa de la destrucción de la naturaleza? ¿Qué papeles tienen el Zorro, el Oso, y el Cuervo (o mejor dicho el tipo representado por cada uno) en esta catástrofe? En tu opinión, ¿es posible distinguir entre la culpa del inventor, del público o del consumidor, del empleado, y del hombre de negocios? Explica tu respuesta. ¿Por qué hace cada uno lo que hace? ¿Cuáles son las características de cada grupo?

Otros puntos de discusión   ¿Qué te parece el comentario del autor que la vida al aire libre tiene como resultado «una excelente salud» y «una rudeza de manera»? Lee otra vez las líneas 38–42 en la página 127 y comenta el significado de esta escena con respecto a la tecnología y la naturaleza.

Reacción personal   ¿Cuáles prefieres tú, las abejas naturales o las abejas artificiales? ¿Por qué? ¿Estás de acuerdo o no lo estás con el autor? ¿En qué sentido tiene razón y en qué sentido se equivoca? ¿Tienes otra(s) idea(s) que quieras discutir con la clase?

Temas de Composición

A. ¿Crees que la civilización tiene que escoger entre la tecnología y la naturaleza? ¿Es posible utilizar la tecnología sin destruir el planeta? ¿Cuáles son algunos peligros tecnológicos de nuestro tiempo? Nombra unos beneficios tecnológicos de nuestro tiempo. Comenta en qué sentido sería diferente nuestra sociedad sin la tecnología. ¿Crees que la vida sería mejor o peor?

B. El autor dice que los animales «acudían a la tienda del Zorro a adquirir miel, no porque les gustase la miel, sino a causa de las abejas de bronce y para alardear de modernos.» ¿En qué sentido somos nosotros todos culpables de «alardear de modernos»? ¿Cómo se aprovecha la propaganda de esta tendencia humana?

Comenta la parte buena y la mala de los negocios, de la propaganda, y del consumidor con respecto al uso de la tecnología. ¿Qué responsabilidades y derechos tiene cada grupo?

Ejercicios Suplementarios

Cognados Engañosos

Indica el cognado engañoso, la palabra que no significa lo que parece significar.

1. La moda actual entre los jóvenes es llevar la ropa cómoda e informal.
2. El pescador pobre pretendía comprender por qué el rico les pagaba para trabajar en el barco.
3. Según el rico el desgraciado es el que no tiene ojos para ver lo que ve él.
4. ¡Mira! Se porta de una manera muy extraña. Debe consultar a un alienista.
5. Aprenderá rápidamente porque atiende a todo lo que pasa.
6. Efectivamente, el rico estaba a bordo con los pescadores para satisfacer la segunda «hambre» que tienen todos los hombres.

Antónimos

Completa los siguientes contrastes por escoger de la lista siguiente el antónimo de cada palabra en letra itálica.

caro	enoja	mentira
pide	calla	débil
bien	sucio	adelante
triste		

1. No lo veo *atrás*. Debe estar _____.
2. Hay que escoger entre el _____ y el *mal* del mundo.
3. ¿*Habla* o se _____ cuando sale con una joven?
4. Me gustaría comprar lo _____, pero compro lo *barato*.

5. *Complace* a sus amigas, pero _____ a sus padres.

6. Una hormiga no es _____ sino *fuerte*.

7. Aunque _____ más, no se lo *da*.

8. ¿Está *limpio* ahora tu cuarto? No, está _____.

9. ¿Está _____ o *feliz* hoy?

10. Eso no es *verdad*. Es _____.

Sinónimos

Escribe la letra del sinónimo de la palabra en el espacio.

1. aborrecer _____   **A.** recordar

2. acordarse _____   **B.** manejar

3. conducir _____   **C.** conseguir

4. conquistar _____   **D.** noticias

5. novedades _____   **E.** de nuevo

6. nuevamente _____   **F.** hortaliza

7. obtener _____   **G.** odiar

8. verdura _____   **H.** vencer

Palabras Relacionadas

Escoge la palabra apropiada y usarla, en la forma correcta, para completar cada oración.

1. (alegre, alegría, alegrar)
¡Qué joven _____! Vive con la _____ porque ella misma _____ a todos.

2. (comprar, compras, comprador)
En aquella tienda se _____ mucho. Cada _____ sale con muchas _____.

3. (mal, maldad, maldecir, maldito)
a. Hay que buscar el bien y evitar el _____ de este mundo.
b. Siempre _____ a todos incluso a sus pocos amigos. La _____ que hace es lástima. Su _____ actitud les enfurece a todos.

4. (pensar, pensamiento, pensativo)
Es un joven _____, ¿verdad?
Si, _____ mucho, y tiene _____ profundos.

5. (trabajar, trabajador, trabajo)
Las abejas de bronce eran muy _____. _____ sin fatiga, pero su _____ sin instintos naturales arruinaron las plantas de la comarca.

Capítulo 11
Selecciones de *Don Quijote*

Preparación

Introducción

Una de las novelas más famosas de toda la historia de la literatura mundial es *Don Quijote*. Escrita en la primera mitad del siglo diez y siete por Miguel de Cervantes ha sobrevivido por muchísimos años y mantenido su popularidad entre el público y los intelectuales. Aquí se incluyen sólo tres selecciones de *Don Quijote*: la descripción de como era, de su primera salida, y de su segunda salida.

Para comprender a don Quijote es necesario saber algo de él y de lo que influyó en sus ideas. Después de leer la primera selección debes saber las razones que produjeron el cambio en su vida y la nueva vida que escogió.

Cuando sale de su casa, nota su apariencia; lo que piensa, dice, y hace; y las reacciones de los otros incluyendo las de su escudero.

El simbolismo y otro(s) nivel(es) de interpretación son aspectos importantes de este cuento. Es más que una descripción cómica de las aventuras de un loco y su escudero poco inteligente.

Vocabulario

Raíces Similares   En el caso de muchas palabras en este cuento, la palabra española y la palabra inglesa tienen raíces muy parecidas en forma y en significado. Estudia la siguiente lista. Luego indica una palabra inglesa asociada con la palabra española y el significado inglés de la palabra española.

1. caballería
2. sonoro
3. patria
4. temer
5. proveer
6. aumento
7. júbilo

Palabras Relacionadas   En el caso de otras palabras en este cuento, se puede determinar el significado por pensar en palabras similares en español. Da el significado inglés de las palabras en itálica en las selecciones siguientes. Para ayudarte, se indica entre paréntesis una palabra relacionada a la itálica.

1. (aficionado)   se dedicaba a leer... con tanta *afición* y gusto
2. (leer)   Se aplicó tanto a su *lectura*
3. (encantar)   Se llenó la cabeza de... *encantamientos*
4. (vencer)   por quitarme la gloria de su *vencimiento*
5. (des, hacer)   *deshaciendo* todo género de agravio
6. (noche)   al *anochecer* se hallaron cansados
7. (enemigo)   tal es la *enemistad*
8. (andar)   que los caballeros *andantes* se ejercitaban

Palabras que Adivinar   Examina el contexto en que ocurre la palabra en letra itálica y sin usar el diccionario da un equivalente inglés.

1. En un *lugar* de la Mancha, de cuyo nombre no quiero *acordarme,* no hace mucho tiempo que vivía un hidalgo pobre.
2. Para probar si era fuerte, sacó su espada y le dio dos *golpes* con los que deslizó en un momento lo que había hecho en una semana; *volvió a hacerla de nuevo,* y quedó tan satisfecho de ella, que sin probar su fortaleza la consideró finísima celada.
3. El ventero, que vio a su huésped a sus pies y oyó *tales* palabras, estaba confuso mirándole, sin saber qué hacer ni decir. Le *rogaba* que se levantase; pero no lo hizo *hasta que* le prometió hacerle el favor que le pedía.
4. Don Quijote hizo provisión de camisas y de las demás cosas que él pudo, conforme al *consejo* que el ventero le había dado. Todo lo cual hecho y cumplido, sin *despedirse* Sancho Panza de sus hijos y mujer ni don Quijote de su ama y sobrina, una noche salieron del lugar *sin que* nadie los viese.
5. Caminaron tanto aquella noche, que al *amanecer* estaban seguros de que no los *hallarían aunque* los buscasen.

Preguntas

Busca las respuestas a estas preguntas mientras que leas el cuento.

1. ¿Quién era don Quijote?
2. ¿Cuántos años tenía?
3. ¿Qué leía?
4. ¿Qué perdía a causa de leer tanto?

5. ¿Qué le pareció necesario hacerse?
6. ¿Con qué objetivos?
7. ¿Cómo se llamaba su caballo?
8. ¿Qué más le hacía falta además de un caballo?
9. ¿Cómo se llamaba?
10. ¿Adónde fue en su primera salida?
11. ¿Qué hicieron los que lo vieron?
12. ¿Quién salió con él cuando salió la segunda vez?
13. ¿Cuál fue su objetivo en acompañar a don Quijote?
14. Según don Quijote, ¿qué iba a atacar?
15. Según Sancho, ¿qué iba a atacar?

Selecciones de *Don Quijote*

por Miguel de Cervantes (1547–1616)

Español de Alcalá de Henares. No se sabe mucho de sus estudios oficiales, pero parece que no pasó mucho tiempo en la escuela. Sin embargo, leyó mucho y viajó mucho. Pasó algún tiempo en Italia y sirvió de soldado. Al volver a España unos piratas lo capturaron y lo vendieron como esclavo. Al salir de este aprieto, se casó y escribió su primera obra, *La Galatea*. Más tarde, consiguió un puesto en el gobierno como recaudador de impuestos que terminó cuando fue excomulgado por tomar indebidamente cereales. También fue encarcelado por trabacuentas y la quiebra de un banquero.

En la cárcel comenzó a escribir *Don Quijote,* con el que se hizo famoso, viviendo desde entonces de las ganancias de sus obras. Escribió *Don Quijote* como sátira de los libros de caballerías produciendo una obra maestra en la que se combinan el idealismo y el realismo. Otras obras conocidas son las *Novelas ejemplares* y *Don Quijote, segunda parte.*

Nuestro héroe

I

hidalgo: *noble*

En un lugar de la Mancha, de cuyo nombre no quiero acordarme, no hace mucho tiempo que vivía un hidalgo° pobre. Tenía en su casa una ama que pasaba de cuarenta años, y una sobrina que no llegaba a los veinte. La edad de nuestro hidalgo era de cincuenta años; era fuerte, delgado, muy activo y amigo de la caza. Los momentos que no tenía nada que hacer (que eran los más del año), se dedicaba a leer libros de caballerías con tanta afición y gusto, que olvidó casi completamente el ejercicio de la caza, y aun la administración de su hacienda. Llegó a tanto su curiosidad y locura en esto, que vendió muchas tierras para comprar libros de caballerías que leer, y así llevó a su casa muchos libros de esta clase.

maese: *maestro*

Tuvo muchas disputas con el cura de su lugar, y con maese° Nicolás, barbero del mismo pueblo, sobre cuál había sido mejor caballero, Palmerín de Inglaterra o Amadís de Gaula, y sobre otras cuestiones semejantes que trataban de los personajes y episodios de los libros de caballerías. Se aplicó tanto a su lectura, que pasaba todo el tiempo, día y noche, leyendo. Se llenó la cabeza de todas aquellas locuras que leía en los libros, así de encantamientos como de pendencias,° batallas, duelos, heridas, amores, infortunios y absurdos imposibles. Tuvieron tal efecto sobre su imaginación que le parecían verdad todas aquellas invenciones que leía, y para él no había otra historia más cierta en el mundo.

pendencias: *disputas*

5

10

15

20

II

Habiendo perdido ya su juicio, le pareció necesario, tanto para el aumento de su gloria como para el servicio de su nación, hacerse caballero andante,° e irse por todo el mundo con sus armas y caballo a buscar aventuras, y a ejercitarse en todo aquello que había leído que los caballeros andantes se ejercitaban, deshaciendo todo género de agravio,° y poniéndose en ocasiones y peligros, donde, terminándolos, adquiriría eterno renombre y fama. Lo primero que hizo fue limpiar unas armas que habían sido de sus bisabuelos.° Las limpió y las reparó lo mejor que pudo; pero vio

caballero andante: knight-errant

agravio: *ofensa*

bisabuelos: *padres de sus abuelos*

25

30

celada: helmet

que tenían una gran falta, y era que no tenían celada;° mas con su industria hizo una celada de cartón. Para probar si era fuerte, sacó su espada y le dio dos golpes con los que deshizo en un momento lo que había hecho en una semana; volvió a hacerla de nuevo, y quedó tan satisfecho de ella, que sin probar su fortaleza la consideró finísima celada.

5

rocín: *caballo de mala apariencia*

Fue luego a ver a su rocín° que le pareció el mejor caballo del mundo. Pasó cuatro días imaginando qué nombre le pondría; porque (según se decía él a sí mismo) no era justo que caballo de caballero tan famoso estuviese sin nombre conocido. Después de meditar mucho, le vino a llamar *Rocinante,* nombre en su opinión alto, sonoro, y significativo de lo que había sido cuando fue rocín, antes de lo que ahora era, que era antes y primero de todos los rocines del mundo.

10

III

Después de haber puesto nombre a su caballo, quiso ponérselo a sí mismo; y en este pensamiento empleó otros ocho días. Al fin se vino a llamar *don Quijote,* porque tenía el sobrenombre° de Quijano. Pero acordándose de que el valeroso *Amadís* no se había contentado con llamarse sólo *Amadís,* sino que añadió el nombre de su reino y patria por hacerla famosa, y se llamó *Amadís de Gaula,* así quiso, como buen caballero añadir al suyo el nombre de la suya, y llamarse *don Quijote de la Mancha,* con lo cual declaraba su linaje y patria, y la honraba al tomar el sobrenombre de ella.

15

sobrenombre: *nombre añadido*

20

Habiendo limpiado, pues, sus armas, y puesto nombre a su rocín y a sí mismo, se dio a entender que no le faltaba otra cosa sino buscar una dama de quien enamorarse: porque el caballero andante sin amores era árbol sin hojas y sin fruto, y cuerpo sin alma.

25

En un lugar cerca del suyo, había una bonita moza labradora, de quien él un tiempo estuvo enamorado, aunque ella no lo supo jamás. Se llamaba Aldonza Lorenzo, y a ésta le pareció ser bien darle título de señora de sus pensamientos; y buscando nombre que fuera bien con el suyo, y que pareciera de princesa o gran señora, vino a llamarla *Dulcinea del Toboso,* porque ella era del Toboso; nombre, en su opinión, músico y raro y significativo, como todos los demás que a él y a sus cosas había puesto.

30

35

La primera salida

I

Una mañana de uno de los días más calurosos del mes de julio, don Quijote de la Mancha se armó de todas sus armas, subió sobre Rocinante, tomó su lanza, y, por la puerta de un corral, salió al campo, con grandísimo contento y júbilo de ver con cuánta facilidad había dado principio a su buen deseo. Mas apenas se vio en el campo, cuando le asaltó un pensamiento terrible; y fue que le vino a la memoria que no era armado caballero,° y que, conforme a la ley de caballería, ni podía ni debía tomar armas con ningún caballero. Este pensamiento le hizo vacilar en su intención; mas, pudiendo más su locura que otra razón alguna, decidió hacerse armar caballero del primero que encontrase, a imitación de otros muchos que así lo hicieron, según él había leído en los libros.

Casi todo aquel día caminó sin ocurrirle cosa extraordinaria, de lo cual se desesperaba. Mirando a todas partes por ver si descubriría algún castillo o alguna casa de pastores° adonde retirarse, vio una venta° no lejos del camino por donde iba.

Estaban a la puerta dos mujeres de la clase baja, las cuales iban a Sevilla con unos arrieros° que pasaban aquella noche en la venta. Como a nuestro aventurero todo lo que pensaba, veía o imaginaba, le parecía ser hecho y pasar al modo de lo que había leído, así que vio la venta creyó que era un castillo. Se dirigió a la venta y a poca distancia detuvo las riendas° a Rocinante, esperando que algún enano° diese señal con alguna trompeta de que llegaba caballero al castillo. Pero como vio que se tardaban, y que Rocinante se daba prisa por llegar a la caballeriza, llegó a la puerta de la venta.

II

En esto sucedió que un porquero° tocó un cuerno,° a cuya señal sus puercos vienen. Al instante creyó don Quijote lo que deseaba, que era que algún enano hacía señal de su venida; y así, con extraño contento llegó a la venta y a las damas, las cuales, como vieron venir a un hombre armado de aquel modo, estaban llenas de miedo y se iban a entrar en la venta; pero don Quijote, con gentil cara y voz tranquila, les dijo:—No huyan vuestras mercedes,° ni teman agravio° alguno, porque en la orden de caballería que profeso, no se agravia a ninguno, especialmente a tan altas doncellas como vuestras presencias demuestran.

armado caballero: knight

pastores: *personas que cuidan de las ovejas*
venta: inn

arrieros: muleteers

riendas: reins
enano: *persona muy pequeña*

porquero: swineherd
cuerno: horn

vuestras mercedes: your graces
agravio: *ofensa*

A aquel punto salió el ventero, hombre muy gordo y muy pacífico. Viendo aquella figura extraña le dijo:—Si vuestra merced, señor caballero, busca alojamiento° sin cama (porque en esta venta no hay ninguna), todo lo demás se hallará en ella en mucha abundancia.

alojamiento: lodging

5

alcaide: *guardián*

Viendo don Quijote la humildad del alcaide° de la fortaleza (que tal le pareció a él el ventero y la venta) respondió:—Para mí, señor castellano, cualquier cosa basta.

estribo: stirrup

En esto el ventero fue a tener del estribo° a don Quijote, el cual desmontó con mucha dificultad y trabajo porque todo aquel día no se había desayunado.

10

Dijo luego al ventero que tuviese mucho cuidado de su caballo porque era el mejor animal que comía pan en el mundo. Le miró el ventero y no le pareció tan bueno como don Quijote decía, ni aun la mitad. Acomodándole en la caballeriza, volvió a ver lo que su huésped° mandaba.

15

huésped: guest

III

Por casualidad llegó a la venta otro porquero. Así que llegó sonó su silbato cuatro o cinco veces, con lo cual le pareció cierto a don Quijote que estaba en algún famoso castillo y que le servían con música, y que las mujeres eran altas damas, y el ventero castellano del castillo; y con esto estaba contento. Lo único que le disgustaba era el no verse armado caballero, porque le parecía que no podría entrar legítimamente en aventura alguna sin recibir la orden de caballería.

20

Y así, perturbado de este pensamiento, llamó al ventero, y encerrándose con él en la caballeriza, se puso de rodillas ante él, diciéndole:—No me levantaré jamás de donde estoy, valeroso caballero, hasta que vuestra cortesía me haga un favor que quiero pedirle, el cual redundará° en alabanza vuestra y en beneficio del género humano.

25

redundará: *resultará*

30

El ventero, que vio a su huésped a sus pies y oyó tales palabras, estaba confuso mirándole, sin saber qué hacer ni decir. Le rogaba que se levantase; pero no lo hizo hasta que le prometió hacerle el favor que le pedía.

—No esperaba yo menos de la gran magnificencia vuestra, señor mío—respondió don Quijote;—y así, os digo que el favor que os he pedido, y de vuestra liberalidad me ha sido concedido, es que mañana me habéis de armar caballero; y esta noche, en la capilla° de este vuestro castillo, velaré las armas, y mañana, como he dicho, se cumplirá lo que tanto deseo, para poder, como se

35

capilla: *iglesia pequeña*

40

debe, ir por todas las cuatro partes del mundo buscando aventuras.

Segunda salida: los molinos de viento

I

quince días: *dos semanas*

Don Quijote estuvo quince días° en casa muy tranquilo. Durante este tiempo, sus vecinos venían a visitarle. Entre ellos había un labrador honrado y pobre y poco inteligente. Tanto le dijo don Quijote, tanto le persuadió y prometió, que el pobre labrador decidió salir con él y servirle de escudero.° Don Quijote le decía, entre otras cosas, que tal vez le podía suceder una aventura en que ganase alguna ínsula,° y le dejase a él por gobernador de ella. Con estas promesas y otras tales, Sancho Panza (que así se llamaba el labrador) dejó a su mujer e hijos y se hizo escudero de su vecino. Don Quijote avisó a su escudero del día y la hora que pensaba salir, y Sancho dijo que pensaba llevar alforjas° y un asno° que tenía muy bueno. Don Quijote hizo provisión de camisas y de las demás cosas que él pudo, conforme al consejo que el ventero le había dado. Todo lo cual hecho y cumplido, sin despedirse Sancho Panza de sus hijos y mujer ni don Quijote de su ama y sobrina, una noche salieron del lugar sin que nadie los viese. Caminaron tanto aquella noche, que al amanecer estaban seguros de que no los hallarían aunque los buscasen. Iba Sancho Panza sobre su burro como un patriarca, con sus alforjas, y con muchos deseos de verse gobernador de la ínsula que su señor le había prometido. Don Quijote tomó la misma ruta y camino que él había tomado en su primer viaje, que fue por el Campo de Montiel; los dos iban hablando de la ínsula prometida, y de si Teresa, la mujer de Sancho, podría ser reina o condesa.°

escudero: *paje que acompañaba a un caballero*
ínsula: *isla*

alforjas: *comida para el viaje*
asno: *burro*

condesa: countess

5

10

15

20

25

II

Dentro de poco, descubrieron treinta o cuarenta molinos de viento que hay en aquel campo; y así que don Quijote los vio, dijo a su escudero:—La fortuna está guiando nuestras cosas mejor de lo que deseáramos; porque ves allí, amigo Sancho Panza, donde se hallan treinta o pocos más emormes gigantes,° con quienes pienso hacer batalla y quitarles a todos la vida.

gigantes: *personas muy grandes*

30

—¿Qué gigantes?—dijo Sancho Panza.

—Aquéllos que allí ves,—respondió su amo,—de los brazos largos, que los tienen algunos de casi dos leguas.

—Mire vuestra merced,—respondió Sancho,—que aquéllos que allí se parecen no son gigantes, sino molinos de viento, y lo que en ellos parecen brazos son las aspas,° que, movidas por el viento, hacen andar la piedra del molino.

—Bien parece,—respondió don Quijote,—que no estás versado en las aventuras: ellos son gigantes; y si tienes miedo, quítate de ahí porque yo voy a entrar con ellos en feroz batalla.

Y diciendo esto, dio de espuelas° a su caballo Rocinante, sin atender a los gritos que su escudero Sancho le daba, diciéndole que sin duda alguna eran molinos de viento, y no gigantes, aquéllos que iba a atacar. Pero él estaba tan convencido de que eran gigantes, que no oía los gritos de su escudero Sancho, ni notó, aunque estaba ya muy cerca, lo que eran; al contrario, iba diciendo en voz alta:—No huyáis, cobardes° y viles criaturas; porque un solo caballero es él que os ataca.

III

Se levantó en esto un poco de viento, y las grandes aspas comenzaron a moverse; viendo lo cual don Quijote, dijo:—Pues aunque mováis más brazos que los del gigante Briareo, me lo habéis de pagar.

Y diciendo esto, y dedicándose de todo corazón a su señora Dulcinea pidiéndole que en tan peligroso momento le socorriese,° se precipitó a todo el galope de Rocinante, y atacó con la lanza al primer molino que estaba delante. El viento movió el molino con tanta furia, que hizo pedazos la lanza, llevándose detrás de sí al caballo y al caballero, que fueron rodando por el campo. Acudió Sancho Panza a socorrerle a todo el correr de su asno, y cuando llegó, halló que no podía moverse.

—¡Válgame Dios!°—dijo Sancho,—¿no le dije yo a vuestra merced que mirase bien lo que hacía, que no eran sino molinos de viento?

—Calla, amigo Sancho,—respondió don Quijote;—que las cosas de la guerra más que otras están sujetas a continua transformación. Por eso yo pienso que aquel encantador Fristón que me robó los libros, ha vuelto estos gigantes en molinos por quitarme la gloria de su vencimiento; tal es la enemistad que me tiene; mas al fin, al fin, poco han de poder sus malas artes contra la bondad de mi espada.

aspas: *cruz giratoria del molino de viento*

espuelas: spurs

cobardes: *personas con falta de valor*

socorriese: *ayudara*

Válgame Dios: *Good Heavens*

—Amén,—respondió Sancho Panza; y ayudándole a levantarse, volvió a subir sobre Rocinante. Y hablando de la pasada aventura, siguieron el camino.

IV

Decía don Quijote que en aquel camino no era posible dejar de hallarse muchas y diversas aventuras, pero iba muy melancólico **5** por haber perdido la lanza. Le dijo Sancho que era hora de comer. Le respondió su amo que, aunque él no tenía apetito, Sancho podía comer cuando quisiera. Con esta licencia, se acomodó Sancho lo mejor que pudo sobre su burro, y sacando de las alforjas lo que en ellas había puesto, iba caminando y **10** comiendo detrás de su amo, muy lentamente y con mucho gusto. Aquella noche la pasaron entre unos árboles, y de uno de ellos rompió don Quijote un ramo seco, que casi le podía servir de lanza, y puso en él el hierro que quitó de la que se había quebrado. Toda aquella noche no durmió don Quijote pensando **15** en su señora Dulcinea, según lo que había leído en sus libros, cuando los caballeros pasaban sin dormir muchas noches en el campo, confortados con las memorias de sus señoras. No la pasó así Sancho Panza, que como tenía el estómago lleno, durmió mejor que nunca. Le despertó su amo cuando los rayos del sol **20** anunciaban la llegada del nuevo día. Al levantarse, comió y bebió otra vez, pero don Quijote no quiso desayunarse, porque prefería sustentarse con dulces memorias.

—Hoy tendremos grandes aventuras,—dijo don Quijote,—pero aunque me veas en los mayores peligros del **25** mundo, hermano Sancho Panza, no has de poner mano a tu espada para defenderme, a menos que veas que los que me ofenden son canalla° y gente baja.

—Por cierto, señor,—respondió Sancho,—que vuestra merced será muy bien obedecido, porque yo soy naturalmente **30** pacífico.

canalla: *personas despreciables y malas*

Práctica

Resumen

Escribe en español un resumen del último episodio, y ven a clase preparado(a) a presentárselo oralmente a un(a) compañero(a) de clase.

Uso de Palabras

lugar	caballero andante	pensamiento	risa
hidalgo	caballo	armado caballero	enojo
caballero	amor	camino	subir
locura	vencer	tierra	bajar
juicio	parecer	venta	escudero
ínsula	molino	gigante	gobernador
socorrer			

Completa las siguientes oraciones empleando por lo menos una palabra de la lista.

1. Parece locura...
2. El amor es como...
3. La risa...
4. El enojo...
5. Un caballero...
6. Subir en avión me...
7. Socorrer a los amigos...

Inventa siete más oraciones incompletas empleando palabras de la lista. Da las oraciones incompletas a un(a) compañero(a) de clase para que las complete.

Pensar y Comentar

Sancho Panza   ¿Cómo es Sancho? ¿Dónde vive? ¿Cuál es su oficio con don Quijote? ¿Por qué le prometió a don Quijote servirlo? ¿Cómo andaba él? ¿Por qué andaba así? ¿Qué opinión tenía de su mujer? ¿Pudo ver Sancho a los gigantes que vio don Quijote? ¿Qué vio él?

don Quijote   Describe a don Quijote físicamente y psicológicamente. ¿Cuál era su actividad favorita? ¿Qué le pasó como resultado de esta actividad? ¿En qué creía? ¿Qué quería ser? ¿Qué quería hacer? ¿Qué le hacía falta antes de comenzar sus aventuras? Durante las salidas, ¿cómo sabía a dónde iba? ¿Cómo se imaginaba la venta? ¿Cómo reaccionaron las doncellas al verlo? ¿Por qué era necesario tener un escudero? ¿Por qué atacó los molinos de viento? ¿Cómo explicó lo que había pasado?

Simbolismo   ¿Cuáles son las características principales de don Quijote y de Sancho Panza? ¿Qué tipo de hombre representa cada uno de ellos? ¿Qué representan los libros de caballería?

Niveles de interpretación A un nivel *Don Quijote* es una novela de las aventuras de un loco con su escudero poco inteligente. Describe y comenta los otros posibles niveles.

Tema ¿Qué recibe don Quijote por sus esfuerzos en deshacer «todo género de ofensas» y lograr «eterno nombre y fama»? ¿Qué le pasó a Sancho? ¿Crees que el autor dice al lector que está bien o que está mal ser como don Quijote? ¿Está bien o está mal ser como Sancho Panza? ¿Es bueno o malo leer todo el tiempo?

Humorismo Indica las escenas cómicas en estas tres selecciones.

Otros puntos de discusión Comenta los siguientes contrastes en estas selecciones:

1. Entre la vida de don Quijote antes y después de leer los libros de caballería
2. Entre lo que ve don Quijote y la realidad
3. Entre los objetivos de don Quijote y los de Sancho
4. Entre los objetivos de don Quijote y los resultados
5. Entre lo que espera la sociedad y las acciones de don Quijote
6. Entre lo cómico y lo triste en las acciones de don Quijote

Reacción personal ¿Qué piensas de don Quijote? ¿de Sancho Panza? ¿Eres tú más idealista, como don Quijote, o más realista, como Sancho? ¿Tienes otra(s) idea(s) que quieras comentar con la clase?

Temas de Composición

A. Durante la vida los intereses, las creencias, las actitudes, y los objetivos de un individuo cambian mucho. Describe los cambios de tu vida. ¿En qué sentido eres diferente actualmente de lo que eras antes? Por ejemplo, ¿qué te gusta y qué haces que no te gustaba ni hacías antes y viceversa?

B. Comenta la «locura» de don Quijote. ¿Qué decía y qué hacía que les daba la impresión de locura a los otros y al lector? ¿Qué sentimientos, pensamientos, y objetivos tenía que eran los de una persona noble y admirable? ¿Qué le pasaría a un idealista como don Quijote hoy en día?

Capítulo 12
El caballo de coral

Preparación

Introducción

La acción de este cuento ocurre en un barco. El narrador es pescador. (A causa de esto hay mucho vocabulario relacionado con la pesca y el barco, y, a menos que estés interesado en esta profesión sería mejor omitir el significado de estas palabras.) Es pobre, y tiene que trabajar largas horas. Por eso, no comprende cuando un hombre rico comienza a trabajar con él y sus compañeros. Se hace muchas preguntas sobre este misterio, y se las hace a los otros pescadores también.

¿Por qué trabaja el rico en el barco? ¿Qué piensan los otros pescadores de él? ¿Qué piensa el narrador?

Presta atención a los pensamientos y sentimientos del narrador, un sencillo pescador, cuando está considerando las acciones incomprensibles del rico.

Vocabulario

Raíces Similares   En el caso de muchas palabras en este cuento, la palabra española y la palabra inglesa tienen raíces muy parecidas en forma y en significado. Estudia la lista siguiente. Luego indica una palabra inglesa asociada con la palabra española y el significado inglés de la palabra española.

1. cuatro
2. matrícula
3. acuerdo
4. contestar
5. bordo
6. contagiar

Palabras Relacionadas   En el caso de otras palabras en este cuento, se puede determinar el significado por pensar en palabras similares en español. Da el significado inglés de las palabras en itálica en las selecciones siguientes. Para ayudarte, se indica entre paréntesis una palabra relacionada a la itálica.

1. (pez, pescado)   vivíamos de *pescar*
2. (libre)   por *librarse* para siempre
3. (entre, abrir)   *entreabrió* los labios
4. (cuerpo)   *Se incorporó* sin palabras
5. (calor)   el sol te está *calentando* demasiado la cabeza
6. (mentir)   no me atreví a *desmentirlo*

Examina el contexto en que ocurre la palabra en letra itálica y sin usar el diccionario da un equivalente inglés.

1. Un caballo está hecho para el aire con sus narices, para el viento con sus *crines* y las piedras con sus *cascos*.
2. porque es *vida perra* la que llevamos
3. Aquello no me parecía una crueldad, sino una *torpeza*.
4. —¡Viene, viene!—me dijo casi furiosamente, agarrándome el brazo hasta *clavar*me las uñas…hasta que el hombre se estremeció de pies a cabeza y casi gritó
5. El caso es que mientras más *vueltas* le doy a las ideas

Preguntas

Busca las respuestas a estas preguntas mientras que leas el cuento.

1. ¿Cuántos hombres hay en el barco?
2. ¿Cuál es su profesión?
3. ¿Cómo es el quinto «pescador»?
4. ¿Qué cosa no entiende el narrador?
5. ¿Por qué le permiten al rico trabajar en el barco?
6. ¿Cuál es la sospecha del narrador al principio?
7. Luego, ¿qué cree el narrador?
8. ¿Qué piensan los otros pescadores del rico?
9. Según el rico mismo, ¿qué busca?
10. ¿Al fin, ven el rico y el narrador lo que el rico busca?

El caballo de coral

por Onelio Jorge Cardoso (1914—   )

Cubano. De una familia campesina emigró a la Habana cuando era adolescente. Después de unos años de trabajar en distintos oficios, comenzó a escribir para la radio, el cine, y los periódicos así como escribir cuentos cortos. Ha publicado cuentos en varias revistas nacionales e internacionales. En 1975 fue consejero cultural en la embajada de Cuba en Perú.

Se dice que es el mejor criollista que escribe en Cuba durante su época, y Pablo Neruda ha dicho que es «uno de los mejores cuentistas de América». En 1936 ganó el primer premio en el concurso de cuentos de la revista *Social,* en 1945 el primer premio para autores cubanos, y en 1952 el Premio Nacional por la Paz. De 1960 a 1969 se publicaron cuatro ediciones de sus *Cuentos completos.* Aparecieron *Iba caminando* en 1966 y *Abrir y cerrar los ojos* en 1969. En sus cuentos trata de los temas de la realidad y la imaginación.

langostas: lobsters

mango: handle
timón: rudder
hacinados: piled up
vaivenes: *movimientos*
casco: *cuerpo de la nave*
cala: hold (of a ship)
lamer: to lap
tobillos: ankles
derrotero: *dirección*

Éramos cuatro a bordo y vivíamos de pescar langostas.° El «Eumelia» tenía un solo palo y cuando de noche un hombre llevaba entre las manos o las piernas el mango° del timón,° tres dormíamos hacinados° en el oscuro castillo de proa y sintiendo cómo con los vaivenes° del casco° nos llegaba el agua sucia de la cala° a lamernos° los tobillos.°

5

Pero éramos cuatro obligados a aquella vida, porque cuando un hombre coge un derrotero° y va echando cuerpo en el camino ya no puede volverse atrás. El cuerpo tiene la configuración del camino y ya no puede en otro nuevo. Eso habíamos creído siempre, hasta que vino el quinto entre nosotros y ya no hubo manera de acomodarlo en el pensamiento. No tenía razón ni oficio de aquella vida y a cualquiera de nosotros le doblaba los años. Además era rico y no había porqué enrolarlo por unos pesos de participación. Era una cosa que no se entiende, que no gusta, que un día salta y se protesta después de haberse anunciado mucho en las miradas y en las palabras que no se quieren decir. Y al tercer día se dijo, yo por mí, lo dije:

10

15

—Mongo, ¿qué hace el rico aquí?, explícalo.

—Mirar el fondo del mar.

20

—Pero si no es langostero.

—Mirarlo por mirar.

presa: *prisionero*
chapingorro: red *ie.,*
   comprender la situación

—Eso no ayuda a meter la presa° en el chapingorro.°

—No, pero es para nosotros como si ya se tuviera la langosta en el bolsillo vendida y cobrada.

25

—No entiendo nada.

en... gasta: in hard cash

—En buenas monedas, Lucio, en plata que rueda y se gasta.°

—¿Paga entonces?

—Paga.

tocamos: *recibimos*

—¿Y a cuánto tocamos?°

30

—A cuanto queramos tocar.

Y Mongo empezó a mirarme fijamente y a sonreír como cuando buscaba que yo entendiera, sin más palabras, alguna punta pícara de su pensamiento.

—¿Y sabe que a veces estamos algunas semanas sin volver a puerto?

Lo sabe.

nevera: *refrigerador*

—¿Y que el agua no es de nevera° ni de botellón con el cuello para abajo?   5

—Lo sabe.

—¿Y que aquí no hay dónde dormir que no sea tabla pura y dura?

—También lo sabe y nada pide, pero guárdate algunas preguntas, Lucio, mira que en el mar son como los cigarros;   10
luego las necesitas y ya no las tienes.

patrón: *jefe del barco*

Y me volvió la espalda el patrón° cuando estaba empezando a salir sobre El Cayuelo el lucero de la tarde.

Aquella noche yo pensé por dónde acomodaba al hombre en mi pensamiento. Mirar, cara al agua, cuando hay sol y se trabaja,   15
¿acaso no es bajar el rostro para no ser reconocido de otro barco? ¿Y qué puede buscar un hombre que deja la tierra segura, y los dineros seguros? ¿Qué puede buscar sobre la pobre «Eumelia» que una noche de éstas se la lleva el viento norte sin decir a dónde? Me dormí porque me ardían los ojos de haber estado   20

cubeta: bucket
culatazo: *golpe*

todo el día mirando por el fondo de la cubeta° y haciendo entrar de un culatazo° las langostas en el chapingorro. Me dormí como se duerme uno cuando es langostero, desde el fondo del

yema: *parte extrema*

pensamiento hasta la yema° de los dedos.

Al amanecer, como si fuera la luz, hallé la respuesta; otro   25

ha de: is to

barco de más andar ha de° venir a buscarlo. A Yucatán irá, a tierra de mexicanos, por alguna culpa de las que no se tapan con dinero y hay que poner agua, tierra y cielo por medio. Por eso dice el patrón que tocaremos a como queramos tocar. Y me pasé

remos: oars
anclado: anchored

el día entero boca abajo sobre el bote con Pedrito a los remos° y   30
el «Eumelia» anclado° en un mar dulce y quieto, sin brisa, dejando mirarse el cielo en él.

—El hombre ha hecho lo mismo que tú; todo el día con la cabeza para abajo mirando el fondo—dijo sonriendo Pedrito y

me restregaba: rubbed

yo, mientras me restregaba° las manos para no mojar el segundo   35
cigarro del día, le pregunté:

—¿No te parece que espera un barco?

—¿Qué barco?

Vete... nombre: What do you mean "what boat?"

—¡Vete tú a ponerle el nombre,° qué sé yo! Acaso de matrícula de Yucatán.   40

Los ojos azules de Pedrito se me quedaron mirando, inocentemente, con sus catorce años de edad y de mar.

—No sé lo que dices.

—Querrá irse de Cuba.

—Dijo que volvía a puerto, que cuando se vayan las calmas arribará° a la costa de nuevo.

arribará: *llegará a puerto*

—¿Tú lo oíste? 5

—¡Claro! Se lo dijo a Mongo: «Mientras no haya viento estaré con ustedes, después volveré a casa.»

—¡Cómo!

—El acuerdo es ése, Lucio, volverlo a puerto cuando empiecen aunque sean las brisas del mediodía. 10

Luego el hombre no quería escapar, y era rico. Hay que ser langostero para comprender que estas cosas no se entienden; porque hasta una locura cualquiera piensa uno hacer un día por librarse para siempre de las noches en el castillo y proa y los días con el cuerpo boca abajo. 15

Le quité los remos y nos fuimos para el barco sin más palabras.

popa: *parte posterior del barco*

Cuando pasé por frente de la popa° miré; estaba casi boca abajo. No miró nuestro bote ni pareció siquiera oír el golpe de los remos y sólo tuvo una expresión de contrariedad cuando una 20 onda° del remo vino a deshacer bajo su mirada el pedazo de agua clara por donde metía los ojos hasta el fondo del mar.

onda: *movimiento del agua del mar*

Uno puede hacer sus cálculos con un dinero por venir, pero hay una cosa que importa más: saber por qué se conduce un hombre que es como un muro° sin sangre y con los ojos grandes 25 y con la frente despejada.° Por eso volví a juntarme con el patrón:

muro: *pared*
despejada: *ancha*

—Mongo, ¿qué quiere? ¿Qué busca? ¿Por qué paga?

remendando: *reparando*
jamo: net

Mongo estaba remendando° el jamo° de un chapingorro y entreabrió los labios para hablar, pero sólo le salió una nubecita del cigarro que se partió en el aire en seguida. 30

—¿No me estás oyendo? —insistí.

—Sí.

—¿Y qué esperas para contestar?

—Porque sé lo que vas a preguntarme y estoy pensando de qué manera te puedo contestar. 35

—Con palabras.

—Sí, palabras, pero la idea...

aguja: needle
trenzar: to braid

Se volvió de frente a mí y dejó a su lado la aguja° de trenzar.°

Yo me mantuve unos segundos esperando y al fin quise apurarlo: 40

—La pregunta que yo hago no es nada del otro mundo ni de éste.

que: *cuando*

nos varamos: we are
running aground

vientre: *estómago*

remolinos: *movimiento
giratorio y rápido del
agua*

vivero: *estanque para
peces vivos*

si... fondo: *incluir la
expresión «hubieran sido
dañadas»*

tumbó: *cayó*

sorbió: *bebió*

uveros: sea grapes

fregué: *limpié y lavé*

se... panza: *se había
echado a dormir estómago*

relámpagos: *descargas
eléctricas en el cielo*

resbalando: sliding

La locura, suponte:
Suppose it's madness

—Pero la respuesta sí tiene que ver con el otro mundo,
Lucio—me dijo muy serio y cuando yo cogí aire para decir mi
sorpresa fue que° Pedrito dio la voz:

—¡Ojo, que nos varamos!°

Nos echamos al mar y con el agua al cuello fuimos
empujando el vientre° del «Eumelia» hasta que se recobró y
quedó de nuevo flotando sobre un banco de arenilla que giraba
sus remolinos.° Mongo aprovechó para registrar el vivero° por si
las tablas del fondo,° y a mí me tocó hacer el almuerzo. De modo
y manera que en todo el día no pude hablar con el patrón. Mas,
pude ver mejor el rostro del hombre y por primera vez
comprendí que aquellos ojos, claros y grandes, no se podían
mirar mucho rato de frente. No me dijo una palabra pero se
tumbó° junto a la barra del timón y se quedó dormido como una
piedra. Cuando vino la noche el patrón lo despertó y en la
oscuridad sorbió° sólo un poco de sopa y se volvió a dormir otra
vez.

Estaba soplando una brisita suave que venía de los uveros°
de El Cayuelo y fregué° como pude los platos en el mar para ir
luego a la proa donde el patrón se había tumbado panza° arriba
bajo la luna llena. No le dije casi nada, empecé por donde había
dejado pendiente la cosa:

—La pregunta que yo hago no es nada del otro mundo ni de
éste.

Sonrió blandamente bajo la luna. Se incorporó sin palabras y
mientras prendía su tabaco, habló iluminándose la cara a
relámpagos.°

—Ya sé lo que puedo contestarte, Lucio, siéntate.

Pegué la espalda al palo de proa y me fui resbalando° hasta
quedar sentado.

—Escúchame, piensa que no está bien de la cabeza y que le
vuelve el cuerpo a su dinero por estar aquí.

—¿Cabecibajo todo el día mirando el agua?

—El fondo.

—El agua o el fondo, ¿no es un disparate?

—¿Y qué importa si un hombre paga por su disparate?

—Importa.

—¿Por qué?

De pronto yo no sabía por qué, pero le dije algo como pude:

—Porque no basta sólo con tener un dinero ajeno al trabajo,
uno quiere saber qué inspira la mano que lo da.

—La locura, suponte.°

5

10

15

20

25

30

35

40

—¿Y es sano estar con un loco a bordo de cuatro tablas?

—Es una locura especial, Lucio, tranquila, sólo irreconciliable con el viento.

me... preguntarle: I asked him directly

Aquello otra vez, y me enderecé para preguntarle:°

—¿Qué juega el viento aquí, Mongo? Ya me lo dijo Pedrito. 5

balsa: raft

¿Por qué quiere el mar como una balsa?°

—Lo digo: locura, Lucio.

—¡No!—le contesté levantando la voz, y miré hacia popa en seguida seguro de haberlo despertado, pero sólo vi sus pies

toldo: *cubierta*

desnudos que se salían de la sombra del toldo° y los bañaba la 10 luna. Luego, cuando me volví a Mongo vi que tenía toda la cara llena de risa:

—¡No te asustes, hombre! Es una locura tonta y paga por ella. Es incapaz de hacer daño.

—Pero un hombre tiene que desesperarse por otro—le dije 15 rápido y comprendí que ahora sí había podido contestar lo que quería.

—Bueno, pues te voy a responder: el hombre cree que hay alguien debajo del mar.

—¿Alguien? 20

—Un caballo.

—¡Cómo!

—Un caballo rojo, dice, muy rojo como el coral—. Y

carcajada: *risa ruidosa*
estruendosa: *ruidosa*

Mongo soltó una carcajada° demasiado estruendosa,° tanto que no me equivoqué; de pronto entre nosotros estaba el hombre y 25 Mongo medio que se turbó preguntando:

—¿Qué pasa, paisano, se le fue el sueño?

—Usted habla del caballo y yo no miento, yo en estas cosas no miento.

Me fui poniendo de pie poco a poco porque no le veía la 30 cara. Solamente el contorno de la cabeza contra la luna y aquella cara sin duda había de estar molesta a pesar de que sus palabras habían sonado tranquilas; pero no, estaba quieto el hombre como el mar. Mongo no le dio importancia a nada, se puso

mansamente: *apaciblemente*

mansamente° de pie y dijo: 35

—Yo no pongo a nadie por mentiroso, pero no buscaré nunca un caballo vivo bajo el mar—y se deslizó en seguida a dormir por la boca cuadrada del castillo de proa.

—No, no lo buscará nunca—murmuró el hombre—y aunque lo busque no lo encontrará. 40

—¿Por qué no?—dije yo de pronto como si Mongo no

ladeó: *inclinó*

supiera más del mar que nadie, y el hombre se ladeó° ahora de modo que le dio la luna en la cara:

—Porque hay que tener ojos para ver. «El que tenga ojos vea.»

—¿Ver qué, ver qué cosa?

—Ver lo que necesitan ver los ojos cuando ya lo han visto todo repetidamente.   5

Sin duda aquello era locura; locura de la buena y mansa...

Mongo tenía razón, pero a mí no me gusta ganar dinero de locos ni perder el tiempo con ellos. Por eso quise irme y di cuatro pasos para la popa cuando el hombre volvió a hablarme:

—Oiga, quédese; un hombre tiene que desesperarse por   10
otro.

Eran mis propias palabras y sentí como si tuviera que responder por ellas:

—Bueno, ¿y qué?

—Usted se desespera por mí.   15

—No me interesa si quiere pasarse la vida mirando el agua o el fondo.

—No, pero le interesa saber por qué.

—Ya lo sé.

—¿Locura?   20

—Sí, locura.

El hombre empezó a sonreír y habló dentro de su sonrisa:

—Lo que no se puede entender hay que ponerle algún nombre.

—Pero nadie puede ver lo que no existe. Un caballo está   25
hecho para el aire con sus narices, para el viento con sus crines y las piedras con sus cascos.

—Pero también está hecho para la imaginación.

—¡Qué!

—Para echarlo a correr donde le plazca° al pensamiento.   30

—Por eso usted lo pone a correr bajo el agua.

—Yo no lo pongo, él está bajo el agua; lo veo pasar y lo oigo. Distingo entre la calma el lejano rumor de sus cascos que se

vienen acercando al galope desbocado° y luego veo sus crines de algas y su cuerpo rojo como los corales, como la sangre vista   35
dentro de la vena sin contacto con el aire todavía.

Se había excitado visiblemente y yo sentí ganas de volverle la espalda. Pero en secreto yo había advertido una cosa: que es lindo ver pasar un caballo así, aunque sea en palabras y ya se le quiere seguir viendo, aunque siga siendo en palabras de un   40
hombre excitado. Este sentimiento, desde luego tenía que callarlo, porque tampoco me gustaba que me ganara la discusión.

El caballo de coral   **155**

—Está bien que se busque un caballo porque no tiene que buscarse el pan.

—Todos tenemos necesidad de un caballo.

—Pero el pan lo necesitan más hombres.

—Y todos el caballo.

—A mí déjeme con el pan porque es vida perra la que llevamos.

—Hártate de pan y luego querrás también el caballo.

Quizás yo no podía entender bien pero hay una zona de uno en la cabeza o una luz relumbrada° en las palabras que no se entienden bien, cuya luz deja un relámpago suficiente. Sin embargo, era una carga más pesada para mí que echarme todo el día boca abajo tras la langosta. Por eso me fui sin decir nada, con paso rápido que no permitía llamar otra vez, ni mucho menos volverme atrás.

Como siempre el día volvió a apuntar por encima del Cayuelo y el viento a favor trajo los chillidos° de las corúas.° Yo calculé encontrarme a solas con Mongo y se lo dije ligero, sin esperar respuesta, mientras entraba con Pedrito en el bote:

—Olvídate de la parte mía, no le quito dinero al hombre.

Y nos fuimos a lo mismo de toda la vida: al agua transparente, el chapingorro y el fondo sembrado° de hierbas, donde por primera vez eché a reír de pronto volviendo la cabeza a Pedrito:

—¿Qué te parece—le dije—, qué te parece si pesco en el chapingorro un caballo de coral?

Sus ojos inocentes me miraron sin contestar, pero de pronto me sentí estremecido° por sus palabras:

—Cuidado, Lucio, que el sol te está calentando demasiado la cabeza.

«El sol no, el hombre,» pensé sin decirlo y con un poco de tristeza no sé por qué.

Pasaron tres días, como siempre iguales y como siempre el hombre callado comiendo poco y mirando mucho, siempre inclinado sobre la borda° sin hacerles caso a aquellas indirectas de Vicente que había estado anunciando en sus risitas y que acabaron zumbando° en palabras:

—¡Hey!, paisano, más al norte las algas del fondo son mayores, parece que crecen mejor con el abono° del animalito.

Aquello no me parecía una crueldad, sino una torpeza. Antes yo me reía siempre con las cosas de Vicente pero ahora aquellas palabras eran tan por debajo y tristes al lado de la idea de un caballo rojo, desmelenado,° libre, que pasaba haciendo resonar

relumbrada: *resplandecida*

chillidos: *gritos agudos*
corúas: species of cormorant

sembrado: *cubierto*

estremecido: *turbado*

borda: edge

zumbando: *bromeando*

abono: *sustancia con que se fertiliza*

desmelenado: mane flying

sus cascos en las piedras del fondo, y tanto me dolían que a la otra noche me acerqué de nuevo al hombre aunque dispuesto a no ceder.

—Suponga que existe, suponga que pasa galopando por debajo. ¿Qué hace con eso? ¿Cuál es su destino? 5

—Su destino es pasar, deslumbrar,° o no tener destino.

—¿Y vale el suplicio° de pasarse los días como usted se los pasa sólo por verlo correr y desvanecerse°?

—Todo lo nuevo vale el suplicio, todo lo misterioso por venir vale siempre un sacrificio. 10

¡Tonterías, no pasará nunca, no existe, nadie lo ha visto!

—Yo lo he visto y lo volveré a ver.

Iba a contestarle, pero le estaba mirando los ojos y me quedé sin hablar. Tenía una fuerza tal de sinceridad en su mirada y una nobleza en su postura que no me atreví a desmentirlo.° Tuve que 15 separar la mirada para seguir sobre su hombro el vuelo cercano de un alcatraz° que de pronto cerró las alas y se tiró de un chapuzón° al mar.

El hombre me puso entonces su mano blanda en el hombro:

—Usted también lo verá, júntese conmigo esta tarde. 20

Le tumbé la mano casi con rabia por decirme aquello. A mí no me calentaba más la cabeza; que lo hiciera el sol que estaba en su derecho pero él no, él no tenía que hacerme mirar visiones ni de este ni del otro mundo.

—Me basta con las langostas. No tengo necesidad de otra 25 cosa—. Y le volví la espalda, pero en el aire oí sus palabras.

—Tiene tanta necesidad como yo. «Tiene ojos para ver.»

Aquel día casi no almorcé, no tenía apetito. Además, había empezado a correr en firme a langosta y había mucho que hacer. Así que antes que se terminara el reposo me fui con Pedrito en el 30 bote y me puse a trabajar hasta las cinco de la tarde en que ya no era posible distinguir en el fondo ningún animalito regular. Volvimos al barco y lo peor para mí, fue que los tres: Vicente, Pedrito y Mongo se fueron a la costa a buscar hicacos.° Yo me hubiera ido con ellos, pero no los vi cuando se pusieron a remar. 35 Me quedé en popa remendando jamos y buscando cualquier trabajo que no me hiciera levantar la cabeza y encontrar al hombre. Estábamos anclados por el sur del Cayuelo, en el hondo. La calma era más completa que nunca. Ni las barbas° del limo° bajo el timón del «Eumelia» se movían. Sólo un agujón 40 verde ondeaba el cristal del agua tras la popa. El cielo estaba alto y limpio y el silencio dejaba oír la respiración misma en el aire. Así estaba cuando lo oí:

deslumbrar: *dar luz excesiva*
suplicio: *dolor físico o moral*
desvanecerse: *desaparecerse*

desmentir: *decir que miente*
alcatraz: *pelícano*
chapuzón: *cabeza primero*

hicacos: *coco plums*

barbas: slime
limo: *barro que forma en agua en el suelo*

—¡Venga!

Se me cayó un jamo de la mano y las piernas quisieron impulsarme, pero me contuve.

—¡Venga, que viene!

—¡Usted no tiene derecho a contagiar a nadie de su locura!   5

—¿Tiene miedo de encontrarse con la verdad?

Aquello era mucho más de lo que yo esperaba. No dije nada entonces. De una patada° me quité la canasta° de enfrente y corrí a popa para tirarme a su lado:

patada: *golpe de la pata*
canasta: *cesto*

—Yo no tengo miedo—le dije.   10

—¡Oiga... es un rumor!

Aguanté cuanto pude la respiración y luego me volví a él:

—Son las olas.

—No.

—Es el agua de la cala, las basuras° que se fermentan allá   15
abajo.

basuras: garbage

—Usted sabe que no.

—Es algo entonces, pero no puede ser eso.

—¡Óigalo, óigalo... a veces toca en las piedras!

¿Qué oía yo? Yo lo que oía, ¿lo estaba oyendo con mis   20
oídos o con los de él? No sé, quizás me ardía demasiado la frente
y la sangre me latía° en las venas del cuello.

latía: *palpitaba*

—Ahora, mire abajo, mire fijo.

Era como si me obligara, pero uno pone los ojos donde le
da la gana° y yo volví la cara al mar, sólo que me quedé mirando   25
una hoja de mangle° que flotaba en la superficie junto a nosotros.

de la gana: *quiere*
mangle: *arbusto tropical*
agarrando: *cogiendo con fuerza*

—¡Viene, viene!—me dijo casi furiosamente, agarrándome°
el brazo hasta clavarme las uñas, pero yo seguí obstinadamente
mirando la hoja de mangle. Sin embargo, el oído era libre, no
había donde dirigirlo, hasta que el hombre se estremeció° de pies   30
a cabeza y casi gritó:

se estremeció: *tembló*

—¡Mírelo!

De un salto llevé los ojos de la hoja de mangle a la cara de
él. Yo no quería ver nada de este mundo ni del otro. Tenía que
matarme si me obligaba, pero súbitamente° él se olvidó de mí;   35
me fue soltando el brazo mientras abría cada vez más los ojos, y
en tanto° yo sin quererlo, miraba pasar por los ojos reflejado
desde el fondo, un pequeño caballito rojo como el coral,
encendido de las orejas a la cola,° y que se perdía dentro de los
propios ojos del hombre.   40

súbitamente: *de pronto*
en tanto: meanwhile
cola: *apéndice posterior*

Hace algún tiempo de todo esto, y ahora de vez en cuando
voy al mar a pescar bonito° y alguna que otra vez langosta. Lo
que no resisto es el pan escaso, ni tampoco me resigno a que no

bonito: *tipo de pez*

se converse de cosas de cualquier mundo, porque yo no sé si pasó galopando bajo el «Eumelia» o si lo vi sólo en los ojos de él, creado por la fiebre de su pensamiento que ardía en mi propia frente. El caso es que mientras más vueltas le doy a las ideas más fija se me hace una sola: aquélla de que el hombre siempre tiene dos hambres.

5

Práctica

Resumen

Escribe en español un resumen de este cuento, y ven a clase preparado(a) a presentárselo oralmente a un(a) compañero(a) de clase.

Uso de Palabras

Con las palabras de la siguiente lista escribe veinte oraciones originales. Escribe diez que sean lógicas y diez que sean ilógicas. Mézclalas y léeselas a un(a) compañero(a) de clase para que las conteste diciendo cuál es lógica y cuál ilógica.

pescar	cielo	caballo	mirada
mar	dormido	agua	ojos
pensamiento	disparate	buscar	derecho
rostro	sano	entender	miedo
culpa	locura	fondo	hambre

Pensar y Comentar

Los pescadores Describe su trabajo. ¿Por qué trabajan? Según Lucio, ¿por qué no les es posible hacer otro trabajo? ¿Qué piensan del rico? ¿Por qué le es tan difícil a Lucio comprender al principio lo que hace el rico?

El rico ¿Qué les da a los pescadores por la oportunidad de trabajar en el barco? No es buen amigo de los pescadores. ¿Por qué? ¿Qué busca? ¿Lo ve? ¿A quién le muestra el caballo de coral? ¿Por qué se lo muestra a Lucio?

El caballo de coral ¿Dónde vive? ¿De qué color es? ¿Quién lo puede ver? ¿Cuál es su destino?

Niveles de interpretación   Esto es más que un relato de un rico que trabaja en un barco de pesca. ¿A qué otro nivel se puede interpretar este cuento?

Simbolismo   En tu opinión, ¿qué simboliza el caballo rojo de coral? ¿Qué tiene que ver el color con el simbolismo? ¿Qué tiene que ver la formación del coral con el simbolismo? Buscando el caballo de coral, miran mucho en el agua y especialmente en el fondo. ¿Qué función simbólica tienen el agua y el fondo en este cuento?

Tema   ¿Qué son las «dos hambres»? ¿Quiénes las tienen? ¿Cuál es el significado de las dos maneras de «ver» en este cuento? ¿Cuál es la reacción del individuo frente a algo que no comprende? ¿Qué otros temas hay?

Otros puntos de discusión   Decir que «cuando un hombre coge un derrotero y va echando cuerpo en el camino ya no puede volverse atrás» es muy fatalista. ¿Cuál es la filosofía de hoy en día con respecto a una carrera?

Explica el significado del autor cuando dice que para encontrar la respuesta tiene que ver con el otro mundo. ¿De dónde viene la cita, «El que tenga ojos vea.»? ¿Qué quiere decir? Según el rico, ¿cuándo se necesita el caballo? ¿Quién necesita ver el caballo?

Reacción personal   ¿Te gusta este cuento? ¿Por qué dijiste que sí o que no? ¿Tienes otra(s) idea(s) que quieras comentar con la clase?

Temas de Composición

A. Comenta las necesidades, las «hambres», del individuo típico en nuestra sociedad. ¿Qué se necesita para vivir una buena vida? ¿Qué necesidades especiales o diferentes tienes tú?

B. ¿Por qué es posible que un rico esté descontento y un pobre no? ¿Qué necesidades humanas tiene un pobre a veces que no tiene un rico y viceversa?

Capítulo 13
Pastoral

Preparación

Introducción

Esta es una obra de teatro en la que la fantasía juega un papel muy importante. Al principio, dos pastores, uno viejo y otro joven, están hablando. El viejo le describe al joven la reina Sol. En la madrugada del día siguiente el joven sale a buscarla, y en el camino encuentra a Rosa María y otros personajes. Pasa por cuatro estaciones, trabaja, bebe vino. Su búsqueda llega a ser una obsesión. No la halla.

Este autor hace uso de los colores, símiles, y metáforas para describir las estaciones. Hay muchas pinturas descritas no con colores del pintor sino con palabras para estimular los sentidos del lector. Sus descripciones son muy hermosas, y las usa para impresionar al lector con la belleza del mundo natural.

Si tú quieres leer este drama de fantasía sólo por el argumento, no es necesario buscar todas las palabras de las diferentes flores, insectos, etcétera, para entender el tema del drama. Sin embargo, si quieres apreciar la abilidad artística del autor, hay que buscar un número suficiente de palabras para comprender las descripciones.

Vocabulario

Raíces Similares   En el caso de muchas palabras en este drama, la palabra española y la palabra inglesa tienen raíces muy parecidas en forma y en significado. Estudia la lista siguiente. Luego indica una palabra inglesa asociada con la palabra española y el significado inglés de la palabra española.

1. último
2. suscitar
3. peregrinar
4. Vía Láctea
5. vestidura
6. durar

Palabras Relacionadas   En el caso de otras palabras en este drama, se puede determinar el significado por pensar en palabras similares en español. Da el significado inglés de las palabras en itálica en las selecciones siguientes. Para ayudarte, se indica entre paréntesis una palabra relacionada a la itálica.

1. (nevar)   El bosque está cubierto de *nieve*
2. (blanco)   y sobre su *blancura*
3. (ramo)   las copas desnudas cruzan su *ramaje* bajo el cielo
4. (charlar)   tienen una *charla*
5. (noche, bueno)   La *Nochebuena* se viene
6. (bosque)   guarda la entrada del *boscaje*
7. (camino)   la fatiga pesa sobre los *caminantes*
8. (poder)   el Estío, *poderoso* señor que dora la mies

Palabras que Adivinar   Examina el contexto en que ocurre la palabra en letra itálica y sin usar el diccionario da un equivalente inglés.

1. En el hogar vase muriendo el fuego: ya no hay *llamas*. Los troncos hechos ascua se cubren de *ceniza* que es como espuma gris; uno cae y se quiebra; suscítase un chisporroteo moribundo.
2. Pasa junto al río, que está quieto y callado, porque el *hielo* tiene *presas* las aguas.
3. En nuestra casa tendremos un horno para *cocer* el pan;… y respirar aquella fragancia de las *cortezas* que se van tostando, y ver como la *pasta* blanca se va haciendo *morena*.

Preguntas

Busca las respuestas a estas preguntas mientras que leas el drama.

1. Al principio, ¿qué estación es?
2. ¿Quiénes hablan?
3. ¿De qué hablan?
4. ¿A quién busca el joven?
5. ¿Quién le acompaña al joven en su viaje?
6. ¿A quiénes conocen durante el tiempo de rosas?
7. ¿Qué hacen durante el tiempo de amapolas?
8. ¿Qué prueba Alcino durante el tiempo de hojas secas para encontrar la felicidad?
9. ¿Quién lo salva cuando pierde la razón?
10. ¿Adónde va Rosa María al fin de la obra?
11. ¿Qué estación es al fin de la obra?

Pastoral

Por Gregorio Martínez Sierra (1881–1947)

Nacido en Madrid en donde vivió y murió. Aunque en España había un gran pesimismo en aquella época, él era optimista. Vivió una vida productiva. Su primera poesía fue publicada cuando tenía diecisiete años. Fundó varias revistas literarias. Tradujo las obras de Rusiñol y Maeterlinck. Sirvió como editor de una casa editorial, y fue director del Teatro Eslava de Madrid fomentando un renacimiento del teatro en España.

Aunque fue principalmente poeta y dramaturgo, también escribió novelas y artículos. Escribió más comedias que tragedias. En su obra se puede notar tanto la influencia modernista como la de su mujer, María de la O Lejárraga. La más conocida de sus publicaciones es *Canción de cuna* (1911).

Tiempo de Nieve

(Es la noche del último día del año. El bosque está cubierto de nieve, y sobre su blancura surgen los troncos negros de los árboles, como columnas de ébano; las copas desnudas cruzan su ramaje bajo el cielo, que está sereno. Aparece la luna y pinta su luz pálida, sobre la nitidez° del suelo, sombras azules. Todo es   5 silencio y parece llegado el reino de la paz. Sobre el techo inclinado de la cabaña, que tiene nieve encima de las pajas y diamantea bajo la claridad de la luna, hay un penacho° de humo, y su sombra, como sombra de alas, inquieta y ligera, es lo único que vive en la calma tenaz del paisaje, dormido por la noche y el   10 invierno.

Dentro de la cabaña, junto al hogar que hace fiesta de llamas y chispas,° Eudoro, el pastor viejo, y Alcino, el pastor mozo, tienen una charla° en la que el viejo dice las amables mentiras de un cuento.)   15

EUDORO   Erase° una reina blanca y rosa, como una rosa que hubiese caído en la nieve; tenía los ojos azules como el azul

---

nitidez: *brillantez*

penacho: plume

chispas: sparks
charla: *conversación*

Érase: once upon a time there was

musgo: moss
peñas: *piedras grandes*

del cielo en noche de agosto, y cabellos dorados y lucientes como el dorado musgo° que nace entre las peñas.°

ALCINO   ¿Has visto alguna vez a esa reina, abuelo?

EUDORO   Sí, muchas veces… cuando he soñado.

ALCINO   ¿Iba vestida de blanco?   5

EUDORO   Iba vestida del color del sueño.

ALCINO   ¿Tienen color los sueños?

Tiénenle: Yes, they do
lentejuelas: *pequeños discos de metal para adornar la ropa*
carmín: *rojo encendido*
recamados: *bordados*
puestas de sol: sunsets
funden: melt
anegan: *ahogan*

EUDORO   Tiénenle:° los sueños de los niños son blancos y llevan lentejuelas° de plata; los sueños de los mozos tienen el carmín° de las rosas y están recamados° de oro; los sueños de los   10 hombres son púrpura y topacio, del color de las puestas de sol;° los sueños de los viejos tienen el color indeciso de las hojas que van a caer, color en que se funden° y se anegan° todos los colores que fueron, color de recuerdos: porque has de saber, hijo, que el soñar de los viejos es sólo recordar.   15

ALCINO   Yo no quiero soñar con la reina que dices; quiero verla. ¿No vive?

EUDORO   Dicen que vive.

ALCINO   ¿No es posible encontrarla?

EUDORO   Dicen que hay quien la encuentra.   20

ALCINO   ¿La oíste hablar?

EUDORO   Hablaba como el agua que corre: con voz de cristal.

ALCINO   ¿Y qué decía?

EUDORO   Nunca supe entender sus decires, pero eran   25 amables y sonaban a promesa.

ALCINO   ¿Y sonreía cuando tú la viste?

EUDORO   Siempre sonríe.

ALCINO   ¿No quisieras tú hallarla?

EUDORO   Ya es tarde: soy viejo y moriré este año.   30

ALCINO   ¿Por qué? Ya han caído las hojas y vives.

EUDORO   Los viejos no se mueren cuando caen las hojas, sino cuando las flores van a nacer.

(Por la ventana entra un rayo de luna y las llamas del hogar palidecen.)   35

ALCINO   Y dime, abuelo: ¿cómo se llama la reina de tu cuento?

EUDORO   Se llama reina Sol.

ALCINO   ¡Sol! Es lindo nombre, y parece que cuando se pronuncia llueve paz.   40

EUDORO   Es que al oirlo se duermen en el alma los deseos.

vase: *se va*
ascua: ember
espuma: foam

rapaz: *joven*

súbita: *de pronto*
lobo: wolf
manto: *capa*

alba: *primera luz del día*
crepúsculo: *claridad del amanecer*

fulgores: *resplandores*

huellas: *señales que dejan los pies*

hielo: *agua congelada*
presas: *aprisionadas*
témpanos: icicles

colina: *elevación del terreno*

zarza: bramble
vellón: *lana*
cordero: *cría de la oveja*
copla: *canción popular breve*

(En el hogar vase° muriendo el fuego: ya no hay llamas. Los troncos hechos ascua° se cubren de ceniza que es como espuma° gris; uno cae y se quiebra; suscítase un chisporroteo moribundo.)

EUDORO   Hora es de recogerse, rapaz.° Signémonos. «En el nombre del Padre y del Hijo y del Espíritu Santo: que el Señor Dios nos libre de los malos sueños y de la muerte súbita° que viene callando, con paso de lobo:° que Santa María nos guarde bajo su manto,° y el Angel Custodio bajo la sombra de sus alas.»   5

(Es la hora del alba.° A oriente, rojo y formidable, surge de entre las nieblas del crepúsculo° el sol. Las ramas altas se doran y la nieve desde ellas cae a tierra fundida en gotas de cristal. Con el primer rayo de sol levántase Alcino: tiene en el rostro rosetas de fiebre y en los ojos fulgores° extraños.)   10

ALCINO   Abuelo: dadme la bendición. Márchome en busca de la reina Sol.   15

EUDORO   Ve que es invierno y ha cubierto la nieve los caminos.

ALCINO   Acaso en la nieve encuentre sus huellas.°

EUDORO   Mira que es frío el aire y son cortos los días.

ALCINO   El frío es buen amigo del caminar y en las noches de invierno la luna es clara.   20

EUDORO   ¡Que Dios te bendiga!

ALCINO   Es blanca y rosa; tiene voz de cristal, ojos color de cielo, y cabellos dorados como el musgo que crece entre las peñas. La encontraré.   25

(Pasa junto al río, que está quieto y callado, porque el hielo° tiene presas° las aguas. De los palos del puente cuelgan témpanos° turbios que poco a poco se van fundiendo. Más allá del río hay una colina,° y en las laderas crecen los pinos siempre verdes y siempre tristes. Bajo aquel pino hay una cabaña y junto a la cabaña un huerto: tiene cerca de piedras vestida de zarza,° y en los espinos parece la nieve vellón° de cordero.° Rosa María está hilando a la puerta de la cabaña, y mientras hila, canta esta copla° vieja:)   30

La Nochebuena se viene,   35
la Nochebuena se va,
y nosotros nos iremos
y no volveremos más.

ensueño: dream

(Alcino pasa, pero, absorto en su ensueño,° no la ve.)

ROSA MARÍA ¿Dónde tan de mañana, pastor?
ALCINO Marcho a peregrinar por el mundo hasta que encuentre a la reina Sol.
ROSA MARÍA Iré contigo.   5

rueca: *instrumento para hilar*

(Rosa María deja la rueca° y camina junta al pastor.)

Tiempo de Rosas

mullido: soft
tapiz: tapestry
césped: *hierba*
margaritas: daisies
borrajas: borages
yerguen: *levantan*
corolas: *cubiertas interiores de la flor*
henchidas: *llenadas*
almendros: almond trees
dosel: canopy
escoltado: *acompañado*
susurrante: buzzing
abejas: *insectos que producen la miel*

(En el reino de la Primavera. Hay un mullido° tapiz° de césped° y en él las margaritas° muestran sus corazones de oro circundados de coronas blancas; las borrajas° yerguen° sus corolas° azules henchidas° de miel; un boscaje de almendros° floridos hace dosel°   10
al trono de la reina, que está coronada de violetas. Zephiros guarda la entrada del boscaje escoltado° por susurrante° legión de abejas.°
Alcino y Rosa María aparecen. Vienen de tierras en que reina el invierno y sus ojos se alegran mirando las flores.)   15

ROSA MARÍA ¿Dónde estamos, Alcino? ¿Cuál es este país donde no hay nieve y sobre el cual parece que han llovido flores?
ALCINO Acaso es el reino de la reina Sol. Acerquémonos.
ZEPHIROS ¿Quiénes sois?
ALCINO Somos peregrinos.   20
ZEPHIROS ¿Cumplís un voto?
ALCINO Vamos en busca de una promesa.
ROSA MARÍA ¿Podremos descansar en este boscaje?
ZEPHIROS Sí, si hacéis homenaje a nuestra reina.
ALCINO ¿Se llama Sol?   25
ZEPHIROS Se llama Primavera. Entrad. Señora: ved estos peregrinos que traigo a vuestros pies.
LA PRIMAVERA ¿Dónde vais?
ALCINO Yo voy en busca de la dicha.
ROSA MARÍA Yo voy con Alcino.   30
ALCINO Yo sé que es hermosa.
ROSA MARÍA Yo sé que está lejos.

ALCINO   Yo sé que su reino es triunfante.

ROSA MARÍA   Yo sé que en el camino de su reino hay flores y hay espinas.

ALCINO   Y voy a él mirando a lo alto.

ROSA MARÍA   Y voy junto a él quitando las espinas de su   5
paso y cortando las flores para su frente.

ALCINO   Voy con mi ensueño.

ROSA MARÍA   Voy con Alcino.

LA PRIMAVERA   Rapaza, tú tienes el secreto de la vida.
Zephiros, coronadla de rosas, porque sabe amar. Y tú, pastor,   10
¿no sabes que es locura desdeñar el amor que pasa por la dicha
que ha de venir?

ALCINO   Señora, ¿conocéis a la reina Sol?

LA PRIMAVERA   Conózcola.

ALCINO   ¿Dónde es su reino?   15

LA PRIMAVERA   No tiene reino, porque es inquieta como
el agua que corre; donde quiera que va, reina y pasa.

ALCINO   ¿Cómo encontrarla, entonces?

LA PRIMAVERA   Dejándose encontrar por ella. Algunos, a
la sombra de mis boscajes, gustaron el gozo de su visitación,   20
porque es mi amiga y a menudo descansa entre la pompa de
mis flores. Breve y fugaz° es mi reinado; mientras dura, puedes
vivir bajo mi cetro y esperar, si te place.

ALCINO   Señora, soy vuestro esclavo.

ROSA MARÍA   Alcino, mira las rosas sobre mi frente.   25

ALCINO   Así serán las rosas de su rostro: rosas caídas en la
nieve.

ROSA MARÍA   Mira las borrajas azules que traigo prendidas
en el pecho.

ALCINO   Así serán sus ojos: azules como el cielo de agosto.   30

ROSA MARÍA   Mira el rayo del sol que me ha dado esta
reina por corona.

ALCINO   Dorados han de ser sus cabellos como el dorado
musgo que crece entre las peñas.

LA PRIMAVERA   ¿No piensas, Zephiros, que el pastor está   35
loco?

ZEPHIROS   Pienso que su alma no merece la dicha, puesto
que° desoye el amor y cierra los ojos a la Primavera.

(Alcino y Rosa María descansan a la sombra del boscaje;
viene la noche.)   40

ROSA MARÍA   ¿Por qué no te duermes sobre mi corazón?

fugaz: *de muy breve duración*

puesto que: since

ALCINO   No dormiré: es preciso que atisbe° su venida. Duerme tú.

ROSA MARÍA   No dormiré; porque si pasa, huirás con ella y me quedaré sola.

dondequiera: wherever

ALCINO   Duerme: dondequiera° que vaya, vendrás   5
conmigo.

ROSA MARÍA   ¿Y qué harás tú en la noche?

ALCINO   Mientras duermes cantaré mi ensueño.

ROSA MARÍA   Y yo, durmiendo, soñaré que le cantas para   10
mí.

(Rosa María se reclina en el césped; un rayo de luna la besa en la boca y luego en los ojos y luego en la frente; después la

encajes: lace
ruiseñor: nightingale
trina: warbles
copa: *parte alta de árbol*

sombra movediza de las ramas floridas la envuelve en los encajes° de un velo. Un ruiseñor° trina° en lo alto de una copa;° y ajustando estrofas a la música de sus trinos, Alcino canta su   15
canción.)

Por el mes era de mayo,
cuando hace la calor,

calandria: lark

cuando canta la calandria°
y responde el ruiseñor: 20
cuando los enamorados
van a servir al amor.

Tiempo de Amapolas°

amapolas: poppies
planicie: *llanura*
mies: cereal
esmalte: enamel
refulge: *resplandece*
cigarras: locusts

(Es mediodía. En la planicie,° que está cubierta de mies° madura, ponen las amapolas el triunfo de sus pétalos rojos; el cielo, placa de azul esmalte,° está bañado en sol, y la planicie, espejo de los   25
cielos, refulge.° Son los caminos polvorientos y la fatiga pesa sobre los caminantes; las cigarras,° ásperamente, cantan la gloria del verano.

El pastor y su amiga van camino adelante.)

ROSA MARÍA   ¿Estás triste?   30

ALCINO   Pasó la Primavera y no vino. Aquella reina burlóse de nosotros.

ROSA MARÍA   Nos dio todas las flores de su jardín.

ALCINO   Que se han caído.

arroyos: streams

halagó: *demostró cariño*

espigas: *cabezas del tallo del trigo*

prado: meadow
parra: grapevine

juncos: rushes
felpudos: plush
sapos: toads
ranas: frogs

segadores: *personas que cortan mieses*
despojado: *desnudo*
riza: curls
rastrojo: stubble

Vos: You

madura: matures, ripens
mora: *habita*

propicios: *favorables*

ROSA MARÍA   Nos convidó con la frescura de sus arroyos.°
ALCINO   Que se han secado.
ROSA MARÍA   Nos halagó con sus promesas.
ALCINO   Que han mentido.
ROSA MARÍA   Pero que estaban dichas con tan dulce voz...   **5**
Escucha, Alcino: puesto que todo pasa, gocémoslo todo mientras
vive; mira las espigas,° que son de oro; mira la luz, que es como
una cascada que cae del cielo; mira las amapolas, que son como
bocas de niño que se ríen. ¿No te gustan los niños? Yo soy amiga
de los niños y de los corderos. Cuando encontremos a tu reina   **10**
Sol, le pedirás una cabaña con un jardín y un prado;° en el jardín
habrá una parra° y en el prado un arroyo; las flores de la parra,
cuando llega el verano, huelen a gloria y la corriente del arroyo
canta con voz de fiesta. Nacerán en la orilla juncos° felpudos° y
habrá piedras redondas y blancas, y cantarán los sapos° y las   **15**
ranas,° como si fuesen flautas, con notas de cristal. ¿No me
escuchas, Alcino?
ALCINO   ... Su vestidura es de color de ensueño.
ROSA MARÍA   ¡Ay de mí!

(Siguen caminando; la planicie se puebla de gentes que   **20**
trabajan: son segadores° que van cortando la rubia mies; con las
espigas caen las amapolas; el suelo, despojado,° se riza° con la
aspereza del rastrojo;° el sudor diamantea en las frentes de los
que trabajan, y uno de ellos canta.)

Viento, vientiño del norte,   **25**
viento, vientiño nortero:
viento, vientiño del norte...
¡Arriba mi compañero!

ALCINO   ¿Oyes cómo canta ese hombre?
ROSA MARÍA   Acerquémonos.   **30**
ALCINO   Vos,° el que cantáis..., ¿queréis decirme quién
sois y a quién servís?
SEGADOR   Estos campos son el imperio del Estío,
poderoso señor que dora la mies y madura° los frutos.
ALCINO   ¿Y decís que la reina Sol mora° entre vosotros?   **35**
SEGADOR   La reina Sol es extranjera en todos los países;
pero si hombres hay cerca de su trono y propicios° ante su
corazón, somos nosotros, los trabajadores de la tierra, porque ella
es amiga de la abundancia. ¿Queréis vivir a nuestro lado mientras
dura el agosto? Acaso venga y logréis su favor.   **40**

ALCINO Viviremos a vuestro lado y esperaremos vuestra promesa.

SEGADOR Tomad vuestras hoces;° el trabajo es buen compañero de la esperanza.

hoces: *instrumentos para cortar las mies*

(Los peregrinos emprenden la tarea. Rosa María va y viene entre la mies, ligera y reidora como sirena entre las aguas; su hoz centellea,° y sus brazos estrechan las espigas para formar el haz,° como brazos de madre ciñen al hijo; y piensa con gozo en la abundancia del hogar, en el pan blanco que saldrá de los granos dorados, y canta la canción de los segadores y se corona con las amapolas que caen también segadas.)

centellea: *raya*
haz: *porción atada*

ROSA MARÍA Escucha, Alcino. En nuestra casa tendremos un horno° para cocer el pan; yo amasaré° la harina, y será gozo remover con los brazos su blancura, y respirar aquella fragancia de las cortezas que se van tostando, y ver como la pasta blanca se va haciendo morena. Mira, yo, que era blanca también, estoy morena, porque el sol me ha besado. ¿Te gusta el sol?

horno: *oven*
amasaré: *trabajaré la masa para hacer pan*

ALCINO A ti todo te place y a todas horas estás contenta.

ROSA MARÍA Porque soy amiga de todo lo que veo. Parece que el alma se me rompe en pedazos y cada uno halla morada° en un rincón del mundo. Si oigo cantar un pájaro, paréceme que tengo corazón del pájaro; si huelo una flor, paréceme que su aroma es mi alma; si miro al cielo, creo que soy el cielo; si me baño en las aguas, soy como las aguas y en ellas me pierdo: todo el mundo está en mí y todas sus alegrías son mi gozo.

morada: *residencia*

ALCINO Yo estoy lejos del mundo y su alegría parece un insulto a mi añoranza.°

añoranza: *aflicción causada por la ausencia de algo amado*

ROSA MARÍA Acaso esa reina que buscas no existe.

ALCINO Existe y me llama.

ROSA MARÍA Tal vez pasó junto a nosotros y no la conocimos.

ALCINO Mi corazón ha de reconocerla dondequiera que esté.

(En la noche los pastores peregrinos duermen en la era,° sobre el montón fragante de mies cortada; las estrellas tejen° y destejen su eterno caminar bajo el azul perlino de los cielos; la Vía Láctea se tiende en el espacio como blanca bandera de paz. Cantan los grillos° y parecen en su áspera salmodia° burlarse del pastor enamorado de la reina de un cuento.)

era: *espacio donde se separa la mies*
tejen: *weave*

grillos: *crickets*
salmodia: *canto que se usa para los salmos*

5

10

15

20

25

30

35

40

Tiempo de hojas secas

(En el bosque, que comienza a vestirse de púrpura. Los vientos pasan, y las ramas, sintiéndolos pasar, murmuran: «Estamos en el reino del Otoño.» Alcino y Rosa María caminan lentamente.)

ROSA MARÍA   Mira, Alcino: la primera hoja que ha caído de un árbol; parece una mariposa ¿Te has fijado? En todas las estaciones hay mariposas: en invierno son blancas y se llaman copos° de nieve; en el otoño son las hojas que caen; en el verano... ¿Te acuerdas del verano? 5

ALCINO   En el verano no hay mariposas.

ROSA MARÍA   Sí que las hay. ¿No has visto en las eras como revolotea° el tamo° al aventar° la mies, y como el sol le dora? Aquel polvillo de oro es un enjambre° de mariposas. 10

ALCINO   No me hables de la mies ni de las eras; entre ellas ha caído el sudor de mi frente, y la reina Sol no ha querido venir.

(Se oyen cantos, que vienen de lejos. Es un coro en que hombres y mujeres mezclan su voz para ensalzar° el gozo de la vendimia.°) 15

ROSA MARÍA   Otros que cantan.

ALCINO   Otros que prometen.

ROSA MARÍA   Acaso estos digan la verdad. 20

(Más allá de la linde° del bosque se extienden los viñedos,° surgen los sarmientos° poblados de pámpanos,° gallardamente° retorcidos° como cuernos° de sátiro. Cantan y danzan los vendimiadores, celebrando el fin de la tarea; en los labios rojos rebosa° la miel del racimo° y en los ojos se encienden chispas febriles.) 25

> Por San Juan y San Pedro
>   pintan las uvas;
> por San Miguel Arcángel★
>   ya están maduras. 30

★San Juan *the feast of Saint John (June 24th, the midsummer festival);* San Pedro *the feast of Saint Peter (June 29th) and the feast of Michael the Archangel (September 29th).*

copos: *cada una de las porciones de nieve que cae al nevar*

revolotea: *viene por el aire dando vueltas*
tamo: *paja menuda de mies separada*
aventar: *echar al viento para limpiarla*
enjambre: *multitud*

ensalzar: *alabar*
vendimia: *provecho abundante*

linde: *límite*
viñedos: *viñas*
sarmientos: vine shoots
pámpanos: young vine branches
gallardamente: *valientemente*
retorcidos: *con contorsiones*
cuernos: horns
rebosa: spills
racimo: *grupo de uvas*

UNA MUJER   (que agita un tirso° vestido de follaje) ¡Viva la vida! Cantad conmigo la alegría que ha puesto el sol en las uvas color de ámbar, en las uvas color de ajenjo,° en las uvas color de púrpura. ¡Venid a gustar su gozo en mis labios!

UN HOMBRE   (que lleva en alto el último racimo) ¡Viva la vida! Cantad conmigo el placer que se encuentra en el vino color de oro, en el vino color de sangre; la vida que salta en la espuma. **5**

corro: *cerco de gente*

(Hombres y mujeres danzan, formando corro.°)

¡Viva la vida!

ALCINO (adelantándose)   ¿Sabéis de la reina Sol? **10**

LOS VENDIMIADORES   ¡Viva la vida!

ALCINO (ansiosamente)   ¿Digo que si sabéis de la reina Sol?

ELLAS   La dicha está en las mieles de la uva.

ELLOS   La dicha está en la espuma y en el vino rojo, que es fuego y es sangre. **15**

ELLAS   Probad nuestros labios.

ELLOS   Bebed nuestro vino.

ALCINO   ¿Y la hallaré?

TODOS   Está con nosotros.

ALCINO   Dadme vuestros labios y vuestras copas. **20**

ROSA MARÍA   ¡Alcino, Alcino, vámonos de aquí… huyamos de estas gentes, que están locas!

ALCINO   Dicen que la dicha mora con ellos.

ROSA MARÍA   ¡Vámonos de aquí!

ELLOS   Gusta nuestro vino. **25**

ROSA MARÍA   ¡Huyamos; no saben lo que dicen!

ALCINO   Vuestro soy.

en… suyo: *alrededor de él*

(Entra en el corro, que se cierra en derredor suyo° y que enprende nueva danza y canto nuevo. Rosa María huye y se pierde en el bosque; llega la noche; despiértanse los vientos y las hojas caen de prisa, más de prisa. **30**

La voz de Alcino, que se escucha lejana:)

¡Viva la vida!

(En la cabaña de Eudoro. Alcino duerme. Rosa María le mira dormir y suspira. Ha vuelto el invierno y otra vez cae la nieve. Rosa María canta bajito su copla de Navidad.) **35**

ALCINO (despertándose)   ¿Dónde estamos?

ROSA MARÍA   En nuesra tierra.

ALCINO   Y en nuestro invierno.

ROSA MARÍA   En el invierno del año.

ALCINO   ¿Y cómo hemos venido hasta aquí? No me   5
acuerdo de nada.

ROSA MARÍA   Aquellas gentes te hicieron perder la razón.

ALCINO   Tampoco estaba con ellos mi sueño. ¿Por qué me
abandonaron?

ROSA MARÍA   Una mañana, cuando salí del bosque, te   10
hallé a la orilla de la carretera:° decías locuras como ellos. Te cogí
de la mano como a un niño, y te he traído aquí.

ALCINO   ¿Quién te mostró el camino?

ROSA MARÍA   Nadie. Mi alma le sabía de haberle recorrido
tantas veces... ¿Estás contento?   15

ALCINO   Mírame bien. Parece que hasta hoy no te he visto.

ROSA MARÍA   Acaso hasta hoy no quisiste mirarme.

ALCINO   Eres blanca y rosa.

ROSA MARÍA   ¿Nunca lo viste?

ALCINO   Y tienes los ojos azules.   20

ROSA MARÍA   Viniste a mi lado y nunca en ellos te miraste.

ALCINO   Y los cabellos dorados como musgo. ¿Por qué
hasta hoy no me mostraste tus cabellos?

ROSA MARÍA   Junto a ti los peiné muchas veces; nunca me
los viste peinar.   25

ALCINO   Tu eres la reina Sol.

ROSA MARÍA   Tal vez sí; tal vez tú sueñas que lo soy. ¿Qué
importa?

ALCINO   Perdóname.

ROSA MARÍA   Yo no guardo rencores... Perdonado estás.   30
Adiós.

ALCINO   ¿Qué dices?

ROSA MARÍA   Vuélvome a mi cabaña, a hilar mi rueca.

ALCINO   ¿Apenas conocida he de dejarte?

ROSA MARÍA   Has de saber, pastor, que una vez en la vida   35
soy compañera de cada mortal. Pasa por mi cabaña; voyme con
él; si su amor me adivina, suya soy; si le ciega el orgullo de su
sueño, finado° el camino, me aparto de él. Adiós...

ALCINO   ¿Y no volveré nunca a encontrarte en la puerta de
tu cabaña?   40

ROSA MARÍA   Acaso; pero sabe que jamás hilo la misma
rueca ni canto la misma canción.

carretera: *camino
pavimentado*

finado: *muerto*

(La reina Sol desaparece.)

ALCINO   ¡Ay de mí!

Práctica

Resumen

Escribe en español un resumen de esta obra, y ven a clase preparado(a) a presentárselo oralmente a un(a) compañero(a) de clase.

Uso de Palabras

Estudia el significado de las siguientes palabras. En clase el profesor o la profesora va a leer rápidamente tres veces todas las palabras mientras que ustedes escriben la primera palabra que se les ocurra. La primera vez que oyes las palabras escribe el nombre de un lugar; la segunda vez el nombre de una persona; y la tercera vez el nombre de una actividad.

Compara las respuestas. ¿Hay muchas respuestas comunes? ¿Existe telepatía mental entre tú y otro(s) estudiante(s)?

nieve	peregrinar	camino	verano	alegría
pastor	primavera	amor	gozo	orgullo
reina	invierno	hogar	vino	razón
sueño	flor	dicha	canto	cabello
luna	bosque	otoño	tierra	árbol

Pensar y Comentar

Eudoro   ¿Cómo es? ¿A quién describe? ¿Por qué no la busca? ¿Qué le pasa durante la obra?

la reina Sol   ¿Cómo es ella? ¿Dónde está? ¿Qué es necesario hacer para encontrarla? ¿A quién se parece?

Rosa María   ¿Cómo es ella? ¿Por qué acompaña a Alcino en su viaje? ¿Adónde lo lleva cuando pierde la razón? ¿Por qué sale al fin de la obra? Compara la descripción de ella y la de la reina Sol. ¿Quién es ella en realidad?

Alcino   ¿Qué quiere? ¿Qué busca? ¿Por qué trabaja con los trabajadores de la tierra? ¿Por qué bebe vino con los hombres y las mujeres durante el tiempo de las hojas secas? ¿Qué le pasa a causa del vino? ¿Quién lo salva? ¿Dónde está cuando se despierta? ¿Qué estación es? Cuando vuelve a su tierra, ¿a quién ve por primera vez? Cuando la ve por primera vez, ¿qué cree?

Simbolismo   ¿Qué representan las varias estaciones? ¿A quién representa Alcino? ¿Qué simboliza la reina Sol? ¿Eudoro?

Niveles de interpretación   A un nivel leemos la historia de un joven que busca a una reina. A otro nivel, ¿de qué trata el drama?

Tema   ¿Qué nos dice el autor? ¿Cuál es la actitud de Alcino durante el tiempo de rosas? Nota los verbos que usa cuando habla. ¿Qué hace durante el tiempo de Amapolas para encontrar la dicha? ¿Tiene éxito? ¿Qué hace durante el tiempo de las hojas secas para encontrar la dicha? ¿Tiene éxito? ¿En qué epoca de su vida está cuando ve a la reina Sol? ¿Qué pasa cuando Alcino se da cuenta de que Rosa María tiene las mismas características como la descrita reina Sol? ¿Dónde está la dicha? ¿Qué hacen unos para encontrarla? ¿Qué es necesario hacer para encontrarla?

Otros puntos de discusión   Eudoro dice que los viejos no mueren cuando caen las hojas. ¿Cuándo mueren?

¿Qué significa Eudoro, el pastor viejo, cuando le dice a Alcino, el pastor joven, que «nunca supe entender sus decires (los de la reina Sol), pero eran amables y sonaban a promesa»? ¿Entendió el pastor joven mejor que él? ¿Por qué sí o no?

Comenta el discurso de la Primavera cuando le dice a Rosa María, «tú tienes el secreto de la vida. Zephiros, coronadla de rosas, porque sabe amar. Y tú, pastor, no sabes que es locura desdeñar el amor que pasa por la dicha que ha de venir?» ¿Qué no comprende el pastor joven?

Comenta el discurso de Rosa María cuando le dice a Alcino, «puesto que todo pasa, gocémosle todo mientras vive.» ¿Por qué no goza Alcino de la vida? ¿Por qué siempre está contenta Rosa María?

¿Cuándo es la reina Sol compañera de cada mortal? ¿Qué tiene que hacer para que ella sea suya? ¿Qué le pasa si no la reconoce? ¿Qué impide que la reconozca? Discute el significado de la respuesta de Rosa María cuando Alcino le pregunta si la volverá a encontrar. ¿Cambia la dicha?

Reacción personal   ¿Es una comedia o una tragedia esta obra? Explica tu respuesta. ¿Cómo te hace sentir? ¿Tienes otra(s) idea(s) que quieras comentar con la clase?

Temas de Composición

A. Describe las características del individuo durante la primavera, el verano, el otoño, y el invierno de su vida. ¿Qué te parece el uso de esta metáfora para describir la vida?

B. En general, ¿están contentos tus amigos? ¿Por qué sí o por qué no? ¿Qué le hace falta a una persona para estar contenta? Define la dicha en nuestra sociedad, en tu vida personal. ¿Qué se hace para encontrar la dicha? ¿Cuándo estás más contento(a)? ¿Dónde estás? ¿Con quién estás? ¿Qué haces? ¿Dónde vives más—en el presente, en el pasado, o en el futuro?

Capítulo 14
Juan Darién

Preparación

Introducción

«Juan Darién» es un cuento sobre hombres y animales y sobre la naturaleza. La acción tiene lugar en un pueblo cerca de la selva. La gente tiene mucho miedo de los animales feroces de la selva. También tiene mucho miedo de lo que no comprende y a la gente no le gusta nada que sea diferente. Para comprender el significado de este cuento es necesario aceptar por completo lo que pasa en la narración. Es pura fantasía. Si hay animales que hablan, animales salvajes que se convierten en seres humanos y viceversa, o un inspector que comprende que un alumno es en realidad un tigre, no te inquietes. Acepta todo lo que te relata el autor. Sólo aceptando el cuento a un nivel básico de fantasía es posible llegar a otros niveles de mayor importancia donde se puede comprender lo que quiere decir Quiroga.

Además, es un cuento de emociones intensas. Presta atención a las emociones de la gente mientras que leas el cuento. También presta atención a las emociones y reacciones tuyas frente a las del cuento.

Vocabulario

Raíces Similares   En el caso de muchas palabras en este cuento, la palabra española y la palabra inglesa tienen raíces muy parecidas en forma y en significado. Estudia la lista siguiente. Luego indica una palabra inglesa asociada con la palabra española y el significado inglés de la palabra española.

1. narrar
2. alumno
3. instruirse
4. evocación
5. devorar
6. convertir

Palabras Relacionadas   En el caso de otras palabras en este cuento, se puede determinar el significado por pensar en palabras similares en español. Da el significado inglés de las palabras en itálica en las selecciones siguientes. Para ayudarte, se indica entre paréntesis una palabra relacionada a la itálica.

1. (cariño) El cachorro, suave y *cariñoso*
2. (decir) sufrió lo que no es *decible*
3. (alto) ¿A qué *altura* las ves?
4. (malo) Hasta ahora su *maldad* de fiera no ha despertado
5. (dañar) ni siquiera tenía odio a los animales *dañinos*

6. (furioso) no estaban menos *enfurecidas* que los muchachos
7. (gritar) oyó la *gritería* de las gentes
8. (probar) La *prueba* no había dado resultado.
9. (sangre) sólo que daba su cuerpo *sangriento*
10. (quemar) una profunda *quemadura* en el costado

Palabras que Adivinar   Examina el contexto en que ocurre la palabra en letra itálica y sin usar el diccionario da un equivalente inglés.

1. Ve tranquila, madre, y *apresúrate,* que el hombre va a *echar* la puerta *abajo*.
2. Es preciso matar a Juan Darién…. Hasta ahora su maldad de fiera no ha despertado; pero *explotará* un día u otro
3. Yo sé que en la ciudad hay un *domador de fieras*. Llamémoslo, y él hallará modo de que Juan Darién vuelva a su cuerpo de tigre.
4. En un segundo *arrancaron* toda la ropa a Juan Darién y lo *arrojaron* dentro de la jaula para fieras.
5. El domador hizo esto porque los perros reconocen siempre el olor del tigre; y en cuanto *olfatearan* a Juan Darién sin ropa, lo harían pedazos, pues podían ver con sus ojos de perros *cazadores* las *rayas* de tigre ocultas bajo la piel de hombre.
6. Hermanos: esta noche rompo el último *lazo* que me *liga* al pasado.

Preguntas

Busca las respuestas a estas preguntas mientras que leas el cuento.

1. ¿Qué había perdido la mujer?
2. ¿Quién entró en su casa?
3. ¿Qué hizo con la criatura?
4. ¿Qué le dijo la serpiente?
5. ¿Qué tipo de hijo era Juan Darién?
6. ¿Qué sospechó el inspector?
7. ¿Qué hicieron para probar que era una fiera?
8. ¿En qué insistió la mujer con el bebé?
9. ¿Cómo trataron de matar a Juan Darién?
10. ¿Qué le pasó en el fuego?
11. ¿Cómo se curó?
12. ¿A quién mató?
13. ¿Qué escribió en la tumba de su madre?
14. ¿Adónde fue después?
15. ¿Con quiénes iba a vivir?

Juan Darién

por Horacio Quiroga (1878–1938)

Uruguayo. Estudió en la Universidad de Montevideo. En 1901 se trasladó a la Argentina donde vivió en las selvas de Chaco y Misiones. Allí trabajó en explotaciones de algodón y de madera. Fue profesor, campesino, hombre de negocios, y oficial del gobierno y escritor. Tuvo una vida muy trágica. Su padre, su padrasto, un hermano, y un amigo murieron en un accidente. Su primera mujer se suicidó y él mismo se suicidó.

Aunque escribió un libro de poesías, *Los arrecifes de coral* (1901), es conocido principalmente como uno de los mejores cuentistas de Latinoamerica. Admiró especialmente a Poe, cuya influencia se puede ver en muchos de sus temas. Los cuentos más famosos son *Cuentos de amor, de locura, y de muerte* (1917). Escribió también cuentos para niños, *Cuentos de la selva* (1918), en los que emplea la selva y la naturaleza, especialmente la víbora, para examinar el carácter del ser humano y de la vida. La última colección fue *Más allá* publicada en 1935.

selvas: *terrenos grandes llenos de árboles*

viruela: *enfermedad contagiosa con erupción de pústulas*

Aquí se cuenta la historia de un tigre que se crió y educó entre los hombres, y que se llamaba Juan Darién. Asistió cuatro años a la escuela vestido de pantalón y camisa, y dio sus lecciones corrientemente, aunque era un tigre de las selvas;° pero esto se debe a que su figura era de hombre, conforme se narra en las siguientes líneas. 5

Una vez, a principios de otoño, la viruela° visitó un pueblo de un país lejano y mató a muchas personas. Los hermanos perdieron a sus hermanitas, y las criaturas que comenzaban a caminar quedaron sin padre ni madre. Las madres perdieron a su vez a sus hijos, y una pobre mujer joven y viuda llevó ella misma a enterrar a su hijito, lo único que tenía en este mundo. Cuando volvió a su casa, se quedó sentada pensando en su chiquito. Y murmuraba: 10

—Dios debía haber tenido más compasión de mí, y me ha llevado a mi hijo. En el cielo podrá haber ángeles, pero mi hijo no los conoce. Y a quien él conoce bien es a mí, ¡pobre hijo mío! 15

Y miraba a lo lejos, pues estaba sentada en el fondo de su casa, frente a un portoncito donde se veía la selva.

Ahora bien: Now then

rugían: *hacían ruido fuerte*

agachó: *inclinó*

cachorro: *cría de tigre*

desvalido: *falto de protección*

adherida: *pegada*

gemidos: *expresiones de dolor con sonido quejumbroso*

dio de mamar: nursed

arrebatado: *quitado con violencia*
llegaba a saber: *sabía*

ronco: harsh
sobresaltan: *asustan*
a tientas: *en la oscuridad*

mansa: *benigna*

Ahora bien;° en la selva había muchos animales feroces que rugían° al caer la noche y al amanecer. Y la pobre mujer, que continuaba sentada, alcanzó a ver en la obscuridad una cosa chiquita y vacilante que entraba por la puerta, como un gatito que apenas tuviera fuerzas para caminar. La mujer se agachó° y 5 levantó en las manos un tigrecito de pocos días, pues aún tenía los ojos cerrados. Y cuando el mísero cachorro° sintió el contacto de las manos, runruneó de contento, porque ya no estaba solo. La madre tuvo largo rato suspendido en el aire aquel pequeño enemigo de los hombres, a aquella fiera indefensa que tan fácil le 10 hubiera sido exterminar. Pero quedó pensativa ante el desvalido° cachorro que venía quién sabe de dónde, y cuya madre con seguridad había muerto. Sin pensar bien en lo que hacía llevó al cachorrito a su seno y lo rodeó con sus grandes manos. Y el tigrecito, al sentir el calor del pecho, buscó postura cómoda, 15 runruneó tranquilo y se durmió con la garganta adherida° al seno maternal.

La mujer, pensativa siempre, entró en la casa. Y en el resto de la noche, al oír los gemidos° de hambre del cachorrito, y al ver cómo buscaba su seno con los ojos cerrados, sintió en su corazón 20 herido que, ante la suprema ley del Universo, una vida equivale a otra vida...

Y dio de mamar° al tigrecito.

El cachorro estaba salvado, y la madre había hallado un inmenso consuelo. Tan grande su consuelo, que vio con terror el 25 momento en que aquél le sería arrebatado,° porque si se llegaba a saber° en el pueblo que ella amamantaba a un ser salvaje, matarían con seguridad a la pequeña fiera. ¿Qué hacer? El cachorro, suave y cariñoso —pues jugaba con ella sobre su pecho—, era ahora su propio hijo. 30

En estas circunstancias, un hombre que una noche de lluvia pasaba corriendo ante la casa de la mujer oyó un gemido áspero—el ronco° gemido de las fieras que, aun recién nacidas, sobresaltan° al ser humano—. El hombre se detuvo bruscamente, y mientras buscaba a tientas° el revólver, golpeó la puerta. La 35 madre, que había oído los pasos, corrió loca de angustia a ocultar al tigrecito en el jardín. Pero su buena suerte quiso que al abrir la puerta del fondo se hallara ante una mansa,° vieja y sabia serpiente que le cerraba el paso. La desgraciada mujer iba a gritar de terror, cuando la serpiente habló así: 40

—Nada temas, mujer —le dijo—. Tu corazón de madre te ha permitido salvar una vida del Universo, donde todas las vidas tienen el mismo valor. Pero los hombres no te comprenderán, y querrán matar a tu nuevo hijo. Nada temas, ve tranquila. Desde este momento tu hijo tiene forma humana; nunca le reconocerán. Forma su corazón, enséñale a ser bueno como tú, y él no sabrá jamás que no es hombre.

A menos... a menos que: Unless . . . unless

A menos... a menos que° una madre de entre los hombres lo acuse; a menos que una madre le exija que devuelva con su sangre lo que tú has dado por él, tu hijo será siempre digno de ti. Ve tranquila, madre, y apresúrate, que el hombre va a echar la puerta abajo.

Y la madre creyó a la serpiente, porque en todas las religiones de los hombres la serpiente conoce el misterio de las vidas que pueblan los mundos. Fue, pues, corriendo a abrir la puerta, y el hombre, furioso, entró con el revólver en la mano y buscó por todas partes sin hallar nada. Cuando salió, la mujer

rebozo: shawl

abrió, temblando, el rebozo° bajo el cual ocultaba al tigrecito sobre su seno, y en su lugar vio a un niño que dormía tranquilo.

Traspasada: overcome

Traspasada° de dicha, lloró largo rato en silencio sobre su salvaje hijo hecho hombre; lágrimas de gratitud que doce años más tarde ese mismo hijo debía pagar con sangre sobre su tumba.

calzado: _zapato_

Pasó el tiempo. El nuevo niño necesitaba un nombre: se le puso Juan Darién. Necesitaba alimentos, ropa, calzado:° se le dotó de todo, para lo cual la madre trabajaba día y noche. Ella era aún muy joven, y podría haberse vuelto a casar, si hubiera

entrañable: _muy querido_

querido; pero le bastaba el amor entrañable° de su hijo, amor que ella devolvía con todo su corazón.

Juan Darién era, efectivamente, digno de ser querido: noble, bueno y generoso como nadie. Por su madre, en particular, tenía una veneración profunda. No mentía jamás. ¿Acaso por ser un

salvaje: savage

ser salvaje° en el fondo de su naturaleza? Es posible; pues no se sabe aún qué influencia puede tener en un animal recién nacido la pureza de una alma bebida con la leche en el seno de una santa mujer.

Tal era Juan Darién. E iba a la escuela con los chicos de su edad, los que se burlaban a menudo de él, a causa de su pelo áspero y su timidez. Juan Darién no era muy inteligente; pero compensaba esto con su gran amor al estudio.

Así las cosas, cuando la criatura iba a cumplir diez años, su madre murió. Juan Darién sufrió lo que no es decible, hasta que

apaciguó: _aquietó_

el tiempo apaciguó° su pena. Pero fue en adelante un muchacho triste, que sólo deseaba instruirse.

Algo debemos confesar ahora: a Juan Darién no se le amaba en el pueblo. La gente de los pueblos encerrados en la selva no gustan de los muchachos demasiado generosos y que estudian con toda el alma. Era, además, el primer alumno de la escuela. Y

desenlace: *final*

este conjunto precipitó el desenlace° con un acontecimiento que dio razón a la profecía de la serpiente.

Aprontábase el pueblo a celebrar una gran fiesta, y de la ciudad distante habían mandado fuegos artificiales. En la escuela se dio un repaso general a los chicos, pues un inspector debía venir a observar las clases. Cuando el inspector llegó, el maestro hizo dar la lección al primero de todos: a Juan Darién. Juan Darién era el alumno más aventajado; pero con la emoción del caso, tartamudeó° y la lengua se le trabó° con un sonido extraño.

tartamudeó: stuttered
trabó: stammered

El inspector observó al alumno un largo rato, y habló en seguida en voz baja con el maestro.

—¿Quién es ese muchacho? —le preguntó—. ¿De dónde ha salido?

—Se llama Juan Darién —respondió el maestro—, y lo crió una mujer que ya ha muerto; pero nadie sabe de dónde ha venido.

—Es extraño, muy extraño... —murmuró el inspector, observando el pelo áspero y el reflejo verdoso que tenían los ojos de Juan Darién cuando estaba en la sombra.

El inspector sabía que en el mundo hay cosas mucho más extrañas que las que nadie puede inventar, y sabía al mismo tiempo que con preguntas a Juan Darién nunca podría averiguar si el alumno había sido antes lo que él temía: esto es, un animal salvaje. Pero así como hay hombres que en estados especiales recuerdan cosas que les han pasado a sus abuelos, así era también posible que, bajo una sugestión hipnótica, Juan Darién recordara su vida de bestia salvaje.

tarima: *plataforma movible*

Por lo cual el inspector subió a la tarima° y habló así:

—Bien, niño. Deseo ahora que uno de ustedes nos describa la selva. Ustedes se han criado casi en ella y la conocen bien. ¿Cómo es la selva? ¿Qué pasa en ella? Esto es lo que quiero saber. Vamos a ver, tú —añadió dirigiéndose a un alumno cualquiera—. Sube a la tarima y cuéntanos lo que hayas visto.

El chico subió, y aunque estaba asustado, habló un rato Dijo que en el bosque hay árboles gigantes, enredaderas° y florecillas. Cuando concluyó, pasó otro chico a la tarima, y después otro. Y aunque todos conocían bien la selva, todos respondieron lo mismo, porque los chicos y muchos hombres no cuentan lo que ven, sino lo que han leído sobre lo mismo que acaban de ver. Y al fin el inspector dijo:

enredaderas: *plantas que suben*

—Ahora le toca al alumno Juan Darién.

Juan Darién dijo más o menos lo que los otros. Pero el inspector, poniéndole la mano sobre el hombro, exclamó:

—No, no. Quiero que tú recuerdes bien lo que has visto. Cierra los ojos.

Juan Darién cerró los ojos.

—Bien —prosiguió el inspector—. Dime lo que ves en la selva.

demoró: *tardó*

Juan Darién, siempre con los ojos cerrados, demoró° un instante en contestar.

—Pronto vas a ver. Figurémonos que son las tres de la mañana, poco antes del amanecer. Hemos concluido de comer, por ejemplo... Estamos en la selva, en la obscuridad... Delante de nosotros hay un arroyo°... ¿Qué ves?

arroyo: small stream

Juan Darién pasó otro momento en silencio. Y en la clase y en el bosque próximo había también un gran silencio. De pronto Juan Darién se estremeció,° y con voz lenta, como si soñara, dijo:

estremeció: *tembló*

—Veo las piedras que pasan y las ramas que se doblan... Y el suelo... Y veo las hojas secas que se quedan aplastadas sobre las piedras...

—¡Un momento!—le interrumpió el inspector—. Las piedras y las hojas que pasan, ¿a qué altura las ves?

El inspector preguntaba esto porque si Juan Darién estaba «viendo» efectivamente lo que él hacía en la selva cuando era animal salvaje e iba a beber después de haber comido, vería también que las piedras que encuentra un tigre o una pantera que se acercan muy agachados al río pasan a la altura de los ojos. Y repitió:

—¿A qué altura ves las piedras?

Y Juan Darién, siempre con los ojos cerrados, respondío:

Rozan: *tocan*
barro: mud

—Pasan sobre el suelo... Rozan° las orejas... Y las hojas sueltas se mueven con el aliento... Y siento la humedad del barro° en...

La voz de Juan Darién se cortó.

—¿En dónde? —preguntó con voz firme el inspector—. ¿Dónde sientes la humedad del agua?

bigotes: *pelo largo cerca de la boca*

—¡En los bigotes!° —dijo con voz ronca Juan Darién, abriendo los ojos espantado.

crepúsculo: *claridad al anochecer*
lóbrega: *oscura*

Comenzaba el crepúsculo,° y por la ventana se veía cerca la selva ya lóbrega.° Los alumnos no comprendieron lo terrible de aquella evocación; pero tampoco se rieron de esos extraordinarios bigotes de Juan Darién, que no tenía bigote alguno. Y no se rieron, porque el rostro de la criatura estaba pálido y ansioso.

La clase había concluido. El inspector no era un mal hombre; pero, como todos los hombres que viven muy cerca de la selva,

5

10

15

20

25

30

35

40

odiaba ciegamente a los tigres; por lo cual dijo en voz baja al maestro:

—Es preciso matar a Juan Darién. Es una fiera del bosque, posiblemente un tigre. Debemos matarlo, porque, si no, él, tarde o temprano, nos matará a todos. Hasta ahora su maldad de fiera no ha despertado; pero explotará un día u otro, y entonces nos devorará a todos, puesto que le permitimos vivir con nosotros. Debemos, pues, matarlo. La dificultad está en que no podemos hacerlo mientras tenga forma humana, porque no podremos probar ante todos que es un tigre. Parece un hombre, y con los hombres hay que proceder con cuidado. Yo sé que en la ciudad hay un domador de fieras. Llamémoslo, y él hallará modo de que Juan Darién vuelva a su cuerpo de tigre. Y aunque no pueda convertirlo en tigre, las gentes nos creerán y podremos echarlo a la selva. Llamemos en seguida al domador, antes que Juan Darién se escape.

Pero Juan Darién pensaba en todo menos en escaparse, porque no se daba cuenta de nada. ¿Cómo podía creer que él no era hombre, cuando jamás había sentido otra cosa que amor a todos, y ni siquiera tenía odio a los animales dañinos?

Mas las voces fueron corriendo de boca en boca, y Juan Darién comenzó a sufrir sus efectos. No le respondían una palabra, se apartaban vivamente a su paso, y lo seguían desde lejos de noche.

—¿Qué tendré?° ¿Por qué son así conmigo?—se preguntaba Juan Darién.

Y ya no solamente huían de él, sino que los muchachos le gritaban:

—¡Fuera de aquí! ¡Vuélvete donde has venido! ¡Fuera!

Los grandes también, las personas mayores, no estaban menos enfurecidas que los muchachos. Quién sabe qué llega a pasar si la misma tarde de la fiesta no hubiera llegado por fin el ansiado domador de fieras. Juan Darién estaba en su casa preparándose la pobre sopa que tomaba, cuando oyó la gritería de las gentes que avanzaban precipitadas hacia su casa. Apenas tuvo tiempo de salir a ver qué era: Se apoderaron de° él, arrastrándolo hasta la casa del domador.

—¡Aquí está! —gritaban, sacudiéndolo—. ¡Es éste! ¡Es un tigre! ¡No queremos saber nada con° tigres! ¡Quítele su figura de hombre y lo mataremos!

Y los muchachos, sus condiscípulos° a quienes más quería, y las mismas personas viejas, gritaban:

¿Qué tendré?: What can be the matter with me?

Se apoderaron de: *tomaron control violentamente*

saber nada con: to have anything to do with

condiscípulos: *compañeros de estudio*

—¡Es un tigre! ¡Juan Darién nos va a devorar! ¡Muera Juan Darién!

Juan Darién protestaba y lloraba porque los golpes llovían sobre él, y era una criatura de doce años. Pero en ese momento la gente se apartó, y el domador, con grandes botas de charol,° levita° roja y un látigo° en la mano, surgió ante Juan Darién. El domador lo miró fijamente, y apretó con fuerza el puño° del látigo.

charol: patent leather
levita: frock coat
látigo: whip
puño: handle

—¡Ah! —exclamó—. ¡Te reconozco bien! ¡a todos puedes engañar, menos a mí! ¡Te estoy viendo, hijo de tigres! ¡Bajo tu camisa estoy viendo las rayas del tigre! ¡Fuera la camisa, y traigan los perros cazadores! ¡Veremos ahora si los perros te reconocen como hombre o como tigre!

En un segundo arrancaron toda la ropa a Juan Darién y lo arrojaron dentro de la jaula° para fieras.

jaula: *caja con rejas para encerrar animales*

—¡Suelten los perros, pronto! —gritó el domador—. ¡Y encomiéndate° a los dioses de tu selva, Juan Darién!

encomiéndate: *encárgate*

Y cuatro feroces perros cazadores de tigres fueron lanzados dentro de la jaula.

El domador hizo esto porque los perros reconocen siempre el olor del tigre; y en cuanto olfatearan° a Juan Darién sin ropa, lo harían pedazos, pues podrían ver con sus ojos de perros cazadores las rayas de tigre ocultas bajo la piel de hombre.

olfatearan: *olieran repetidas veces*

Pero los perros no vieron otra cosa en Juan Darién que al muchacho bueno que quería hasta a los mismos animales dañinos. Y movían apacibles° la cola° al olerlo.

apacibles: *pacíficamente*
cola: *apéndice posterior*
ladraban: were barking

—¡Devóralo! ¡Es un tigre! ¡Toca! ¡Toca! —gritaban a los perros. Y los perros ladraban° y saltaban enloquecidos por la jaula, sin saber a qué atacar.

La prueba no había dado resultado.

—¡Muy bien! —exclamó entonces el domador—. Estos son perros bastardos, de casta de tigre. No lo reconocen. Pero yo te reconozco, Juan Darién, y ahora nos vamos a ver nosotros.

Y así diciendo entró él en la jaula y levantó el látigo.

—¡Tigre! —gritó—. ¡Estás ante un hombre, y tú eres un tigre! ¡Allí estoy viendo, bajo tu piel robada de hombre, las rayas de tigre! ¡Muestra las rayas!

Y cruzó el cuerpo de Juan Darién de un feroz latigazo. La pobre criatura desnuda lanzó un alarido° de dolor, mientras las gentes, enfurecidas, repetían:

alarido: *grito*

—¡Muestra las rayas de tigre!

Durante un rato prosiguió el atroz suplicio; y no deseo que los niños que me oyen vean martirizar de este modo a ser alguno.

5

10

15

20

25

30

35

40

—¡Por favor! ¡Me muero! —clamaba Juan Darién.

—¡Muestra las rayas! —le respondían.

—¡No, no! ¡Yo soy hombre! ¡Ay, mamá! —sollozaba° el infeliz.

—¡Muestra las rayas! —le respondían.   5

Por fin el suplicio concluyó. En el fondo de la jaula, arrinconado,° aniquilado° en un rincón, sólo quedaba su cuerpo sangriento de niño, que había sido Juan Darién. Vivía aún, y aún podía caminar cuando se le sacó de allí; pero lleno de tales sufrimientos como nadie los sentirá nunca.   10

Lo sacaron de la jaula, y empujándolo por el medio de la calle, lo echaban del pueblo. Iba cayéndose a cada momento, y detrás de él los muchachos, las mujeres y los hombres maduros,° empujándolo.

—¡Fuera de aquí, Juan Darién! ¡Vuélvete a la selva, hijo de   15
tigre y corazón de tigre! ¡Fuera, Juan Darién!

Y los que estaban lejos y no podían pegarle, le tiraban piedras.

Juan Darién cayó del todo,° por fin, tendiendo en busca de apoyo sus pobres manos de niño. Y su cruel destino quiso que   20
una mujer, que estaba parada a la puerta de su casa sosteniendo en los brazos a una inocente criatura, interpretara mal ese ademán de súplica.

—¡Me ha querido robar mi hijo! —gritó la mujer—. ¡Ha tendido las manos para matarlo! ¡Es un tigre! ¡Matémosle en   25
seguida, antes que él mate a nuestros hijos!

Así dijo la mujer. Y de este modo se cumplía la profecía de la serpiente: Juan Darién moriría cuando una madre de los hombres le exigiera la vida y el corazón de hombre que otra madre le había dado con su pecho.   30

No era necesaria otra acusación para decidir a las gentes enfurecidas. Y veinte brazos con piedras en la mano se levantaban ya para aplastar° a Juan Darién cuando el domador ordenó desde atrás con voz ronca:

—¡Marquémoslo con rayas de fuego! ¡Quemémoslo en los   35
fuegos artificiales!

Ya comenzaba a obscurecer, y cuando llegaron a la plaza era noche cerrada. En la plaza habían levantado un castillo de fuegos de artificio, con ruedas, coronas y luces de bengala.° Ataron en lo alto del centro a Juan Darién, y prendieron la mecha° desde un   40
extremo. El hilo de fuego corrió velozmente subiendo y bajando, y encendió el castillo entero. Y entre las estrellas fijas y las ruedas

gigantes de todos colores, se vio allá arriba a Juan Darién sacrificado.

—¡Es tu último día de hombre, Juan Darién!—clamaban todos—. ¡Muestra las rayas!

—¡Perdón, perdón! —gritaba la criatura, retorciéndose° 5 entre las chispas° y las nubes de humo. Las ruedas amarillas, rojas y verdes giraban vertiginosamente,° unas a la derecha y otras a la izquierda. Los chorros° de fuego tangente trazaban° grandes circunferencias; y en el medio, quemado por los regueros° de chispas que le cruzaban el cuerpo, se retorcía Juan Darién. 10

—¡Muestra las rayas! —rugían aún de abajo.

—¡No, perdón! ¡Yo soy hombre! —tuvo aún tiempo de clamar la infeliz criatura. Y tras un nuevo surco° de fuego, se pudo ver que su cuerpo se sacudía convulsivamente; que sus gemidos adquirían un timbre profundo y ronco, y que su cuerpo 15 cambiaba poco a poco de forma. Y la muchedumbre,° con un grito salvaje de triunfo, pudo ver surgir por fin, bajo la piel del hombre, las rayas negras, paralelas y fatales del tigre.

La atroz obra de crueldad se había cumplido; habían conseguido lo que querían. En vez de la criatura inocente de toda 20 culpa, allá arriba no había sino un cuerpo de tigre que agonizaba rugiendo.

Las luces de bengala se iban también apagando. Un último chorro de chispas con que moría una rueda alcanzó la soga° atada a las muñecas° (no: a las patas° del tigre, pues Juan Darién había 25 concluido), y el cuerpo cayó pesadamente al suelo. Las gentes lo arrastraron hasta la linde° del bosque, abandonándolo allí para que los chacales° devoraran su cadáver y su corazón de fiera.

Pero el tigre no había muerto. Con la frescura nocturna volvió en sí,° y arrastrándose presa de horribles tormentos se 30 internó en la selva. Durante un mes entero no abandonó su guarida° en lo más tupido° del bosque, esperando con sombría paciencia de fiera que sus heridas curaran. Todas cicatrizaron° por fin, menos una, una profunda quemadura en el costado,° que no cerraba, y que el tigre vendó° con grandes hojas. 35

Porque había conservado de su forma recién perdida tres cosas: el recuerdo vivo del pasado, la habilidad de sus manos, que manejaba° como un hombre, y el lenguaje. Pero en el resto, absolutamente en todo, era una fiera, que no se distinguía en lo más mínimo de los otros tigres. 40

Cuando se sintió por fin curado, pasó la voz a los demás tigres de la selva para que esa misma noche se reunieran delante del gran cañaveral° que lindaba° con los cultivos. Y al entrar la

---

retorciéndose: *haciendo contorsiones*
chispas: *partículas sueltas de algo encendido*
vertiginosamente: *que produce vértigo*
chorros: streams
trazaban: *señalaban los contornos de*
regueros: showers
surco: furrow

muchedumbre: *gran número de gente*

soga: *cuerda gruesa*
muñecas: *partes del cuerpo donde se une la mano con el brazo*
patas: *pies de animal*
linde: *límite*
chacales: jackals
volvió en sí: he regained consciousness

guarida: *refugio*
tupido: *denso*
cicatrizaron: *curaron completamente*
costado: *parte lateral de un cuerpo*
vendó: bandaged
manejaba: *usaba*

cañaveral: *sitio poblado de cañas*
lindaba: *estaba contiguo*

	noche se encaminó silenciosamente al pueblo. Trepó° a un árbol
Trepó: *subió*	de los alrededores y esperó largo tiempo inmóvil. Vio pasar bajo
	él sin inquietarse a mirar siquiera, pobres mujeres y labradores
	fatigados, de aspecto miserable; hasta que al fin vio avanzar por el
	camino a un hombre de grandes botas y levita roja.

noche se encaminó silenciosamente al pueblo. Trepó° a un árbol de los alrededores y esperó largo tiempo inmóvil. Vio pasar bajo él sin inquietarse a mirar siquiera, pobres mujeres y labradores fatigados, de aspecto miserable; hasta que al fin vio avanzar por el camino a un hombre de grandes botas y levita roja.   5

Trepó: *subió*

El tigre no movió una sola ramita al recogerse para saltar.

derribó: *hizo caer*

Saltó sobre el domador; de una manotada lo derribó° desmayado, y cogiéndolo entre los dientes por la cintura, lo llevó sin hacerle daño hasta el juncal.°

juncal: ground full of rushes

Allí, al pie de las inmensas cañas que se alzaban invisibles,   10
estaban los tigres de la selva moviéndose en la obscuridad, y sus ojos brillaban como luces que van de un lado para otro. El hombre proseguía desmayado. El tigre dijo entonces:

—Hermanos: Yo viví doce años entre los hombres, como un hombre mismo. Y yo soy un tigre. Tal vez pueda con mi   15

proceder: *conducta*

proceder° borrar más tarde esta mancha. Hermanos: esta noche rompo el último lazo que me liga al pasado.

Y después de hablar así, recogió en la boca al hombre, que proseguía desmayado, y trepó con él a lo más alto del cañaveral, donde lo dejó atado entre dos bambúes. Luego prendió fuego a   20

crujiente: crackling

las hojas secas del suelo, y pronto una llamarada crujiente° ascendió.

Los tigres retrocedían espantados ante el fuego. Pero el tigre les dijo: «¡Paz, hermanos!» Y aquéllos se apaciguaron, sentándose

vientre: *estómago*

de vientre° con las patas cruzadas a mirar.   25

El juncal ardía como un inmenso castillo de artificio. Las

estallaban: *explotaban*
flechas: arrows
bruscas: *de repente*
bocanadas: puffs
huecos: *cavidades*
cúspide: top
crispadas: twisted
cárdenos: *púrpuras oscuras*

cañas estallaban° como bombas, y sus gases se cruzaban en agudas flechas° de color. Las llamaradas ascendían en bruscas° y sordas bocanadas,° dejando bajo ellas lívidos huecos;° y en la cúspide,° donde aún no llegaba el fuego, las cañas se balanceaban   30
crispadas° por el calor.

Pero el hombre, tocado por las llamas, había vuelto en sí. Vio allá abajo a los tigres con los ojos cárdenos° alzados a él, y lo comprendió todo.

aulló: he howled

—¡Perdón, perdónenme!—aulló° retorciéndose—. ¡Pido   35
perdón por todo!

Nadie contestó. El hombre se sintió entonces abandonado de Dios, y gritó con toda su alma:

—¡Perdón, Juan Darién!

Al oír esto, Juan Darién, alzó la cabeza y dijo fríamente: 40

—Aquí no hay nadie que se llame Juan Darién. No conozco a Juan Darién. Éste es un nombre de hombre y aquí somos todos tigres.

Y volviéndose a sus compañeros, como si no comprendiera, preguntó:

—¿Alguno de ustedes se llama Juan Darién?

Pero ya las llamas habían abrasado el castillo hasta el cielo. Y entre las agudas luces de bengala que entrecruzaban la pared ardiente, se pudo ver allá arriba un cuerpo negro que se quemaba humeando.

—Ya estoy pronto, hermanos—dijo el tigre—. Pero aún me queda algo por hacer.

Y se encaminó de nuevo al pueblo, seguido por los tigres sin que él lo notara. Se detuvo ante un pobre y triste jardín, saltó la pared, y pasando al costado de° muchas cruces y lápidas,° fue a detenerse ante un pedazo de tierra sin ningún adorno, donde estaba enterrada la mujer a quien había llamado madre ocho años. Se arrodilló—se arrodilló como un hombre—, y durante un rato no se oyó nada.

—¡Madre! —murmuró por fin el tigre con profunda ternura—. Tú sola supiste, entre todos los hombres, los sagrados derechos a la vida de todos los seres del Universo. Tú sola comprendiste que el hombre y el tigre se diferencian únicamente por el corazón. Y tú me enseñaste a amar, a comprender, a perdonar. ¡Madre! Estoy seguro de que me oyes. Soy tu hijo siempre, a pesar de lo que pase en adelante, pero de ti sólo. ¡Adiós, madre mía!

Y viendo al incorporarse los ojos cárdenos de sus hermanos que lo observaban tras la tapia,° se unió otra vez a ellos.

El viento cálido les trajo en ese momento, desde el fondo de la noche, el estampido° de un tiro.

—Es en la selva—dijo el tigre—. Son los hombres. Están cazando, matando, degollando.°

Volviéndose entonces hacia el pueblo que iluminaba el reflejo de la selva encendida, exclamó:

—¡Raza sin redención! ¡Ahora me toca a mí!

Y retornando a la tumba en que acababa de orar,° arrancóse de un manotón la venda de la herida y escribió en la cruz con su propia sangre, en grandes caracteres, debajo del nombre de su madre:

Y
JUAN DARIEN

—Ya estamos en paz—dijo. Y enviando con sus hermanos un rugido de desafío° al pueblo aterrado, concluyó:

—Ahora, a la selva. ¡Y tigre para siempre!

al costado de: to the side of
lápidas: *piedras planas en que se graba una inscripción*

tapia: *pared*

estampido: crack

degollando: *cortando la garganta*

orar: *rezar*

desafío: dcfiance

Práctica

Resumen

Escribe en español un resumen de este cuento, y ven a clase preparado(a) a presentárselo oralmente a un(a) compañero(a) de clase.

Uso de Palabras

Divide la siguiente lista de palabras en grupos de palabras con significado similar. Luego, escribe una oración con tantas palabras como sean posibles de cada grupo.

selva	corazón	alumno	enfurecido	cuerpo
enterrar	sangre	escuela	golpe	gente
hijo	salvaje	fuego	herida	desmayado
fiera	gritar	odiar	látigo	llamas
pecho	seno	matar	quemar	derecho

Pensar y Comentar

La madre ¿Por qué estaba tan triste al principio del cuento? ¿Por qué dio de mamar al tigrecito? ¿Qué sintió en su corazón? ¿Para quién vivió después? ¿Qué tipo de madre era ella?

El inspector Cuando oyó la voz de Juan Darién, ¿qué sospechó? ¿Cómo engañó a Juan Darién para que le indicara que era un tigre? ¿Qué le recomendó cuando creyó que tenía la prueba de que Juan Darién era un tigre? ¿Por qué recomendó esto? Según el autor, ¿cómo era el inspector?

El domador ¿Qué hizo para revelar las rayas de tigre de Juan Darién? ¿Qué le pasó al final del cuento?

La gente ¿Por qué no le gustaba a la gente Juan Darién? ¿Por qué quería la gente matarlo? ¿Para qué quería matarlo?

La serpiente ¿Qué función tiene en el cuento? ¿Qué profecía relató a la mujer?

Juan Darién ¿Qué era al principio del cuento? ¿Qué tipo de muchacho era? ¿Cómo reveló que era un tigre? ¿Qué era al fin del cuento? En tu opinión, ¿cómo pasó el resto de la vida?

Simbolismo ¿Qué simbolizan el tigrecito, Juan Darién, y el tigre? ¿Qué tipo de sociedad representan los otros alumnos de la escuela y la gente del pueblo?

Niveles de interpretación A un nivel tenemos un cuento de un tigrecito que se convirtió en un ser humano y que luego se convirtió en un tigre otra vez. ¿Qué lo convirtió de un animal salvaje en el primer alumno de la escuela? ¿Qué lo convirtió de un ser «noble, bueno, y generoso» en un animal salvaje? ¿Habla de veras el autor de gente y animales en un pueblo cerca de la selva o habla de fuerzas sociales y actitudes psicológicas del individuo?

Tema   ¿Cuál es el mensaje del autor? ¿Qué cree con respecto al poder del corazón (amor) de madre, a la reacción de la gente frente a alguien o algo que sea diferente, y a la reacción del individuo rechazado y/o castigado por la gente? ¿Qué piensa de la importancia de la vida? ¿Qué cree que existe dentro del hombre? ¿Qué opinión tiene de la sociedad?

Otros puntos de discusión   Comenta «la suprema ley del Universo».Comenta la reacción de la gente cuando cree que Juan Darién es un tigre, cuando lo expulsa del pueblo, y cuando lo quema. ¿Por qué se porta así la gente? Comenta el paralelismo entre lo que pasa en este cuento y lo que pasa en la sociedad. ¿Qué similitudes y diferencias hay?

Presta atención a la palabra salvaje. Según la gente, ¿cómo era Juan Darién? ¿Cómo era de veras? ¿Cómo era Juan Darién cuando recibió el amor de la madre? ¿Cómo era cuando la gente trató de matarlo? ¿Cómo era al fin del cuento? ¿Cómo era la gente cuando trató de matar a Juan? ¿Por qué se convirtió Juan Darién en un animal salvaje?

Reacción personal   Haz una lista de las varias emociones de la madre, Juan Darién, el domador, y la gente del cuento. Comenta tus propias emociones al leer el cuento—cuando la mujer dio de mamar al tigrecito, cuando el inspector y el domador le hacían preguntas a Juan Darién, cuando el domador le daba latigazos y la gente gritaba, cuando la gente lo expulsaba del pueblo, cuando lo quemaba en los fuegos artificiales, cuando Juan Darién mató al domador, cuando Juan Darién visitó la tumba de su madre, y cuando se marchó con los tigres. ¿Tienes otra(s) idea(s) que quieras discutir con la clase?

Temas de Composición

A. Juan Darién, criatura noble, bueno, e inocente, es víctima del perjuicio de otros. Describe un(os) ejemplo(s) de amigo(s), pariente(s), o miembro(s) de la familia que sufrió (sufrieron) a causa de ser diferente(s) de los otros. ¿Debe uno tratar de estar de acuerdo con las opiniones de los otros o tratar de ser individuo? ¿Cuánto importa lo que creen y lo que te dicen los otros?

B. Sin duda alguna, la gente mató a un muchacho inocente, que sufrió horriblemente. Explica y defiende sus acciones.

Capítulo 15
Selecciones de
La dama del alba

Preparación

Introducción

La dama del alba es una obra famosa escrita por Alejandro Casona. En esta colección no está incluído todo el drama, sino sólo dos escenas: la primera que consiste en un diálogo entre el Abuelo y la Peregrina y la segunda que consiste en otro entre Angélica y la Peregrina.

Antes del comienzo de la primera escena el Abuelo acababa de recordar donde había visto antes a la Peregrina. Súbitamente, comprendió quien era y lo que quería. Quiso que la Peregrina no molestara a los niños de la casa y que saliera tan pronto como fuera posible. Sin embargo, durante la conversación con la Peregrina aprendió algo de ella y al fin se despidió de ella como amiga.

Al principio de la segunda escena la Peregrina esperaba a Angélica, la hija de la familia, que había huido hacía cuatro años con un amante desconocido. No había vuelto nunca durante ese periódo, y todo la familia, menos Martín, su esposo, creía que estaba muerta. Volvió con objeto de ser otra vez la hija bella y pura de la familia, pero la Peregrina le dijo que esto sería imposible. Le sugirió otro camino más honrado.

Mientras leas, presta atención a las características y el papel de la Peregrina y la reacción del Abuelo y de Angélica frente a ella.

Vocabulario

Palabras Relacionadas En el caso de unas palabras en este drama, se puede determinar el significado por pensar en palabras similares en español. Da el significado inglés de las palabras en itálica en las selecciones siguientes. Para ayudarte, se indica entre paréntesis una palabra relacionada a la itálica.

1. (bendecir) *Bendito,* el sueño que te ató los ojos y las manos.
2. (calor) tenía un corazón *caliente*
3. (caballo) El *caballista* más galán de la sierra
4. (campo) quisiera adornarme de rosas como las *campesinas*
5. (antes, mano) estás vencida de *antemano*
6. (miedo) da un paso *medroso* hacia ella

Palabras que Adivinar Examina el contexto en que ocurre la palabra en letra itálica y sin usar el diccionario da un equivalente inglés.

1. ¿Qué hora *da* ese reloj?... Las nueve y media.... (Desesperada.) ¿Por qué no me despertaron *a tiempo*?
2. *No me fío de* ti. Si fueras leal no entrarías disfrazada en las casas
3. Pero cuando (los hombres) me dejáis llegar por mi propio paso... ¡cuánta ternura al desatar los *nudos* últimos!
4. Lo mismo ocurre cuando el viaje es *al revés*. Por eso lloran los niños al nacer.

Preguntas

Busca las respuestas a estas preguntas mientras que leas el drama.

1. ¿Dónde había visto antes el Abuelo a la Peregrina?
2. ¿De qué tiene miedo el Abuelo?
3. ¿Qué quiere la Peregrina antes de marcharse?
4. ¿Qué piensa el Abuelo de la Peregrina?
5. ¿Cuál es el amargo destino de la Peregrina?
6. ¿Qué quería Angélica al volver a su casa?
7. ¿Cómo fue su vida en la ciudad?
8. Según la Peregrina, ¿por qué era imposible que volviera Angélica?
9. Según la Peregrina, ¿qué es lo único que le queda a Angélica?
10. ¿Por qué camino lleva la Peregrina a Angélica para mantener su honra?

Selecciones de
La dama del alba

por Alejandro Casona (1903–1965)

Español de Asturias. Sus padres fueron maestros y él estudió para maestro en Oviedo, Murcia, y Madrid. Fue maestro en un pueblo rural de los Pirineos donde se interesó en el teatro. Fue nombrado Inspector y Director de Primera Enseñanza y más tarde Director de Misiones Pedagógicas. Salió de Espana en 1937 a causa de la Guerra Civil. Pasó unos años en Cuba, México, Puerto Rico, Venezuela y otros países donde se presentaron sus obras. En 1939 llegó a la Argentina donde trabajó y escribió para el teatro y el cine. En 1962 volvió a su patria.

Con su primera obra teatral, *La sirena varada,* representada en 1934, obtuvo un gran éxito, tanto que llegó a ser el dramaturgo más popular de España cuando comenzó la Guerra Civil. En sus obras se puede ver la realidad en la fantasía. Aunque hay aspectos de fantasía, el autor trata de la vida real y de la gente real.

Peregrina° y Abuelo

Peregrina: woman making a pilgrimage

PEREGRINA (Abre lentamente los ojos.) Ya voy, ¿quién me llama?

ABUELO Mírame a los ojos, y atrévete a decir que no me conoces. ¿Recuerdas el día de la mina? También yo estaba allí, con el derrumbe° sobre el pecho y el humo agrio° en la garganta. Creíste que había llegado la hora y te acercaste demasiado. ¡Cuando el aire limpio entró con las piquetas° ya había sentido tu frío y te había visto la cara! 5

derrumbe: cave-in
agrio: *ácido*
piquetas: pickaxes

PEREGRINA (Serenamente.) Lo esperaba. Los que me han visto una vez no me olvidan nunca… 10

ABUELO ¿A qué aguardas ahora? ¿Quieres que grite tu nombre por el pueblo para que te persigan los mastines° y las piedras?

mastines: *perros*

PEREGRINA No lo harás. Sería inútil.

ABUELO Creíste que podías engañarme, ¿eh? Soy ya muy viejo, y he pensado mucho en ti. 15

PEREGRINA No seas orgulloso, abuelo. El perro no piensa y me conoció antes que tú. (Se oye una campanada en el reloj. La Peregrina lo mira sobresaltada.°) ¿Qué hora da ese reloj?

sobresaltada: *asustada*

ABUELO Las nueve y media. 20

PEREGRINA (Desesperada.) ¿Por qué no me despertaron a tiempo? ¿Quién me ligó con dulces hilos que no había sentido nunca? (Vencida.) Lo estaba temiendo y no pude evitarlo. Ahora ya es tarde.

ABUELO Bendito el sueño que te ató los ojos y las manos. 25

PEREGRINA Tus nietos tuvieron la culpa. Me contagiaron su vida un momento, y hasta me hicieron soñar que tenía un corazón caliente. Sólo un niño podía realizar tal milagro.

ABUELO Mal pensabas pagar el amor con que te recibieron. ¡Y pensar que han estado jugando contigo! 30

PEREGRINA ¡Bah! ¡Tantas veces lo han hecho sin saberlo!

ABUELO ¿A quién venías a buscar? (Poniéndose ante la escalera.) Si es a ellos tendrás que pasar por encima de mí.

PEREGRINA ¡Quién piensa en sus nietos, tan débiles aún! ¡Era un torrente de vida lo que me esperaba esta noche! ¡Yo misma le ensillé el caballo y le calcé° la espuela!°

ABUELO ¿Martín...?

PEREGRINA El caballista más galán de la sierra... Junto al castaño° grande...

ABUELO (Triunfal.) El castaño grande sólo está a media legua. ¡Ya habrá pasado de largo!

PEREGRINA Pero mi hora nunca pasa del todo, bien lo sabes. Se aplaza,° simplemente.

ABUELO Entonces, vete. ¿Qué esperas todavía?

PEREGRINA Ahora ya nada. Sólo quisiera, antes de marchar, que me despidieras sin odio, con una palabra buena.

ABUELO No tengo nada que decirte. Por dura que sea la vida es lo mejor que conozco.

PEREGRINA ¿Tan distinta me imaginas de la vida? ¿Crees que podríamos existir la una sin la otra?

ABUELO ¡Vete de mi casa, te lo ruego!

PEREGRINA Ya me voy. Pero antes has de escucharme. Soy buena amiga de los pobres y de los hombres de conciencia limpia. ¿Por qué no hemos de hablarnos lealmente?

ABUELO No me fío de ti. Si fueras leal no entrarías disfrazada° en las casas, para meterte en las habitaciones tristes a la hora del alba.

PEREGRINA ¿Y quién te ha dicho que necesito entrar? Yo estoy siempre dentro, mirándoos crecer día por día desde detrás de los espejos.

ABUELO No puedes negar tus instintos. Eres traidora y cruel.

PEREGRINA Cuando los hombres me empujáis unos contra otros, sí. Pero cuando me dejáis llegar por mi propio paso ... ¡cuánta ternura al desatar los nudos últimos! ¡Y qué sonrisas de paz en el filo° de la madrugada!°

ABUELO ¡Calla! Tienes dulce la voz, y es peligroso escucharte.

PEREGRINA No os entiendo. Si os oigo quejaros siempre de la vida ¿por qué os da tanto miedo dejarla?

ABUELO No es por lo que dejamos. Es porque no sabemos lo que hay al otro lado.

PEREGRINA Lo mismo ocurre cuando el viaje es al revés. Por eso lloran los niños al nacer.

ABUELO (Inquieto nuevamente.°) ¡Otra vez los niños! Piensas demasiado en ellos...

Selecciones de *La dama del alba*   **199**

calcé: *puse*
espuela: spurs

castaño: chestnut tree

aplaza: *pospone*

disfrazada: disguised

filo: edge
madrugada: *parte del día antes del amanecer*

nuevamente: *otra vez*

PEREGRINA   Tengo nombre de mujer. Y si alguna vez les
hago daño no es porque quiera hacérselo. Es un amor que no
aprendió a expresarse… ¡Que quizá no aprenda nunca! (Baja a un
tono de confidencia intima.) Escucha, abuelo. ¿Tú conoces a
Nalón el Viejo?   5

ABUELO   ¿El que canta romances en las ferias?

PEREGRINA   El mismo. Cuando era niño tenía la mirada
más hermosa que se vió en la tierra; una tentación azul que me
atraía desde lejos. Un día no pude resistir… y lo besé en los ojos.

ABUELO   Ahora toca la guitarra y pide limosna° en las   10
romerías° con su perro y su platillo de estaño.°

PEREGRINA   ¡Pero yo sigo queriéndole como entonces! Y
algún día he de pagarle con dos estrellas todo el daño que mi
amor le hizo.

ABUELO   Basta. No pretendas envolverme con palabras.   15
Por hermosa que quieras presentarte yo sé que eres la mala yerba°
en el trigo y el muérdago° en el árbol. ¡Sal de mi casa! No estaré
tranquilo hasta que te vea lejos.

PEREGRINA   Me extraña de ti. Bien está que me imaginen
odiosa los cobardes.° Pero tú perteneces a un pueblo que ha   20
sabido siempre mirarme de frente. Vuestros poetas me cantaron
como a una novia. Vuestros místicos me esperaban en un éxtasis
impaciente como una redención. Y el más grande de vuestros
sabios, me llamó «libertad». Todavía recuerdo sus palabras,
cuando salió a esperarme en un baño de rosas: «¿Quieres saber   25
dónde está la libertad? ¡Todas las venas de tu cuerpo pueden
conducirte a ella!»★

ABUELO   Yo no he leído libros. Sólo sé de ti lo que saben
el perro y el caballo.

PEREGRINA   (Con profunda emoción de queja.) Entonces   30
¿por qué me condenas sin conocerme bien? ¿Por qué no haces un
pequeño esfuerzo para comprenderme? (Soñadora.) También yo
quisiera adornarme de rosas como las campesinas, vivir entre
niños felices y tener un hombre hermoso a quien amar. Pero
cuando voy a cortar las rosas todo el jardín se me hiela. Cuando   35
los niños juegan conmigo tengo que volver la cabeza por miedo a
que se me queden quietos al tocarlos. Y en cuanto a los hombres
¿de qué me sirve que los más hermosos me busquen a caballo, si
al besarlos siento que sus brazos inútiles me resbalan sin fuerza en
la cintura. (Desesperada.) ¿Comprendes ahora lo amargo de mi   40
destino? Presenciar todos los dolores sin poder llorar… Tener

limosna: *lo que se da a
un pobre por caridad*
romerías: *peregrinación*
estaño: tin

yerba: *hierba*
muérdago: *planta
parásita de los árboles*

cobardes: *personas con
falta de valor*

★The reference is to Seneca, a noted Spanish philosopher.

todos los sentimientos de una mujer sin poder usar ninguno…
¡Y estar condenada a matar siempre, siempre, sin poder nunca
morir!

(Cae abrumada en el sillón, con la frente entre las manos. El
Abuelo la mira conmovido. Se acerca y le pone cordialmente una
mano sobre el hombro.)   5

ABUELO   Pobre mujer.

PEREGRINA   Gracias, abuelo. Te había pedido un poco de
comprensión, y me has llamado mujer, que es la palabra más
hermosa en labios de hombre. (Toma el bordón° que ha dejado   10
apoyado° en la chimenea.) En tu casa ya no tengo nada que hacer
esta noche; pero me esperan en otros sitios. Adiós.

bordón: *bastón de peregrinos*
apoyado: *sostenido*

Peregrina y Angélica

(Ve a la Peregrina de espaldas y da un paso medroso hacia ella.
La Peregrina la llama en voz alta sin volverse.)

PEREGRINA   ¡Angélica!   15

ANGÉLICA   (Retrocede desconcertada.) ¿Quién le ha dicho
mi nombre? Yo no la he visto nunca.

PEREGRINA   Yo a ti tampoco. Pero sabía que vendrías, y
no quise que encontraras sola tu casa. ¿Te vió alguien llegar?

ANGÉLICA   Nadie. Por eso esperé a la noche, para   20
esconderme de todos. ¿Dónde están mi madre y mis hermanos?

PEREGRINA   Es mejor que tampoco ellos te vean.
¿Tendrías valor para mirarlos cara a cara? ¿Qué palabras podrías
decirles?

ANGÉLICA   No hacen falta palabras… lloraré de rodillas, y   25
ellos comprenderán.

PEREGRINA   ¿Martín también?

ANGÉLICA   (Con miedo instintivo.) ¿Está él aquí?

PEREGRINA   En la fiesta; bailando con todos alrededor del
fuego.   30

ANGÉLICA   Con todos, no… ¡mentira! Martín habrá
podido olvidarme pero mi madre no. Estoy segura que ella me
esperaría todos los días de su vida sin contar las horas… (Llama.)
¡Madre!… ¡Madre!…

PEREGRINA   Es inútil que llames. Te he dicho que está en   35
la fiesta.

cuanto antes: as soon as possible

ANGÉLICA Necesito verla cuanto antes.° Sé que ha de ser el momento más terrible de mi vida y no tengo fuerzas para esperarlo más tiempo.

PEREGRINA ¿Qué vienes a buscar a esta casa?...

ANGÉLICA Lo que fué mio.   5

PEREGRINA Nadie te lo quitó. Lo abandonaste tú misma.

ANGÉLICA No pretendo encontrar un amor que es imposible ya; pero el perdón sí. O por lo menos un rincón donde morir en paz. He pagado mi culpa con cuatro años amargos que valen toda una vida.   10

PEREGRINA La tuya ha cambiado mucho en ese tiempo. ¿No has pensado cuánto pueden haber cambiado las otras?

ANGÉLICA Por encima de todo, es mi casa y mi gente. ¡No pueden cerrarme la única puerta que me queda!

PEREGRINA ¿Tan desesperada vuelves?   15

No podía más: I couldn't take any more

mármol: marble

ANGÉLICA No podía más.° He sufrido todo lo peor que puede sufrir una mujer. He conocido el abandono y la soledad; la espera humillante en las mesas de mármol,° y la fatiga triste de las madrugadas sin techo. Me he visto rodar de mano en mano como una moneda sucia. Sólo el orgullo me mantenía de pie.   20
Pero ya lo he perdido también. Estoy vencida y no me da vergüenza gritarlo. ¡Ya no siento más que el ansia animal de descansar en un rincón caliente!...

doblegado: doblado

mendigar: pedir limosna
migajas: porciones pequeñas de una cosa

PEREGRINA Mucho te ha doblegado° la vida. Cuando se ha tenido el valor de renunciar a todo por una pasión no se puede   25
volver luego, cobarde como un perro con frío, a mendigar° las migajas° de tu propia mesa. ¿Crees que Martín puede abrirte los brazos otra vez?

latigazos: whip lashes

ANGÉLICA (Desesperada.) Después de lo que he sufrido ¿qué puede hacerme ya Martín? ¿Cruzarme la cara a latigazos?°...   30
¡Mejor!... por lo menos sería un dolor limpio. ¿Tirarme el pan al suelo? ¡Yo lo comeré de rodillas, bendiciéndolo por ser suyo y de esta tierra en que nací! ¡No! ¡No habrá fuerza humana que me arranque de aquí! Estos manteles° los he bordado° yo... Esos

manteles: tablecloths
bordado: adornado con bordadura
Solloza: llora convulsivamente

geranios de la ventana los he plantado yo... ¡Estoy en mi casa!...   35
mía... mía... ¡mía!... (Solloza° convulsa sobre la mesa, besando desesperadamente los manteles. Pausa. Vuelve a oírse la canción sanjuanera.)

VOZ VIRIL Señor San Juan: ya las estrellas
perdiéndose van.   40
¡Que viva la danza
y los que en ella están!

CORO Señor San Juan...

(La Peregrina se le acerca piadosamente pasando la mano sobre sus cabellos. Voz íntima.)

PEREGRINA   Díme, Angélica, ¿en esos días negros de allá, no has pensado nunca que pudiera haber otro camino?

Acodada: *apoyada*

ANGÉLICA   (Acodada° a la mesa, sin volverse.) Todos   5
estaban cerrados para mí. Las ciudades son demasiado grandes, y allí nadie conoce a nadie.

PEREGRINA   Un dulce camino de silencio que pudieras hacerte tú sola…

ANGÉLICA   No tenía fuerza para nada. (Reconcentrada.) Y   10
sin embargo, la noche que él me abandonó…

PEREGRINA   (Con voz de profunda sugestión como si siguiera en voz alta el pensamiento de Angélica.) Aquella noche pensaste que más allá, al otro lado del miedo, hay una playa

espuma: foam
adelfas: rosebays
musgo: moss

donde todo dolor se vuelve espuma.° Un país de aires desnudos,   15
con jardines blancos de adelfas° y un frío tranquilo como un musgo° de nieve… Donde hay una sonrisa de paz para todos los labios, una serenidad infinita para todos los ojos… y donde todas las palabras se reducen a una sola: ¡perdón!

ANGÉLICA   (Se vuelve mirándola con miedo.) ¿Quién eres   20
tú que me estás leyendo por dentro?

PEREGRINA   Una buena amiga. La única que te queda ya.

ANGÉLICA   (Retrocede instintivamente.) Yo no te he pedido amistad ni consejo. Déjame. ¡No me mires así!

PEREGRINA   ¿Prefieres que tu madre y tus hermanos sepan   25
la verdad?

ANGÉLICA   ¿No la saben ya?

PEREGRINA   No. Ellos te imaginan más pura que nunca. Pero dormida en el fondo del río.

ANGÉLICA   No es posible. Martín me siguió hasta la orilla.   30
Escondidos en el castañar le vimos pasar a galope, con la

escopeta: *arma larga de fuego*

escopeta° al hombro y la muerte en los ojos.

PEREGRINA   Pero supo dominarse y callar.

ANGÉLICA   ¿Por qué?

PEREGRINA   Por ti. Porque te quería aún, y aquel silencio   35
era el último regalo de amor que podía hacerte.

ANGÉLICA   ¿Martín ha hecho eso… por mí…?

Aferrándose: *insistiendo con tenacidad en*

(Aferrándose° a la esperanza.) Pero entonces, me quiere… ¡Me quiere todavía!…

PEREGRINA   Ahora ya es tarde. Tu sitio está ocupado. ¿No   40
sientes otra presencia de mujer en la casa?…

Selecciones de *La dama del alba*   **203**

ANGÉLICA ¡No me robará sin lucha lo que es mío! ¿Dónde está esa mujer?

PEREGRINA Es inútil que trates de luchar con ella; estás vencida de antemano. Tu silla en la mesa, tu puesto junto al fuego y el amor de los tuyos, todo lo has perdido. 5

ANGÉLICA ¡Puedo recobrarlo!

PEREGRINA Demasiado tarde. Tu madre tiene ya otra hija. Tus hermanos tienen otra hermana.

ANGÉLICA ¡Mientes!

costurero: sewing box

PEREGRINA (Señalando el costurero.°) ¿Conoces esa labor? 10

ANGÉLICA Es la mía. Yo la dejé empezada.

PEREGRINA Pero ahora tiene hilos nuevos. Alguien la está terminando por ti. Asómate a esa puerta. ¿Ves algo al resplandor

umbral: *entrada*

de la hoguera?... (Angélica va al umbral° del fondo. La Peregrina, no.) 15

ANGÉLICA Veo al pueblo entero, bailando con las manos

trenzadas: clasped

trenzadas.°

PEREGRINA ¿Distingues a Martín?

ANGÉLICA Ahora pasa frente a la llama.

PEREGRINA ¿Y a la muchacha que baila con él? Si la vieras 20 de cerca hasta podrías reconocer su vestido y el pañuelo que lleva al cuello.

ANGÉLICA A ella no la conozco. No es de aquí.

PEREGRINA Pronto lo será.

ANGÉLICA (Volviendo junto a la Peregrina.) No... es 25 demasiado cruel. No puede ser que me lo hayan robado todo. Algo tiene que quedar para mí. ¿Puede alguien quitarme a mi madre?

PEREGRINA Ella ya no te necesita. Tiene tu recuerdo, que vale más que tú. 30

ANGÉLICA ¿Y mis hermanos...? La primera palabra que aprendió el menor fué mi nombre. Todavía lo veo dormido en

rezumaba: oozed
higos: figs
maduros: ripe

mis brazos, con aquella sonrisa pequeña que le rezumaba° en los labios como la gota de miel en los higos° maduros.°

PEREGRINA Para tus hermanos ya no eres más que una 35 palabra. ¿Crees que te conocerían siquiera? Cuatro años son muchos en la vida de un niño. (Se le acerca íntima.) Piénsalo, Angélica. Una vez destrozaste tu casa al irte ¿quieres destrozarla otra vez al volver?

ANGÉLICA (Vencida.) ¿Adónde puedo ir si no?... 40

PEREGRINA A salvar valientemente lo único que te queda: el recuerdo.

ANGÉLICA ¿Para qué si es una imagen falsa?

PEREGRINA ¿Qué importa, si es hermosa?... También la belleza es una verdad.

ANGÉLICA ¿Cómo puedo salvarla?

PEREGRINA Yo te enseñaré el camino. Ven conmigo, y mañana el pueblo tendrá su leyenda.° (La toma de la mano.) ¿Vamos...?   5

leyenda: legend

ANGÉLICA Suelta... Hay algo en ti que me da miedo.

PEREGRINA ¿Todavía? Mírame bien. ¿Cómo me ves ahora...?

ANGÉLICA (La contempla fascinada.) Como un gran sueño   10 sin párpados°... Pero cada vez más hermosa...

párpados: *miembros movibles que cubren el ojo*

PEREGRINA ¡Todo el secreto está ahí! Primero, vivir apasionadamente, y después morir con belleza. (Le pone la corona de rosas en los cabellos.) Así... como si fueras a una nueva boda. Ánimo, Angélica... Un momento de valor, y tu   15 recuerdo quedará plantado en la aldea como un roble° lleno de nidos. ¿Vamos?

roble: oak tree

ANGÉLICA (Cierra los ojos.) Vamos. (Vacila al andar.)

PEREGRINA ¿Tienes miedo aún?

ANGÉLICA Ya no... Son las rodillas que se me doblan sin   20 querer.

PEREGRINA (Con una ternura infinita.) Apóyate en mí. Y prepara tu mejor sonrisa para el viaje. (La toma suavemente de la cintura.) Yo pasaré tu barca a la otra orilla.

Práctica

Resumen

Escribe en español un resumen de estas dos selecciones, y ven a clase preparado(a) a presentárselo oralmente a un(a) compañero(a) de clase.

Uso de Palabras

Estudia el significado de las siguientes palabras. Luego, prepara por lo menos quince preguntas, y házselas a un(a) compañero(a) durante la clase.

recordar	dulce	sentimiento	orgullo	vencer
engañar	miedo	hermoso	valor	sonrisa
conocer	quejarse	llorar	camino	
paz	amor	culpa	luchar	
voz	dolor	desesperado	perder	

Pensar y Comentar

El Abuelo   ¿Qué pasaba cuando vio a la Peregrina por primera vez? ¿En qué había pensado mucho el Abuelo? ¿Por quiénes tiene miedo? ¿Cómo muestra a la Peregrina la compasión?

Angélica   ¿Cómo estaba cuando volvió a la casa? ¿Qué quería? ¿Qué no sabía, cuando llegó, con respecto a Martín, su madre, los niños, su familia, el futuro, y el recuerdo que la familia tenía de ella? Según ella, ¿quién no la olvidaría nunca? Angélica dijo que volvió porque «no podía más». Describe su vida en la ciudad. ¿En qué pensó cuando su amante la abandonó? ¿Qué hace al fin para proteger lo único que le queda, el recuerdo? ¿Quién la ayuda?

La Peregrina   Aunque la descripción no aparece en estas selecciones, la Peregrina es una joven hermosa con una cara pálida y una sonrisa de paz. (Una descripción apropiada, ¿no?) ¿Qué sentimientos de mujer tiene? ¿Qué quiere? ¿Cuál es su destino? ¿Por qué es amargo este destino? Según ella, ¿cómo es la muerte?

Simbolismo   ¿Qué simboliza la Peregrina? ¿Cómo la representa el autor? ¿Qué actitudes humanas están representadas por el Abuelo y Angélica? Comenta el modo en que el autor utiliza la descripcion física de la Peregrina para dar énfasis a las características de la muerte.

Tema   El autor examina dos aspectos de la muerte, como es y la reacción de los seres humanos frente a ella. ¿Por qué tenemos miedo de la muerte? ¿Cómo están los que buscan la muerte, como Angélica?

Comenta como pinta la muerte el autor, y compara su descripción con la de otros autores. ¿Qué símbolos de la muerte han empleado otros autores?

Otros puntos de discusión   ¿Cuál es la implicación cuando la Peregrina dijo que los niños han jugado mucho con ella sin saberlo? ¿cuando dijo que no sería posible existir la vida sin la muerte? ¿cuando dijo que el pueblo del Abuelo «ha sabido siempre mirarme de frente»? ¿«cuando se ha tenido el valor de renunciar a todo por una pasión no se puede volver luego»? ¿cuando dijo que el secreto de la vida es «vivir apasionadamente, y después morir con belleza»? ¿cuando dijo «Yo pasaré tu barca a la otra orilla.»?

Reacción personal   ¿Por qué te gustan o por que no te gustan estas selecciones? ¿Tienes otra(s) idea(s) que quieras discutir con la clase?

Temas de Composición

A. ¿Cuál es tu reacción frente a esta representación de la muerte? ¿Cómo describirías tú la muerte? ¿Cuáles son unas reacciones comunes con respecto a la muerte? ¿Qué piensas de cada reacción?

B. Analiza la historia y la personalidad de Angélica. Dada esta información y la situación en la casa cuando vuelve, ¿qué otros posibles fines hay para el drama? ¿Cuál prefieres tú, el del autor o uno de los otros?

Ejercicios Suplementarios

Cognados Engañosos

Indica el cognado engañoso, la palabra que no significa lo que parece significar.

1. Sí, el señor Alvarez fue un rico que fundó el Centro de Bellas Artes al principio de este siglo.
2. Después de sufrir esa injuria dejó su puesto en el gobierno y se marchó al interior del país.
3. Los otros viven en una pensión cerca de la universidad, pero José y yo vivimos en una casa particular.
4. El Zorro tuvo que indemnizar a la Gansa por los perjuicios que causaron las abejas de bronce.
5. La lectura es un aspecto importante de los estudios universitarios.
6. El pobre lloraba y tendía las manos, pero nadie lo ayudaba ni le hacía caso.

Antónimos

Completa los siguientes contrastes por escoger de la lista siguiente el antónimo de cada palabra en letra itálica.

suelo	vergüenza	cariño	se fía de	flaco
amistad	joven	vendedor	calentar	culpable

1. A veces el *anciano* y el _____ no se comprenden.
2. Como _____ gana dinero, pero como *comprador* lo gasta.
3. El _____ está bajo el *cielo*.
4. No creo que sea *inocente*. A mí me parece _____.
5. La _____ es preferible a la *enemistad*.
6. Para no *helar* todo hay que _____ la casa en el invierno.
7. A causa del _____ de la madre Juan Darién se convirtió en un ser humano. A causa del *odio* de los habitantes del pueblo se convirtió en un animal salvaje.
8. Seguro que no es _____ sino *gordo*. Pesa mucho.

9. El habitante del pueblo _____ sus vecinos, pero *sospecha* a los extranjeros.

10. En el cuento «Héctor Max» el narrador no tiene *orgullo* en su trabajo. De veras tiene _____.

Sinónimos

Escribe la letra del sinónimo de la palabra en el espacio.

1. quemar _____   **A.** responder
2. contestar _____   **B.** amanecer
3. flaco _____   **C.** arder
4. hallar _____   **D.** súbitamente
5. madrugada _____   **E.** golpear
6. oído _____   **F.** encontrar
7. pegar _____   **G.** oreja
8. de pronto _____   **H.** delgado

Palabras Relacionadas

Escoge la palabra apropiada y usarla, en la forma correcta, para completar cada oración.

1. (creer, creencia, acreditar)
   a. La gente le _____ el éxito de ese negocio al director del proyecto. Todos _____ que es buen director.
   b. Las _____ cambian un poco de una época a otra.

2. (amar, amable, enamorarse, enamorado)
   a. ¡Qué _____ es esa chica! _____ a todos. De acuerdo, pero su hermano no es _____.
   b. ¿Está _____ Carlos?
      Sí, _____ de una joven de Texas el verano pasado.

3. (calor, caluroso, caliente, calentar)
   a. Camarero. Esta sopa no está _____. Hágame el favor de _____ lo.
   b. ¡Uf! ¡Qué _____ hace hoy!
      Pues, hombre, el clima de aquí es _____.

4. (caminar, caminante, camino, encaminarse)
   Un _____ _____ por el _____. _____ hacía un pueblo cercano.

5. (Leer, lector, lectura)
   El _____ _____ la _____ para la próxima clase.

Vocabulario

Words and forms glossed in the margin, easily recognized cognates, articles, possessives, personal pronouns, demonstratives, numbers, and adverb forms ending in -mente have not generally been included in this vocabulary list. If there was some doubt about any word, it was included.

Because nouns ending in -o, -e, -n, -l, -r, and -s are usually masculine and those ending in -a, -d, -ción, -sis, -ie, and -umbre are usually feminine, gender is indicated only for those words not conforming to this pattern. The masculine singular form of all adjectives and nouns is given.

Since irregular verb forms are not always easily recognized or readily recalled, the forms actually encountered are entered alphabetically and followed by the infinitive.

Words that are cognates, relatable to another Spanish word, or relatable to an English word with a similar root are followed by a C (cognado), PR (palabra relacionada), or RS (raíz similar) along with the related word. Often this assist clarifies the word's meaning, and the definition per se is omitted. If needed, the definition(s) follow.

The boldface numbers indicate the chapter in which the word with that particular meaning first occurs. The following abbreviations are used:

adj.	adjective	n.	noun
adv.	adverb	p.	plural
C	cognado	PR	palabra relacionada
conj.	conjunction	prep.	preposition
f.	feminine	pro.	pronoun
inf.	infinitive	RS	raíz similar
m.	masculine	s.	singular

A

abajo adv. (PR, bajo) down, below **3**

abeja bee **9**

abnegación (C, abnegation) self-denial, self-sacrifice **4**

abogado lawyer **7**

aborrecer (C, to abhor) **9**

abrasar (RS, brasier) to burn **14**

abrazar (PR, brazo) to embrace **6**

abrigo overcoat **3**

abrir (RS, aperture) to open **2**

absorto (C, absorbed) **13**

abuelo grandfather **14**

aburrirse to get bored **5**

acabar to end, finish **2**

acabar de to have just **2**
acariciar (*C*, to caress) **4**
acaso *adv.* perhaps **4**
acera sidewalk **5**
acerca de *prep.* about **5**
acercarse (*PR*, *cerca*) to approach, come closer **2**
acogedor *adj.* protective **9**
acoger to receive, give shelter **9**
acomodarse (*PR*, *cómodo; RS*, accommodate) to make oneself comfortable **11**
acompasado *adj.* rhythmical **3**
acomplejado *adj.* (*PR*, *complejo; RS*, complex) neurotic, complicated **9**
aconsejar (*PR*, *consejo*) to advise **10**
acontecimiento event **3**
acordarse to remember **6**
acre *adj.* sour **10**
acreditar (*PR*, *creer; C*, accredit) **4**
actitud (*C*, attitude) **2**
actual *adj.* present **7**
actualmente *adv.* presently, at present, nowadays **1**
acudir to come **2**
acuerdo (*C*, accord) agreement **12**
  estar de acuerdo to agree, be in agreement **2**
acusar (*C*, to accuse) **14**
adelantar (*PR*, *adelante*) to advance **3**
adelante *adv.* ahead, forward **5**
  en adelante henceforth, from that time on **5**
ademán gesture **7**
además *adv.* besides **2**
adivinar to guess **4**
adormecer (*PR*, *a* + *dormir*) to make sleepy **6**
adquirir (*C*, to acquire) **10**
adquisición (*C*, acquisition) **5**
advertir (*RS*, advertise) to warn, advise, notice **4, 6**
afán (*RS*, affinity) eagerness **4**
afectos (*RS*, affection) feelings, affection **3**

afición (*RS, aficionado*) interest, fondness **11**
aficionado *n.* or *adj.* (*RS*, affectionate) fan; fond of **4**
afrontado *adj.* (*PR*, *frente*) insulted **1**
afrontar (*PR*, *a* + *frontar*) to confront, to face **7**
agitar (*C*, to agitate) **3**
agradar to please **5**
agrado pleasure **5**
agradecer to thank for **8**
agravarse (*RS*, aggravate) to get worse **7**
agraviarse (*PR*, *agravio*) to offend **11**
agregar (*RS*, aggregate) to add **10**
agua water **3**
aguantar to endure, keep on **10**
aguardar to wait for **6**
agujón (*PR*, *aguja*) large needle **12**
aguzado *adj.* sharp **8**
ahí *adv.* there **8**
  ahí tiene there is **8**
ahogar to smother, extinguish **6**
ahora *adv.* now **1**
ahorros savings **10**
aire libre (*C*, air; *C*, liberate) open air, outdoors **10**
aislado *adj.* (*C*, isolated) **5**
ajeno *adj.* (*RS*, alien) someone else's **8**
ala wing **3**
alabanza praise **11**
alcance reach **4**
alcanzar to reach, attain **6**
aldea village **4**
alegoría (*C*, allegory) **2**
alegrar (*PR*, *alegría*) to make happy **6**
alegre *adj.* happy **2**
alegría (*PR*, *alegre*) happiness **2**
alejarse (*PR*, *lejos*) to go away **3**
alfarero potter **8**
alfombra rug **2**
algo *pro.* something **4**
algodón cotton **14**
alguien *pro.* someone, anyone **4**
alguno *pro.* some **1**

alienista *m.* or *f.* *(C,* alienist) doctor who treats mental diseases **7**

aliento breath **14**

alimentar *(RS,* alimentary) to feed **7**

alimentarse *(PR, alimento)* to eat **10**

alimenticio *adj.* *(PR, alimento)* nutritious, nourishing **7**

alimento *(C,* alimentary) food **7**

alma soul **4**

almorzar *(PR, almuerzo)* to eat lunch **12**

almuerzo *(PR, almorzar)* lunch **5**

alrededor *adv.* around **8**

alrededores environs, surroundings **6**

altivez *f.* *(PR, alto)* haughtiness **7**

alto high, tall **2**

altura *(PR, alto)* height **3**

alumno *(RS,* alumnus) student **14**

alzar to rise **4**

allá *adv.* there **2**

  más allá *adv.* farther on **13**

allí *adv.* there

amable *adj.* *(C,* amiable; *PR, amante, amor)* **9**

amamantar to nurse, suckle **14**

amanecer *m.* dawn **11**

amante *m.* or *f.* *(PR, amar)* lover **15**

amapola *poppy* **13**

amar *(PR, amor)* to love **4**

amargo *adj.* bitter **3**

amargura *(PR, amargo)* bitterness **6**

amarillo *adj.* yellow **8**

ambiente *n.* *(C,* ambient) **5**

ambos *adj.* or *pro.* both **2**

amenaza *(C,* menace) **7**

amenazar *(RS,* menace) to threaten **10**

amigo friend **3**

amistad *(PR, amigo)* friendship **1**

amo *(PR, amor)* master, owner **11**

amoldar *(C,* to mold) **3**

amoroso *adj.* *(C,* amorous) **4**

analfabeto *(RS,* alphabet) illiterate **10**

anciano *adj.* *(RS,* ancient) old **3**

anclar *(C,* to anchor) **12**

andar to walk, movement (of time) **1**

anglosajón *adj.* or *n.* *(C,* Anglosaxon) **2**

angustia *(C,* anguish) **4**

animar *(C,* animate) **2**

ánimo *(PR, animar)* spirit, courage **15**

anoche *adv.* *(PR, noche)* last night **8**

ansia *(C,* anxiety) **15**

ansiar *(RS,* anxious) to long for **6**

ansiedad *(RS,* anxious; *C,* anxiety) **7**

ante *prep.* in the presence of **2**

antemano *adv.* *(PR, ante + mano)* beforehand **17**

antepasado *(PR, ante + pasado)* ancestor **8**

antes *adv.* *(RS, ante)* before **2**

  antes de *prep.* *(RS, ante)* before **2**

antojarse to long for **5**

  se me antojó I imagined **5**

añadir to add **6**

año *(RS,* annual) year **2**

apacible *adj.* *(PR, paz)* gentle **8**

apaciguar *(PR, paz; C,* to pacify) **14**

apaciguarse to calm down **14**

apagar(se) to go out, put out **5**

aparato *(C,* apparatus) **9**

aparecer *(C,* appear) **5**

apartar *(PR, aparte; C,* apart) **4**

apartarse to step aside, go away **4**

apenas *adv.* hardly, scarcely **4**

aplastado *adj.* *(C,* plastered) flattened **14**

aplicarse *(RS,* application) to apply oneself **11**

apoyar to lean **15**

apoyo *(PR, apoyar)* support **14**

aprender *(RS,* apprentice) to learn **2**

apresurarse *(RS,* pressure) to hurry **14**

apretar *to squeeze* **2**

aprieto *(PR, apretar)* difficulty, fix, jam **11**

aprontar *(PR, a + pronto)* to make ready **14**

aprovechar to take advantage of **3**

apuntar *(PR, punta)* to aim **12**

apurar to purify, hurry, hasten **4**

aquí *adv.* here **2**

árbol *(RS,* arboretum) tree **3**

archivar *(RS,* archive) to file, deposit in an archive **4**

arder *(RS,* ardent) to burn **5**

ardiente *adj. (RS,* ardent) burning **3**

arena sand **12**

argumento plot **1**

armar to rig up, set up **9**

arma *(C,* arm) weapon

arrancar to tear away **14**

arrastrar to drag **7**

arreglar *(PR, a + regla)* to put in order, arrange, fix **9**

arrepentido *adj. (PR, arrepentirse; C,* repentant) **4**

arriba *adv.* up, above, up above **2**

arriesgar *(C,* to risk) **4**

arrodillarse *(PR, rodilla)* to kneel **14**

arrojar to throw, cast **14**

arroz *m.* rice **4**

artificio *(C,* artifice) trick **14**

asegurado *adj. (PR, seguro; C,* assured) **4**

asentir *(C,* to assent) to assent, agree **10**

asesinato *(C,* assassination) **7**

así *adv.* thus **2**

así que *adv.* so that **9**

asiento *(PR, sentar)* seat **3**

asistir a to attend **5**

asoleado *adj. (PR, sol)* sunny **5**

asomar to peer out, to stick out **9**

asombrado *adj. (PR, asombrar)* astonished **3**

aspa wing of a windmill **11**

aspereza *(PR, áspero)* roughness **13**

asperidad *(PR, áspero)* harshness **8**

áspero *adj. (RS,* asperity) rough, harsh **13**

asunto matter, subject **7**

asustar to frighten, scare **6**

atar to tie **5**

atender a *(C,* attending to) to pay attention to **9**

aterrar *(C,* to terrify) **6**

atraer *(PR, a + traer; C,* to attract) **7**

atrapado *adj. (C,* trapped) **10**

atrás *adv.* behind, back **6**

atravesado *adj.* stuck **10**

atravesar *(RS,* travesty) to cross **5**

atreverse a to dare to **2**

atrofiar *(C,* to atrophy) **6**

atroz *adj. (C,* atrocious) **6**

auditorio *(RS,* auditorium) audience **4**

aumentar *(RS,* augment) to increase **3**

aumento *(PR, aumentar)* increase, rise **11**

aún (aun) *adv.* even, still, yet **5**

aunque *conj.* although **2**

avanzar *(C,* to advance) **3**

aventajado *adj. (PR, ventaja; C,* advanced) **14**

aventurarse a to dare to **1**

averiguar *(RS,* to verify) ascertain, find out **2**

avisar *(RS,* to advise) to inform, let know **11**

avivar *(PR, vivir)* to revive **6**

ayuda *(PR, ayudar)* help, aid **1**

ayudar *(PR, ayuda)* to help **10**

azul *adj. (RS,* azure) blue

B

baile dance, ball **7**

bajar to get off, go down, lower **12**

bajo *adj.* low, short **5**

bajo *prep.* under

balanza *(RS,* balance) scale **10**

balbucear to stammer, stutter, babble **10**

banal *adj. (C,* banal) **5**

banco bench **5**

bandada *(C,* band) flock of birds **3**

bandera flag **13**

bañar to bathe **12**

baño *(PR, bāñar)* bath **15**

barato *adj.* cheap **6**

barbarie *(C,* barbarism) **10**

barca *(C,* embark) boat **15**

barco *(C,* embark) boat **9**

barra *(C,* bar) bar, rod **12**

bastante *adv.* rather, enough **5**

bastar to be enough **8**

beber *(RS,* to imbibe) to drink **2**

belleza *(PR, bello)* beauty **5**

bello *adj.* beautiful **2**

bellas artes fine arts **2**

bendecir *(PR, bien + decir)* to bless **6**

bendición *(PR, bien + decir; C,* benediction) blessing **13**

bendito *adj. (PR, bendecir)* blessed **15**

besar to kiss **13**

biblioteca *(RS,* bibliography) library **1**

bicho insect **10**

bien *adv.* well, *n.* good **10, 1**

está bien that's O.K. **10**

lo bien que *conj.* how well **6**

blanco *adj. (RS,* blanch) white **3**

blancura *(PR, blanco)* whiteness **13**

blando *adj. (C,* bland) bland, smooth, soft **12**

blanquecino *(PR, blanco)* whitish **4**

boca mouth **2**

boda wedding **15**

bola *(C,* ball) **4**

bolsillo pocket **4**

bolsón *(PR, bolsa)* large purse **5**

bondad *(PR, bueno)* goodness **11**

bonito *adj.* pretty **4**

borde *(C,* border) **6**

borraja *(C,* borage) a flower of Southern Europe and Northern Africa **13**

borrar to erase **5**

boscaje *(PR, bosque)* grove **13**

bosque woods **3**

botellón *(C,* large bottle) **12**

brazo *(RS,* embrace) arm **4**

bromear *(PR, broma)* to joke **4**

brotar to gush out **8**

bueno *adj.* good

buque ship **6**

burla joke **1**

hacer burla de to make fun of **1**

burlarse *(PR, burla)* to make fun of **4**

busca search **6**

buscar to look for **1**

butaca arm chair, theater seat **3**

C

caballería *(PR, caballo)* chivalry **11**

caballeriza *(PR, caballo)* stable **11**

caballero *(PR, caballo)* knight, gentleman **11**

caballista *m.* or *f. (PR, caballo)* horseman, horsewoman, good rider **15**

caballo *(RS,* cavalry) horse **3**

cabaña *(C,* cabin) cabin, hut **8**

cabecera *(PR, cabeza)* headboard **4**

cabello hair (on person's head) **13**

caber to fit into, be contained **8**

no caber en sí de contento to be beside himself with happiness **10**

cabeza head **2**

al cabo de *prep.* at the end of **5**

cada *adj.* each **2**

caer to fall **2**

cafetera *(PR, café)* coffeepot **9**

caja box **4**

calabozo *(RS,* calaboose) prison cell **7**

calcular *(C,* to calculate) **12**

cálculo *(C,* calculation) calculation, estimate **12**

calentar *(PR, calor)* to heat **12**

calidad *(C,* quality) **2**

cálido *adj. (PR, calor)* hot **14**

caliente *adj. (PR, calor)* warm **15**

calificar *(RS,* qualify) to rate, grade, judge **4**

calor *(RS,* calorie) heat **3**

caluroso *adj. (PR, calor)* hot **11**

callar to be quiet, silent, to hush **9**

calle *f.* street **2**

callejuela *de calle* **3**

cama bed **5**

camarero waiter **8**

cambiar to change **1**

cambio (*PR, cambiar*) change **2**
  a cambio de in exchange for **2**
  en cambio on the other hand **2**
caminante (*PR, camino*) walker, traveler **13**
caminar to walk, travel **3**
camino (*PR, caminar*) path, road **5**
camisa shirt **5**
campanada (*PR, campana*) ringing of a bell **3**
campánula (*PR, campana*) bellflower **8**
campesino (*PR, campo*) country man, peasant, farmer **14**
campo country **5**
cansado *adj.* tired **5**
cansancio (*PR, cansar*) tiredness, weariness **6**
cantar (*RS, chant*) to sing **2**
cantarino *adj.* (*PR, cantar*) musical **8**
canto (*PR, cantar*) song, singing **2**
caña (*C, cane*) **14**
capaz *adj.* (*C, capacity*) capable **8**
capricho (*RS, capricious*) caprice, whim, notion, **10**
cara face **3**
cárcel (*RS, incarcerated*) jail, prison **11**
carcelero (*PR, cárcel*) jailer **7**
carga (*C, cargo*) load, burden, cargo **7**
cargamento (*PR, carga; C, cargo*) **7**
cargar (*RS, cargo*) to carry **8**
caridad (*C, charity*) **4**
cariño affection **3**
cariñoso *adj.* (*PR, cariño*) affectionate **3**
carne (*RS, carnal*) meat **6**
caro *adj.* expensive **4**
carrera (*C, career*) **6**
cartelera (*PR, carta*) billboard **9**
cartón cardboard **11**
casa house **2**
casa editorial publishing house **13**
casarse (*PR, casa*) to marry **11**
casco hoof **12**
casi *adv.* almost **1**
casita *de casa* **3**
caso (*C, case*) **2**

hacer caso a to pay attention to **7**
castellano *adj.* (*C, Castilian*) **11**
castigar (*C, to chastise*) to chastise, punish **14**
castigo (*C, castigate*) **4**
castillo (*C, castle*) castle, forecastle of a boat **12**
casualidad chance
  por casualidad *adv.* by chance **11**
causa (*C, cause*)
  a causa de *conj.* or *prep.* (*C, because of*) **10**
cautivo (*C, captive*) **1**
cayendo *de caer* **4**
cayó *de caer* **5**
caza hunt, hunting **11**
cazador *adj.* (*PR, caza*) hunting **14**
ceder (*C, to concede*) **12**
cedro (*C, cedar*) **3**
celos jealousy **4**
ceniza ashes **13**
censurar (*C, to censure*) **7**
céntrico *adj.* (*PR, centro; C, central*) **5**
ceñir to surround **13**
cepillo brush **2**
cera wax **10**
cerca *adv.* near **3**
cercanías (*PR, cerca*) vicinity **7**
cercano (*PR, cerca*) nearby **3**
cerebro (*C, cerebrum*) **6**
cerrar to close **5**
cerro hill **5**
certeza (*PR, cierto*) certainty **5**
certidumbre *de cierto* **3**
cetro (*C, scepter*) **13**
ciego blind **1**
cielo sky, heaven **2**
ciencia (*C, science*) **9**
cierto *adj.* (*C, certain*) **4**
cigarro (*C, cigar, cigarette*) **12**
cincuentona *n.* or *adj.* (*PR, cincuenta*) **5**
cine (*C, cinema*) **5**
cinta ribbon **2**
cintura waist **14**

circo *(C, circus)* **5**
circular *(C, to circulate)* **6**
circundar *(PR, círculo; RS, circumference)*
  to surround **5**
citar *(C, cite)* **1**
ciudad *(C, city)* **2**
clamar *(C, to clamor)* to clamor, shout,
  whine **14**
claro *adj. (C, clear)* **12**
claro *adv.* of course **6**
claro que *adv.* of course **8**
clavar to fasten **12**
cobertizo *de cubrir* **3**
cobrar to charge **2**
cocer to cook, bake **8**
código *(C, codify, code)* code of laws **7**
coger to pick up **7**, to take **12**
cognado *(C, cognate)* **2**
cohete fuse, firecracker **14**
cólera *(RS, choleric)* anger, rage **10**
colérico *adj. (PR, cólera; RS, choleric)* angry
  10
colgar to hang **3**
colocar to put, place **5**
comenzar *(C, to commence)* **3**
comercio *(RS, commercial)* business, trade
  5
cometer *(C, to commit)* **7**
cometido *(PR, cometer)* task, assignment **9**
comida *(PR, comer)* meal **5**
comienzo *(PR, comenzar)* beginning **6**
comisario *(C, commissary)* manager **2**
¿cómo? how?, what? **2**
¡cómo! what! **12**
como *adv.* as, how
  así como *conj.* as well as **2**
compañero *(RS, companion)* **1**
  compañero de clase classmate **1**
compensar *(C, to compensate)* **4**
complacer *(PR, com + placer)* to please **10**
complacido *adj. (PR, com + placer)* pleased
  (with) **8**
complejidad *(PR, complejo)* complexity **1**

complejo *(C, complex)* **1**
comprador *(PR, comprar)* buyer, purchaser **7**
comprar to buy **4**
compras *(PR, comprar)* purchases **5**
comprender *(C, comprehend)* to understand **1**
comprometer *(PR, com + pro + meter; C,
  to compromise)* **7**
con with **2**
conceder *(C, to concede)* **4**
concurso competition, contest **9**
conde count (title) **4**
conducir to conduct, lead, drive **7**
condujo *de conducir* **3**
conferir *(C, to confer)* **9**
confianza *(C, confidence)* **4**
confiscar *(C, to confiscate)* **7**
conforme *adj.* agreed **10**
conforme a *prep. (C, conform)* in accor-
  dance with **10**
confortante *adj. (C, comforting)* **9**
confundido *adj. (RS, confounded)* confused
  1
confundir *(RS, to confound)* to confuse **5**
confuso *adj. (C, confused)* **11**
congoja anguish, grief, anxiety **8**
congregar *(RS, to congregate)* to gather **1**
conjetura *(C, conjecture)* **5**
conjunto whole **14**
conmover *(PR, mover)* to touch, affect, stir
  (emotions) **7**
conmovido *adj. (C, move)* moved, touched
  7
conocer *(RS, recognize)*, to know **1**, to
  meet **13**
conocido *adj.* known **1**
conquistar *(C, conquest)* **6**
consciente *adj. (C, conscious)* **9**
conseguir to get, obtain **4**
consejo counsel, advice **7**
consigo with yourself, himself, herself,
  themselves **4**
constar to be clear, evident **5**

consuelo (PR, *consolar*; C, consolation) comfort **5**

consumirse (C, to be consumed) **4**

contabilidad (PR, *contar*) accounting, book-keeping **10**

contagiar (RS, contagious) to infect **12**

contar (RS, recount) to tell, relate **1**

contener (C, to contain) **2**

contenido (C, content) **2**

contestar (RS, contestant) to answer **12**

continuación (C, continuation)
  a continuación continuing **6**

contorno (C, contour) **12**

contra *prep.* against **15**

contraer (PR, *con* + *traer*; C, to contract) **7**

contrariedad (PR, *contrario*; C, contrary) irritation, disappointment **12**

contuve *de contener* **12**

convecino (RS, vicinity) neighbor **9**

convencer (PR, *con* + *vencer*) to convince **3**

convenir (PR, *con* + *venir*; RS, convenient) to be proper **10**

convidar to invite **13**

copa glass **9**

copa treetop **13**

coquetería (C, coquette) **4**

corazón heart **4**

cordón edge **2**, shoe lace **5**

coro (C, chorus) **13**
  a coro (C, in chorus) **10**

correr to run **2**

corriente *adj.* (C, current) **5**

cortar (PR, *corto*) to cut **3**

cortejar (RS, to court) to court, woo **4**

cortés *adj.* (C, courteous) **3**

cortesía (C, courtesy) **11**

corteza crust **13**

corto *adj.* short **1**

cosa thing **2**

costa (C, coast) **12**

costa (C, cost) **6**

costar (C, to cost) **6**

costar trabajo to be difficult **5**

costumbre custom **2**
  de costumbre usual **9**

creador (C, creator) **6**

crear (RS, to create) **2**

crecer (RS, crescendo) to grow **5**

creencia (PR, *creer*) belief **11**

creer (RS, creed) to believe **1**

criadito *de criado* **3**

criado servant **6**

criar to rear **2**

criatura (PR, *criar*) creature, baby, child **7**

crin *f.* mane **12**

crispar to put (nerves) on edge **9**

crudeza (C, crudity) **6**

cuadrado *adj.* square **12**

¿cuál? which?, what? **1**

cual which **1**

cualidad (C, quality) **9**

cualquier *adj.* (PR, *cual* + *querer*) any, anyone, whichever **4**

cuando *adv.* when **2**

¿cuánto(s)? how much? how many **3**

cuanto *adv.* how much, all that **3**
  en cuanto a as for **3**
  unos cuantos a few **8**

cuarto room **5**

cubierto *adj.* (PR, *cubrir*)) covered **5**

cubrir to cover **2**

cucharada (PR, *cuchara*) spoonful **2**

cucharilla *spoon* **9**

cuello neck **4**

cuenta **darse cuenta de** to realize **5**

cuentista (PR, *cuento*) story teller, short story writer **4**

cuento (PR, *contar*) story **1**

cuerda (C, cord) **10**

cuerno **no importar un cuerno** to be unimportant **9**

cuerpo (RS, corporal) body **2**

cuidado *adj.* (PR, *cuidar*) care **3**

cuidadoso *adj.* careful **7**

cuidar to take care **3**

culpa fault, blame **4**

culpable *adj.* *(PR, culpa)* guilty **7**
cultivo *(C, cultivation)* **14**
cumplimiento *(PR, cumplir)* fulfillment,
   completion **3**
cumplir *(RS, comply)* to fulfill, complete **9**
cura *(RS, curate)* priest **11**
curandero *(PR, curar)* healer **4**
custodiar *(C, custody)* to guard, watch **4**
cuyo *adj.* whose **5**

CH

chapita small plate **10**
chico boy **3**
chiquillo *de chico* **5**
chiquito *de chico* **14**
chispa spark **14**
chisporroteo *(PR, chispa)* sputtering sparks
   13

D

dada *de dar* **2**
dama *(C, dame)* lady **11**
damnificar *(RS, to damage)* to damage,
   hurt, injure **10**
dañino *adj.* *(PR, daño)* harmful **14**
daño damage **4**, loss **16**
dar to give **2**
datos *(C, data)* facts **1**
deber duty **7**, should, ought, owe **4**, must **5**
   deber de to have to **10**
débil *adj.* *(RS, debilitate)* weak **4**
debilidad *(PR, débil)* weakness **3**
decaer *(PR, de + caer; C, decay)* **4**
decible *adj.* *(PR, decir)* speakable **14**
decir to say, tell **1**
dedo finger **6**
dejar to let, permit **2**, to leave **9**
   dejar de + *inf.* to stop + *present participle*
   7
delante *adv.* in front **5**
   delante de *prep.* in front of **5**

deleite *(C, delight)* **8**
delgado *adj.* thin **7**
delirio *(C, delirium)* **7**
demás *pro.* *(PR, más)* the rest, others **8**
demasiado *adj.* or *adv.* *(PR, más)* to much **2**
demeler *(C, to demolish)* **10**
demora *(PR, demorar)* delay **10**
demostrar *(PR mostrar; C,* to demonstrate)
   1
dentro *adv.* within **4**
   dentro de *prep.* inside of **4**
deponer *(PR, de + poner; C,* to dispose **7**
depositaría *(RS, depository)* receiver **9**
derecha right **14**
derecho *n.* straight, right **6**
derecho *adj.* right **7**
derivar *(C,* to derive) **7**
derramar to pour **3**
desacuerdo *adj.* *(PR, des + acuerdo)* disagreement, discord **7**
desamor *(PR, des + amor)* disaffection **4**
desaparecer *(PR, des + aparecer; C,* to dis-
   appear) **7**
desarrolle *(PR, desarrollar)* development **1**
desatar *(PR, des + atar)* to untie
desayunarse *(PR, desayune)* to eat breakfast
   11
desayuno breakfast **3**
descansar *(PR, des + cansar)* to rest **3**
desconcertado *adj.* confused, bewildered **15**
desconcierto *(PR, des + concierto)* dishar-
   mony, disorder **7**
desconocer *(PR, des + conocer)* not to be
   familiar with **5**
desconocide *adj.* unknown **5**
desconsideración *(PR, des + consideración)*
   lack of regard for, inconsideration,
   thoughtlessness **7**
descrito *adj.* *(PR, describir)* **3**
desubridor *(C, discoverer)* **7**
descubrir *(PR, des + cubrir; C,* to discover)
   2
desde *prep.* from, since **2**

desde luego *adv.* of course **12**

desdeñar *(C,* to disdain) **13**

desdicha *(PR, des + dicha)* unhappiness, misfortune, misery **9**

desdichado *adj. (PR, des + dicha)* unfortunate **10**

desempeñar *(PR, des + empeñar)* to recover, redeem **7**

desencante *adj. (PR, des + encanto; C,* disenchantment) **4**

desenlace *(PR, des + enlace)* disentanglement, solution **1**

desentonado *adj. (PR, des + en + tono)* off key, out of tune **3**

deseo (C, desire) **11**

desesperación *(PR, des + esperar; C,* desperation) **7**

desesperado *adj. (PR, des + esperar; C,* desperate) **15**

desesperante *adj. (PR, des + esperar)* causing despair, hopeless **3**

desesperarse *(PR, des + esperar; C,* desperate) to become desperate **10,** to despair **12**

desgarrar to tear **10**

desgraciado *adj. (PR, des + graciado)* unfortunate, wretched **9**

deshacerse de *(PR, des + hacer)* to get rid of **7,** to undo **11,** to right **11**

desierto *(C,* desert) **1**

deslizarse to slip, slide **5**

desmayar to faint **14**

desnudo *(RS,* nude) nude **2**

desoír *(PR, des + oír)* to turn a deaf ear to, not to heed **13**

despachar *(C,* to dispatch) **3**

despacho office **5**

despacio *adv.* slow **6**

despedirse to say goodby, dismiss **3,** fire **10**

despertar(se) to wake up **5**

despojos remains **8**

después *adv.* after **1**

    después de *prep.* after **1**

desquite *(PR, des + quitar)* return, recovery of a loss **4**

desventaja *(PR, des + ventaja)* disadvantage **10**

desviarse *(RS,* to deviate) to shift direction **6**

detenerse *(RS,* to detain) to stop **5**

detrás *adv.* behind **5**

    detrás de *prep.* behind, after **9**

detuvo de *detener* **3**

devastar *(C,* to devastate) **10**

devolver *(PR, de + volver)* to return (something) **6**

di *de decir* **8**

día *(RS,* diary) day **1**

diablo devil **10**

diamantear *(PR, diamante; C,* diamond) **13**

diario *(PR, día)* newspaper, daily **5**

dicha happiness, good luck **4**

dichoso *adj. (PR, dicha)* happy **4**

dictado *(C,* dictate) **7**

diente *(RS,* dental) tooth **2**

diera *de dar* **8**

difícil *adj. (PR, fácil; C,* difficult) **6**

difunto *adj. (RS,* defunct) deceased **7**

digno *adj. (RS,* dignitary) worthy **1**

dije *de decir* **6**

dijese *de decir* **3**

dijiste *de decir* **3**

dijo *de decir* **1**

diminuto *adj. (C,* diminutive) **7**

dinero money **6**

diré *de decir* **6**

diría *de decir* **3**

dirigir to address, say **9**

dirigirse a to go to, direct oneself to **9**

discípulo *(RS,* disciple) student **3**

discurso *(C,* discourse) speech **6**

discutir *(C,* to discuss) **3**

disfrutar to enjoy **3**

disimular *(RS,* to dissimulate) to hide **7**

disiparse *(C,* to dissipate) **3**

disminución *(RS,* diminish) decrease, decline **10**

disparate nonsense, absurdity **10**

disperso *adj. (C,* disperse) **5**

disponerse a *(PR, dis + poner; C,* to be disposed to) to get ready to **9**

dispuesto a *prep. (C,* disposed to) **9**

distinto *adj. (C,* distinct) different **5**

distraer *(PR, dis + traer; C,* to distract) **9**

distraído *adj. (C,* distracted) **5**

diverso *adj. (C,* diverse) several **11**

divertido *adj. (RS,* diversion) amused, amusing, entertained, entertaining **8**

divertirse *(C,* to divert oneself) to have a good time **9**

divisar to sight, distinguish **4**

doblar *(C,* to double) **12**

docena *(PR, doce; C,* dozen) **7**

doler *(PR, dolor)* to hurt **6**

dolor *(RS,* dolorous) pain **5**

domador de fieras wild animal tamer **14**

domingo Sunday **5**

don + *name* title of respect (somewhat equivalent to Miss Mary or Mister Jim in Southern dialect **8**

doncella maiden **11**

donde *adv.* where **1**

dondequiera *adv. (PR, donde + quiera)* wherever **13**

dorado *(PR, oro; RS,* adorn) golden **10**

dorar to gild **13**

dormido *adj. (PR, dormir)* asleep **9**

dormir *(RS,* dormitory) to sleep **2**

dormirse to go to sleep **2**

dotar to endow **14**

dramaturgo *(PR, drama; C,* dramatist) **8**

drenaje *(C,* drainage) **7**

duda *(C,* doubt) **3**

dudar *(C,* to doubt) **5**

dudoso *adj. (PR, dudar)* doubtful **7**

dueño owner **4**

dulce *adj.* sweet **4**

durante during **1**

durar *(RS,* to endure) to endure, last **13**

duro *adj.* hard **6**

E

e and **14**

echar to throw, cast **3**

echar(se) a to begin to **3**

edad age **2**

edificio *(RS,* edifice) building **5**

efectivamente *adv.* really, actually **9**

en efecto *adv.* in fact, in effect **3**

efectuar *(C,* to effect) to effect, carry out **9**

eficacia *(C,* efficacy) effectiveness **4**

ejemplar *(RS,* exemplary) example **2**

ejemplo *(C,* example) **2**
    por ejemplo for example **2**

ejercicio *(C,* exercise) **11**

ejercitar to train **11**

elaborado *adj. (RS,* elaborate) made **10**

elegir *(RS,* to elect) to elect, choose **10**

embargo **sin embargo** nevertheless **5**

empeñarse en to persist in **4**

empeño *(PR, empeñarse)* persistence **4**

empezar to begin **2**

emplear *(C,* to employ) **11**

emprender to undertake **3**

empujar to push **12**

enamorado *adj. (PR, en + amor)* in love **4**

enamorarse *(PR, en + amor)* to fall in love **11**

encaminarse *(PR, en + caminar)* to go toward **14**

encantador *(PR, encanto; C,* enchanter) **11**

encantamiento *(PR, encanto; C,* enchantment **11**

encarcelado *adj. (PR, en + cárcel; C,* incarcerated) imprisoned

encender *(RS,* incendiary) to light **3**

encendido *adj.* lit, bright **3**

encerrar *(PR, en + cerrar)* to enclose **4**

encerrarse to put into **8**

encierro *(PR, encerrar)* confinement **8**

encima de *prep.* on top of **1**
    por encima de *prep.* over **12**

encontrar *(C, to encounter)* to encounter, find **1**

encubrir *(PR, en + cubrir)* to cover, hide

encuentro *(PR, encontrar; C, encounter)* encounter, meeting **5**

enemistad *(PR, enemigo; C, enmity)* **11**

enfermarse *(PR, enfermo; C, infirmary)* to get sick

enfermedad *(PR, enfermo; RS, infirmary)* sickness **4**

enfermo *adj. (RS, infirmary)* sick **4**

enfilado *adj. (PR, en + fila)* in a row **9**

enfrente *adv. (PR, frente)* in front **5**

enfundar to put into a case, to cover **6**

engañar to deceive **4**

enhorabuena *adv. (PR, en + hora + bueno)* with much pleasure **4**

enjambre swarm of bees **10**

enloquecido *adj. (PR, loco)* crazy, mad **7**

enmudecer *(RS, mute)* to remain silent **3**

enojado *adj.* angry **4**

enojarse *(PR, enojo)* to get angry **2**

enrolar *(C, to enroll)* **12**

ensayista *m. or f. (C, essayist)* **1**

ensayo *(C, essay)* **9**

enseñar to show, teach **4**

ensillar *(PR, en + silla)* to saddle **3**

entender to understand **3**

entendido *adj. (PR, entender)* wise, prudent, well-informed **7**

enterar to inform **4**

enterarse to find out **6**

entero *adj. (C, entire)* **6**

enterrar *(PR, en + tierra; C, to inter)* **10**

entonces *adv.* then **1**

entrada *(PR, entrar)* admission **9**

entraña *(PR, entrar)* innermost part, heart **8**

entre between, among **2**

entreabrir *(PR, entre + abrir)* to half open **12**

entregar to deliver **4**

entretanto *adv.* meanwhile **10**

entretener *(PR, entre + tener; C, to entertain)* **4**

entrevista *(PR, entre + vista; C, interview)* **6**

entristecido *adj. (PR, triste)* saddened **6**

envidiar *(C, to envy)* **6**

envidioso *adj. (C, invidiousness)* **9**

envolver *(PR, en + volver; C, involve, envelop)* to wrap **8**

época *(C, epoch)* **3**

equivocarse *(RS, to equivocate)* to make a mistake, to be wrong **2**

era *de ser* **1**

éramos *de ser* **12**

errante *adj. (C, errant)* errant, wandering **9**

escalera stairs **1**

escalinata *(PR, escalera)* flight of stairs **6**

escalón *(PR, escalera)* step **6**

escalonado *adj. (PR, escalera)* terraced, stair-step like **6**

escándalo *(C, scandal)* scandal, bad example **1**

escaso *adj. (C, scarce)* **12**

escena *(C, scene)* **8**

esclavo *(C, slave)* **11**

escoger to choose **3**

esconder to hide **4**

escribir *(RS, scribble)* to write **1**

escrito *adj. (PR, escribir)* written **5**

escritor *(PR, escribir)* writer **3**

escritorzuelo *(PR, escritor)* third-rate writer **6**

escuchar to listen **8**

escudero squire **11**

escuela *(RS, school)* school **3**

esencias *(C, essences)* **4**

esforzar *(C, to force)* **3**

esfuerzo *(PR, fuerza)* effort **6**

espada sword **11**

espalda shoulder **7,** back **12**

espantar to frighten **3**

especie *(C, species)* **9**

espejo mirror **1**

espera *(PR, esperar)* wait **6**

esperanza *(PR, esperar)* hope **5**

esperar to hope, wait **2,** expect **5**

espina *(C, spine)* thorn **13**

espino *(C, spine)* thorny shrub **13**

esposo *(C, spouse)* **15**

esquina corner **5**

establecer *(C, to establish)* **3**

estación season, station **5**

estado *(C, state)* **7**

estilo *(C, style)* **6**

estío summer **13**

estorbar to hinder, be in the way **8**

estrechar to clasp (hands) **4**

estrecho *adj.* narrow **2**

estrella star **8**

estudiar *(C, to study)* **1**

estudio *(PR, estudiar)* study **1**

estuviera *de estar* **9**

estuviese *de estar* **6**

evitar *(RS, inevitable)* to avoid **7**

evocación *(C, evocation)* **14**

exigir *(RS, exigency)* to require, demand **6**

exiguo *adj.* meager, scanty **5**

éxito success **6**

explicar *(RS, to explicate)* to explain **8**

explotar *(C, to explode)* **14**

exponer *(PR, ex + poner; C, to expose)* **6**

extorsionar *(C, to extort; RS, extortion)* **10**

extrañado *adj. (PR, extraño; C, estranged)* **9**

extrañar to be surprised at **15**

extrañeza *(PR, extraño)* strangeness **5**

extranjero *adj. (C, foreign)* abroad, foreign **10**

extranjero *n. (PR, extraño)* stranger **13**

extraño *adj. (C, strange)* **7,** *n.* stranger **9**

F

fábrica *(PR, fabricar)* factory **8**

fabricar *(C, to fabricate)* to make **8**

fábula *(C, fable)* **2**

fácil *adj. (RS, facilitate)* easy **1**

fachada *(C, facade)* front (of a building) **9**

falta *(PR, faltar)* need, lack **11**

faltar *(RS, fault)* to lack, need **3**

    a falta de *prep.* for want of, lack of **3**

fascinar *(C, to fascinate)* **8**

fatiga *(C, fatigue)* **6**

fatigar *(PR, fatiga; C, fatigue)* to get tired **10**

favor   por favor *(C, favor)* please **1**

fe *f.* faith **1**

fecundar *(RS, fecundity)* to fertilize **2**

felicitar *(C, felicitations)* to congratulate **7**

feliz *adj. (RS, felicity)* happy **9**

feo *adj.* ugly **5**

feria *(C, fair)* **15**

feroz *adj. (C, ferocious)* **11**

festejo *(PR, fiesta; RS, festive)* festival, celebration **6**

fiarse de to trust **15**

fiebre *(C, fever)* **6**

fiel *adj. (PR, fe)* faithful **6**

fiera wild beast **14**

figurarse to imagine **14**

fijarse to settle on, fix on, set your sights on, notice **6**

fijo *adj. (C, fixed)* **8**

fin *(RS, final, finish)* end **3**

    al fin *adv.* after all, at last **4**

    en fin *adv.* in short **6**

    por fin *adv.* finally **5**

fingir to pretend **4**

firme *adj.* steady **12**

    en firme *adv.* steadily **12**

flaco *adj.* thin **7**

flor *(C, flower)* **3**

florecer *(PR, flor)* to bloom **10**

floreciente *adj. (PR, flor)* flourishing **7**

florido *adj. (PR, flor; C,* flowery) **13**

fomentar *(C,* to foment) to foment, foster, promote **13**

fondo bottom **4**
   en el fondo *adv.* at heart **10**

fortaleza *(PR fuerte; RS,* fortitude; *C,* fort) **11**

forzado *adj. (C,* forced) **6**

frase *(C,* phrase) phrase, sentence **1**

frente forehead **3,** front **8**
   frente a *adv.* in front of, facing
   de frente *adv.* from the front **12**

fresco *adj. (C,* fresh) **3**

frescura *(PR, fresco; C,* fresh) freshness, coolness **13**

frío *adj. (RS,* frigid) cold **4**

frotarse to rub **10**

fue *de ser* **12**

fuego fire **3**

fuegos artificiales fireworks **14**

fuente *f. (C,* fountain) **5**

fuera *adv.* outside **3**

fuera *de ser* **8**

fuerte *adj. (RS,* forte) strong **6**

fuerza *(RS,* force) force, strength **2**

fuese *de ser* **5**

fui *de ir* **5**

fumar to smoke **5**

funcionar *(C,* to function) **8**

funcionario *(C,* functionary) public official **7**

fundar *(C,* to found) **13**

G

galán *(C,* gallant) **15**

ganancias *(PR, ganar)* earnings **10**

ganar to earn, win **3**

ganas de desire to, feel like **8**

garganta throat **10**

gastar to spend **5**

gasto *(PR, gastar)* expenditure, expense **9**

gatito *(PR, gato)* kitten **14**

género *(C,* genre, genus) kind, type, class **11**

gente people **1**

gentil *adj. (C,* genteel) **11**

germen *(C,* germ) **7**

gigante *(RS,* gigantic) giant **3**

gigantesco *adj.* gigantic **3**

girar *(C,* gyrate, revolve) **12**

gobernador *(C,* governor) **11**

gobierno *(PR, gobernar; C,* government) **7**

golpe *(PR, golpear)* blow **11**

golpear to hit **10**

golpeo *(PR, golpear)* repeated striking **3**

gordo *adj.* fat **11**

gota drop **10**

gozar to enjoy **4**

gozo pleasure, joy **13**

hacerle gracia to strike one as being funny **8**

gracias thanks **6**

grado *(RS,* grade) degree **4**

graduarse *(C,* to graduate) **2**

grande *adj.* big, great **2**

grano *(C,* grain) **3**

gratuito *adj. (C,* gratuitous) **6**

gris *adj.* grey **6**

gritar to shout **9**

gritería *(PR, gritar)* shouting **14**

grito shout **10**

grosería rudeness, insult, crudeness **10**

grosero *adj. (RS,* gross) rude, impolite **2**

grueso *adj.* bulky **5**

guardar *(C,* to guard) to guard, keep, save **4**

guardia *(C,* guard) **9**

guerra *(C,* guerrilla) war **1**
   Primera Guerra Mundial First World War **1**

guiar *(C,* to guide) **8**

gustar to like **1**

gusto pleasure, taste **10**

gustos *(PR, gustar)* likes **3**

H

haber to have (helper verb) **9**
  haber de + *inf.* to have + *inf.* **9**
había there was, there were **3**
habitación *(PR, habitar; C, habitation)*
  room **5**
habitante *(C, inhabitant)* **5**
habitar *(C, inhabit)* **5**
hablar to talk **2**
hace ago **6**
hacer to make, do **1**
hacerse *(PR, hacer + se)* to make oneself,
  become **6**
hacienda estate, property **11**
hallar to find **11**
hallazgo *(PR, hallar)* find, discovery **7**
hambre *f.* hunger **1**
harina flour **13**
hartarse *(PR, harto)* to have one's fill **12**
hasta *prep.* until **1**
hay there is, there are **1**
  hay que it is necessary **1**
hecho fact, act, deed **5**, *de hacer* **7**
helar *(PR, hielo; RS, congeal)* to freeze **15**
herencia *(RS, inheritance)* heredity **2**
herida *(PR, herir)* wound **11**
herir to wound **3**
hermano brother **8**
hermoso *adj.* beautiful **2**
hermosura *(PR, hermoso)* **2**
hiciera *de hacer* **12**
hiciste *de hacer* **6**
hierba *(RS, herb)* herb, grass, weed **8**
hierro *iron* **3**
hijo son **2**
  hijos children **2**
hilar *(PR, hilo)* to spin **13**
hilera *(PR, hilo)* row **5**
hilo *(RS, filament)* thread, line **7**
hinchar to swell **6**
hizo *de hacer* **1**
hogar home **3**, hearth, fireplace **13**

hoguera *(PR, hogar)* bonfire **15**
hoja leaf **3**
hombre man **1**
hombro shoulder **5**
homenaje *(C, homage)* **2**
hondo *n.* depth, bottom **3**, *adj.* deep **12**
hondura *(PR, hondo)* depth **8**
honrado *adj. (C, honorable)* honorable,
  honest, **11**
hora *(C, hour)* hour, time **3**
hormiga ant **7**
hormiguero *(PR, hormiga)* ant hill **7**
hortalizas *(RS, horticulture; PR, huerta)*
  vegetables **7**
hoy *adv.* today **3**
hubiera *de haber* **8**
hubo there was, there were **1**; *de haber* **1**
huelen *de oler* **13**
huerto *(RS, horticulture)* small orchard and
  vegetable garden, garden patch **13**
huésped *m. (RS, hospitality)* guest **1**
huir *(RS, fugitive)* to flee, run away **11**
humeante *adj. (PR, humo)* steaming **9**
humo smoke **13**
humor *(C, humor)* humor, disposition **8**
huyo *de huir* **10**

I

iba *de ir* **5**
idioma *m.* language **6**
idiotez *f. (PR, idiota; C, idiocy)* **6**
ignorar *(RS, ignorant)* not to know **7**
igual *adj. (C, equal)* equal, the same **6**
ilusionar *(C, to cause illusion)* to fascinate
  9
imagen *f. (C, image)* **5**
imperio *(C, empire)* **13**
impermeable *(C, impermeable)* raincoat **5**
implacable *adj. (C, implacable)* implacable,
  relentless **10**
imponer *(PR, im + poner; C, to impose)* **6**

importar *(RS,* important) to matter **4**

imprevisto *adj. (PR, im + pre + visto)* not foreseen **7**

improvisado *adj. (C,* improvised) **7**

inadvertido *adj. (PR, in + advertir)* unnoticed **2**

inaudito *adj. (C,* unheard of) **6**

inaugurado *adj. (C,* inaugurated) **10**

incapaz *adj. (PR, in + capaz; C,* incapable) **7**

incendio *(RS,* incendiary) fire **10**

incluso *adj. (C,* including) **3**

incomprendido *adj. (PR, in + comprendido)* not understood, misunderstood **7**

inconcluso *adj. (RS,* inconclusive) part way **5**

incorporarse *(PR, cuerpo; C,* incorporate) to sit up **12**

incrustarse en (C, to encrust) to impress itself deeply into **10**

indemnizar *(RS,* indemnity) to indemnify, compensate **10**

inesperado *adj. (PR, in + esperar)* unexpected **3**

infeliz *(PR, in + feliz) n.* poor wretch, *adj.* unhappy **14**

infortunio *(PR, in + fortuno)* misfortune **11**

ingrato *adj. (C,* ungrateful) **3**

injuria *(RS,* injury) insult **10**

inmuebles *(PR, muebles)* immovable (property) **2**

inmutarse to show emotion **10**

inquietarse *(PR, in + quieto)* to become disturbed **14**

inquieto *adj. (PR, in + quieto)* restless, uneasy, anxious **5**

instalar *(C,* to install) **5**

instruirse *(C,* instruction) to instruct, teach oneself **14**

intentar *(C,* to intend) to try, attempt **4**

internarse *(RS,* internal) to go into the interior **14**

intérprete *m.* or *f. (C,* interpreter) **2**

interrogante *adj. (RS,* interrogate) questioning **8**

inútil *adj. (PR, in + útil; RS,* utilize) not useful, useless **15**

invierno *(RS,* hibernate) winter **5**

ir to go **2**

isla *(C,* island) **1**

izquierda left **1**

J

jamás *adv.* never, ever **3**

jardín *(C,* garden) **5**

jefe chief, boss **7**

joven *adj. (RS,* juvenile) young **6**

jubilado *adj.* retired **1**

júbilo *(C,* jubilation) **11**

juego *(PR, jugar)* game, play **2**

jugar to play **2**

jugada play, move, trick **2**

juguete *(PR, jugar)* toy, plaything **4**

juicio *(PR, juzgar)* judgment **7**

juntar *(PR, junto)* to gather **1**, join **12**

junto *adj.* next to, joined, together **2**

jurar *(RS,* jury) to swear **6**

justo *adj.* right, just **7**

juvenil *adj. (PR, joven; C,* juvenile) **6**

juventud *(PR, joven; RS,* juvenile) youth **6**

juzgar *(C,* to judge) **6**

L

labio lip **1**

labrador *(PR, labrar)* farmer **11**

labrar *(RS,* elaborate) to work (wood, metal, stone) to form decoration **8**

ladera *(PR, lado)* slope **13**

lado *(RS,* lateral) side **5**

  al lado de along side of **12**

ladrillo brick **5**

lágrima tear **4**

lámpara *(C,* lamp) lamp, light **8**

languidez *f. (C,* languor) weakness **4**

lanzar *(C,* to launch) to throw, let loose, utter **3**

largo *adj.* long **2**

    a lo largo de along, lengthwise **2**

latigazo *(PR, látigo)* lash (of a whip) **14**

lavarse to wash, clean, brush **2**

lazo tie, bond, knot **14**

leal *adj. (C,* loyal) **7**

leche *f.* milk **8**

lector *(PR, leer)* reader **1**

lectura *(PR, leer)* reading **11**

leer *(RS,* legible) to read **1**

legua *(C,* league) **10**

lejano *adj. (PR, lejos)* distant **8**

lejos *adv.* distant, far away **2**

    a lo lejos in the distance **2**

lengua tongue **14**

lenguaje *(PR, lengua; C,* language) **14**

lentitud *(PR, lento)* slowness **7**

lento *adj.* slow **5**

letra *(C,* letter) **3**

letrero *(PR, letra)* sign **5**

levantarse to get up **2**

leve *adj. (C,* levity) **9**

ley *f. (RS,* legal) law **10**

libidinoso *adj. (C,* libidinous) lewd, lustful **2**

librarse *(PR, libre; C,* liberate) to free oneself **12**

libre *adj. (RS,* liberty) free **3**

librería *(PR, libro)* bookstore **6**

libro *(RS,* library) book **5**

ligar *(RS,* ligament) to bind, connect **14**

ligero *adj.* light **3**

limpiar to clean **5**

limpieza *(PR, limpiar)* cleaning **7**

limpio *adj. (PR, limpiar)* clean **9**

lindo *adj.* pretty **4**

loco *adj.* crazy **6**

locura *(PR, loco)* craziness, madness **10**

lograr to succeed in **4;** gain **13**

lote *(C,* lot) **7**

lucero *(PR, luz)* bright star **12**

lucha battle, struggle, fight **6**

luchar *(PR, lucha)* to fight, struggle **6**

lucidez *f. (PR, luz; C,* lucidity) **4**

lucir *(RS,* lucid; *PR, luz)* to shine **8**

luego *adv.* then **1**

lugar place **2**

    en lugar de in place of, instead of **2**

luna *(RS,* lunar) moon **10**

luz *f. (RS,* translucent) light **5**

LL

llama flame **13**

llamar to call, name **2**

llamarada *(PR, llama)* sudden flame **14**

llave *f.* key **8**

llegada *(PR, llegar)* arrival **6**

llegar to arrive, reach **2**

    llegar a ser to become **2**

llenar to fill **5**

lleno *adj.* full **2**

llevar to take, carry **1**

    llevar razón to be right **9**

llevarse *(PR, llevar)* to take, purchase **8**

llorar to cry **8**

llover to rain **5**

llueve *de llover* **2**

lluvia *(PR, llover)* rain **14**

M

madera wood **8**

madre *f.* mother **13**

madrugada dawn **13**

maduro *adj. (C,* mature) **13**

maestro *(C,* maestro) teacher **3;** *adj.* master, great

mago *(C,* magician) **1**

majestuoso *adj. (C,* majestic) **3**

mal *adj.* ill, bad **5;** *n.* evil **8**

maldad *(PR, mal)* evil, wickedness, badness **14**

maldecir *(PR, mal + decir)* to curse **6**

maldición *(PR, mal + decir; C,* malediction) **4**

maldito *adj. (PR, malo)* cursed, wicked **4**

malgastar *(PR, mal + gastar)* to waste, to spend unwisely **8**

malhumorado *adj. (PR, malo + humor)* bad-tempered, ill-humored **3**

malo *adj.* bad **2**

mancha stain, spot **14**

mandar *(RS,* mandate, command) **1;** to order, send **8**

manejar *(C,* to manage) **8**

manera *(C,* manner) way, manner **2**

mano *(RS,* manual) hand **2**

manotado *(PR, mano)* blow **14**

manta blanket **4**

mantener *(C,* to maintain) **9**

mantuve *de mantener* **12**

maña skill, knack, cunning **10**

mañana morning, tomorrow **2**
  por la mañana in the morning **2**

máquina machine **6**

mar *m.* or *f. (RS,* maritime) sea **6**

marcar *(C,* to mark) **8**

marcharse *(RS,* march) to leave **2**

marina *(PR, mar; C,* maritime) sea, marine **9**

mármol marble **6**

mas *conj.* but **11**

más *adv.* more **5;** else **8**
  más que more than **1**

máscara *(C,* mask) **8**

matar to kill **10**

matrícula de *(C,* matriculate) booked for **12**

mayor *adj.* main, major, greater, bigger **2**

médico *(RS,* medicine) doctor **2**
  médico de guardia *(PR, guardar)* emergency doctor **2**

medida *(PR, medir)* measure **7**
  a medida que in proportion, as, at the same time as **2**

medio *adj. (RS,* medium) half, middle **2**
  en medio de in the middle of **2**
  por medio de by means of, through **2**

medios means **2**

mediodía *(PR, medio + día)* noon **2**

meditar *(C,* to meditate) **7**

medroso *adj. (PR, miedo)* fearful **15**

mejor *adj.* better, best **1**

mejorar *(PR, mejor)* to better, improve **1**

melífluamente *adv. (PR, miel; C,* mellifluently) honey-mouthed **10**

menor *adj. (RS,* minor) less, least, younger, youngest **5**

menos *adv. (RS,* minus) less **2,** except **15**
  a menos que unless **12**
  al menos at least **9**
  en menos de in less than

mensaje message **2**

mente *f. (RS,* mental) mind **1**

mentir to lie **4**

mentira *(PR, mentir)* lie **8**

mentiroso *adj. (PR, mentir)* liar **12**

menudo *adj.* small **6**
  a menudo often

mercado *(C,* market) **5**

merecer *(RS,* merit) to deserve **6**

mes *m.* month **2**

mesa *(C,* mesa) table **4**

meta goal **8**

meter to put into **1**

mezcla mixture, mix

mezclar to mix **3**

miedo fear **2**

miel *f.* honey **9**

miembro *(C,* member) **2**

mientras *adv.* while, meanwhile **1**

mientras tanto *adv.* meanwhile **8**

mil *(RS,* millennium) thousand **4**

milagro miracle **15**

milagroso *adj. (PR, milagro)* miraculous **4**

miligramo *(C,* milligram) **7**
millares *(PR, mil)* thousands **8**
mirada *(PR, mirar)* look **5**
mirar to look at **3**
misa *(PR,* missal; *C,* mass) **9**
mismo *adj.* same, himself, itself **1**
  a sí mismo himself **9**
  ahora mismo *adv.* right now **6**
mitad half, middle **3**
mito *(C,* myth) **2**
modelar *(C,* to model) **8**
modo *(C,* mode) style, way, manner **2**
  de modo que *conj.* so that, and so **10**
mojado *adj.* wet **5**
mojar *(PR, mojado)* to get wet **12**
molestar *(RS,* molest) to bother **2**
molesto *adj. (PR, molestar; C,* molest)
  bothersome, annoying **9**
molino mill **11**
moneda *(RS,* money) coin **8**
montar to establish, set up **9**
monte *(C,* mountain) **6**
mordaz *adj.* biting
morder to bite **2**
moreno *adj.* brown **13**
moribundo *adj. (PR, morir; C,* moribund)
  13
morir *(RS,* mortal, mortuary) to die **4**
mostrar *(RS,* demonstration) to show **4**
movedizo *adj. (PR, mover)* shifting **13**
mozo young fellow **11**
muchacho boy **3**
mudo *adj. (C,* mute) silent **9**
muebles *(PR, mover)* furniture **2**
muerte *f. (PR, morir)* death **4**
muerto *de morir* **4**
muestre *de mostrar* **1**
mujer *f.* woman, wife **2**
mundial *adj. (PR, mundo)* world **11**
mundo *(RS,* mundane) world **1**
  todo el mundo everyone **9**
mutismo *adj. (C,* muteness) **7**
muy *adv.* very **3**

N

nacer *(RS,* nascent) to be born **2**
nacimiento *(PR, nacer; RS,* nascent) birth **1**
nada *pro.* nothing, anything **4**
nadie *pro.* no one, anyone **4**
nariz *f.* nose **5**
narrar *(C,* to narrate) **14**
naturaleza *(C,* nature) **1**
nauseabundo *adj. (C,* nauseating) **10**
negar *(RS,* negate) to deny **4**
  negarse a + *inf.* to refuse + *inf.*
negocios *(RS,* negotiate) business **8**
negro *adj.* black **10**
ni *adv.* or *conj.* not even **3**
nicho *(RS,* niche) tomb in a wall **5**
nido nest **15**
niebla *(RS,* nebulous) fog, mist **13**
nieto grandchild **15**
nieve *f. (PR, nevar)* snow **13**
ninguno *pro.* none, any **1**
niño child **2**
niquelado *adj. (C,* nickle-plated) **10**
nivel level **1**
noche *f.* night **2**
  de noche at night **12**
  por la noche in the evening, at night
nochebuena *(PR, noche* + *buena)* Christmas
  Eve **13**
nombre name **2**
norte *(C,* north) **12**
noticias *(C,* notices) news **6**
novedad *(RS,* novel) latest news, events, or
  fashions **2**
novelucha *(PR, novela)* third-rate novel **6**
novio sweetheart, fiancé **15**
nube *f.* cloud **2**
nubecita *(PR, nube)* small cloud **10**
nudo knot **15**
nuevamente *adv.* again **10**
nuevo *adj. (RS,* novelty) new **2**
  de nuevo again **5**
nunca *adv.* never, ever **2**

obedecer *(PR,* obedient) to obey **11**
obra work, writing
obrar to work **1**
obrero *(PR, obrar)* worker **10**
obscurecer *(RS,* obscure) to get dark **14**
obstante **no obstante** *adv.* nevertheless **4**
obtener *(C,* to obtain) **6**
obtuve *de obtener* **4**
ocultar *(RS,* occult) to hide **3**
oculto *adj. (C,* occult) hidden **3**
odiar *(RS,* odious) to hate **2**
odio *(PR, odiar)* hatred **14**
odioso *adj. (C,* odious) **15**
oeste *(C,* west) **6**
oficio position **11**; trade **12**
ofrecer *(C,* to offer) **4**
ofrenda *(PR, ofrecer; C,* offer) offering **7**
oído *(PR, oír)* ear **4**
oír to hear **3**
ojo eye **2**
¡ojo! Watch out! Look out! **12**
ola wave **12**
oler *(RS,* olfactory) to smell **9**
olor *(C,* odor) **10**
olvidar *(RS,* oblivion) to forget **5**
olvido *(PR, olvidar)* oblivion **3**
onda wave **12**
ondear *(PR, onda)* to wave **12**
optar *(C,* to opt, choose) **10**
oración *(C,* oration) sentence **1**
ordenanza *(PR, ordenar; C,* ordinance) **7**
ordenar *(C,* to order) to order, arrange **9**
oreja ear **12**
orfeón *(C,* orphean) singing group **3**
orgullo *(PR, orgulloso)* pride **1**
orgulloso *adj.* proud **1**
oriente *(C,* orient) east **13**
orilla bank (of a stream), shore, edge **13**
oro gold **4**
oscurecer *(PR, oscuro)* to get dark **5**
ostentar *(RS,* ostentatious) to display,

show, show off **9**
otoño fall **13**
otro *adj.* another **1**
oveja sheep **5**

pacífico *adj. (PR, paz)* peaceful, calm **11**
padecer *(RS,* patient) to suffer **4**
padrasto stepfather **14**
padre father **2**
padres fathers, parents **2**
pagar to pay **2**
página *(C,* page) **6**
país country, nation **3**
paisano *(PR, país)* countryman **12**
paja straw **13**
pájaro bird **3**
palabra word **1**
palabra relacionada related word **1**
palidecer *(PR, pálido; RS,* pale) to become pale **4**
palo stick **12**
paloma dove, pigeon **6**
pan bread, wheat **3**
pantalón *(C,* pants) **8**
pañuelo handkerchief **15**
papel paper **5**; role **15**
para *prep.* for, in order to **3**
parado *adj.* standing **14**
paraguas *s.* or *p. (PR, parar + aguas)* umbrella **5**
paraíso *(C,* paradise) reference to the Garden of Eden **4**
parar to stop **8**
parecer to seem, appear, resemble, think **1**
  al parecer apparently **9**
parecerse a to resemble **5**
parecido *adj. (PR, parecer)* similar **1**
pared wall **5**
pariente *m.* or *f.* relative **5**
parque *(C,* park) **5**

párrafo *(C, paragraph)* **3**

particular *adj.* private **7**

partida *(RS, departure)* departure **8**

partido *(C, party)* **8**

partir to share **3**; to divide **8**; *(RS, depart)* to leave **5**

pasar *(C, to pass)* to pass time, to spend, to happen, to pass **1**

pasear *(PR, pasar)* to take a ride or walk **5**

paseo *(PR, pasear)* walk, ride **9**

pasta *(C, paste)* dough **13**

pastor *(C, pastor)* shepherd **5**

patria *(RS, patriotic)* country, fatherland **11**

patriarca *m. (C, patriarch)* **11**

patrón landlord **9**

paz *f. (RS, pacify)* peace **5**

peatón *(PR, pie; RS, pedestrian)* pedestrian **9**

pecho chest **3**; bosom, breast **8**

pedazo piece **2**

pedir to ask for, order, ask **6**

pedrada *(PR, piedra)* blow from a stone **3**

pegar to stick, set, hit, beat **12**

peinar to comb **13**

película show, film, movie **9**

peligro *(RS, peril)* danger **11**

pelo hair **4**

pellejo *(PR, piel; RS, pelt)* hide **10**

pena *(C, pain)* **6**

pensamiento *(PR, pensar)* thought **5**

pensar *(RS, pensive)* to think **1**

    pensar en to think about **5**

    pensar de to think of, to have an opinion about **5**

pensar + *inf.* to intend + *inf.* **11**

pensativo *(PR, pensar; C, pensive)* **6**

penumbra partial shadow **8**

peor *adj.* worse, worst **5**

pequeño *adj.* small **2**

perder to lose **1**

perderse to get lost **1**

peregrinar *(RS, peregrination)* to journey, roam **13**

peregrino *(PR, peregrinar)* pilgrim **13**

pereza *(PR, perezoso)* laziness **7**

periodista *m.* or *f. (PR, periódico)* journalist **5**

perjudicar to damage, impair, harm **9**

perjudicial *adj.* harmful **9**

perjuicio *(C, prejudice)* damage **10**

perlino *adj. (C, pearl-colored)* **13**

pernoctar *(PR, noche; RS, nocturnal)* to spend the night **2**

pero *conj.* but **2**

perro dog **14**

persecución *(C, persecution)* pursuit **3**

perseguir *(PR, per + seguir)* to pursue **4**

personaje *(C, personage)* character in a story or play **2**

pertenecer *(RS, to pertain)* to belong to **3**

pesadez *f. (PR, peso)* heaviness **8**

pesado *adj. (PR, pesar)* heavy **3**

pesar *(PR, peso)* to weigh **10**

    a pesar de in spite of **5**

pesca *(PR, pez)* fishing **12**

pescador *(PR, pez)* fisherman **12**

pescar *(PR, pez)* to fish, catch **12**

peseta Spanish money **6**

pésimo *adj. (PR, peso)* heavy, weighty, serious, very bad **7**

peso *(PR, pesar)* weight **7**

piadoso *adj. (C, pious)* **15**

pícaro *adj.* mischievous **12**

pie foot **4**

    de pie on foot, standing

    ponerse de pie to stand up

piedra *(RS, petrify)* stone, rock **6**

piel *f. (RS, pelt)* skin **8**

pierna leg **12**

pieza room, piece **5**

píldora *(C, pill)* **4**

pintar *(C, to paint)* **5**

pintura *(C, painting)* **13**

pisada *(PR, pisar)* hoofbeats **3**

pistolero *(PR, pistola)* gunman **6**

placa *(C, plaque)* **6**

placer *(C,* pleasure) to please **13**
plata silver **13**
playa beach **15**
plaza square **5**
plazca *de placer* **12**
población *(PR, poblar; C,* population) **7**
poblar *(C,* to populate) **13**
pobre *adj. (RS,* poverty) poor **6**
poco *adj.* little
   poco a poco little by little **5**
pocos *adj.* few **2**
poder to be able **1**
poderoso *adj. (PR, poder)* powerful **13**
polvo dust, powder **4**
polvoriento *adj. (PR, polvo)* dusty **13**
poner to put **3;** give **11**
ponerse a *to begin to* **7**
ponerse de rodillas to kneel **11**
por *prep.* for, on account of, through **2**
   por eso *adv.* therefore **1**
   por lo menos at least **1**
porque *conj.* because **1**
portarse *(RS,* deportment) to conduct oneself, behave **3**
portero *(PR, puerta)* doorman **9**
portoncito *de puerta* **14**
poseer *(C,* to possess) **5**
poseyendo *de poseer* **6**
pozo well **5**
precautorio *adj. (C,* precautionary) **7**
precio *(C,* price) **2**
precipitado *adj. (RS,* precipitous) **3**
precipitarse *(RS,* precipitous) to hurl oneself **10;** to hurry
preciso *adj. (C,* precise) precise, exact **8**
  es preciso it is necessary **13**
predisponer *(PR, pre + dis + poner; C,* pre-
   dispose) **7**
pregunta *(PR, preguntar)* question **1**
preguntar to ask
preguntarse to wonder, ask oneself **10**
premio *(RS,* premium) prize **2**
prenda pawn, article **4**

prender to light **12;** to fasten **13**
preocuparse *(RS,* preoccupy) to worry **6**
presa prey **14**
presenciar *(RS,* presence) to see, witness **10**
prestar to land **3**
  prestar atención *(C,* to pay attention) **3**
pretender to try **9**
pretextar *(C,* pretext) to give as a pretext **5**
primavera spring **13**
primero *adj. (RS,* primary) first **1**
  primero inferior first grade **2**
príncipe *(C,* prince) **2**
principiar *(PR, principio)* to begin **5**
principio beginning **10**
  a principios de *adv.* toward the beginning
   of **14**
  al principio *adv.* at (in) the beginning **3**
prisa urgency
  darse prisa to hurry **10**
  de prisa *adv.* quickly **6**
proa *(C,* prow) **12**
probar *(RS,* prove) to taste, **10;** to test **11;**
   to prove **11;** to try **13**
proceder *(C,* to proceed) **7**
prodigioso *adj. (C,* prodigious) **7**
producir *(C,* to produce) **11**
pronto *adv.* soon **7**
  de pronto *adv.* suddenly, all of a sudden **5**
propagar *(C,* to propagate) **7**
propias de Dios of God himself **1**
propio *adj. (RS,* property) own, proper,
   same **4;** themselves **7**
proponer *(C,* to propose) **6**
proporcionar *(C,* to proportion) to supply,
   give **6**
propósito *(PR, proponer; C,* purpose) **7**
  a propósito *(RS,* propose) for the purpose, apropos, suitable **9**
proseguir *(PR, pro + seguir; C,* prosecute)
   to continue **14**
prostituir *(C,* to prostitute) **6**
próximo *(RS,* approximate) next, nearby **9**
prueba *(PR, probar)* proof **4;** test **14**

pudiera *de poder* **8**
pudiese *de poder* **9**
pudo *de poder* **6**
pueblan *de poblar* **3**
pueblecito *de pueblo* **3**
pueblo small town **3**
puente bridge **13**
puerco *(RS,* pork) pig, hog **11**
puerta door **1**
puerto *(C,* port) **12**
pues *conj.* for, then **4**
puesto *(PR, poner)* position, place **11;** *de poner* **4**
punta *(C,* point) **12**
punto *(C,* point) **8**
   a punto *adv.* ready **8**
pureza *(C,* purity) **14**
puro *adj.* only, merely **12;** pure **15**
púrpura *(C,* purple) **13**
puse *de poner* **4**
pusiera *de poner* **7**
puso *de poner* **7**

Q

que *conj.* that, who, than **1**
qué *what*
   ¿para qué? for what reason, purpose? **14**
   ¿por qué? why? **1**
   ¿Qué tal? How is, was? **9**
quebrar to break **11**
quedar to remain, be left, stay **2**
quehaceres *(PR, que + hacer)* chores **5**
queja *(PR, quejarse)* complaint **1**
quejarse to complain **1**
quemadura *(PR, quemar)* burn **14**
quemar *(RS,* cremate) to burn **14**
querer to want **1;** to love **4**
   querer decir to mean **1**
querido *adj.* loved, dear
quien *conj.* who, whom **1**
quién who, whom **1**

químico *(C,* chemist) **4**
quinto *(PR, cinco; C,* quintet) fifth **12**
quise *de querer* **4**
quisiera *de querer* **8**
quisieron *de querer* **7**
quisiste *de querer* **1**
quiso *de querer* **4**
quitar to take away, off **2**
quizás *adv.* perhaps **4**

R

rabia *(RS,* rabid) rage **12**
rabioso *adj. (PR, rabia)* maddeningly **6**
raíz (raíces) *f. (RS,* eradicate) root(s) **1**
rama branch **5**
ramaje *(PR, rama)* branches, foliage **13**
ramo bunch of flowers **5**
rasgo trace, characteristic **8**
rato while **5**
razón *f. (C,* reason) **10**
rechazar to reject **8**
recién *adv. (PR, reciente; C,* recently) **14**
recobrar *(C,* to recover) **12**
recoger *(PR, coger)* to collect, gather **4**
recogerse *(PR, coger)* to retire
recomenzar *(PR, re + comenzar; C,* to re-commence) to begin again **10**
reconcentrado *adj. (C,* concentrating) **15**
reconocer *(PR, re + conocer; C,* recognize) **5**
recordar *(RS,* to record) to remember **5**
recorrer *(PR, re + correr)* to run **3**
recorrido *(PR, recorrer)* trip **9**
recuerdo *(PR, recordar)* memory **6**
red web **10**
redención *(C,* redemption) **14**
redondo *adj.* round **2**
regalo gift **15**
registrar *(RS,* to register) to inspect, examine **12**
regla rule **4**
reglamentar *(RS,* regulation) to establish rules for **8**

regresar *(RS,* to regress) to return **5**
reídor *adj. (PR, reír)* full of laughter **13**
reina *(PR, rey; RS,* reign) queen **10**
reino *(PR, rey; RS,* reign) kingdom **1**
reirse *(PR, risa)* to laugh **8**
reja grate **8**
relacionar *(RS,* relation) to relate, connect **6**
relatar *(C,* to relate) **14**
reloj *m.* watch, clock **3**
remar *(PR, remo)* to row **12**
remordimiento *(PR, morder; C,* remorse) **4**
renacimiento *(PR, re + naci + miento; C,* renaissance) rebirth, revival **13**
rencor *(C,* rancor) **13**
rendido *adj.* subdued, yielded **4**
rendir *(C,* to render) to produce, yield **9**
renombre *(PR, re + nombre; C,* renown) **11**
reparar *(C,* to repair) **11**
repartir to divide, distribute **8**
repaso *(PR, re + paso)* to go over again, review **14**
repentino *adj. (PR, de repente)* sudden **3**
reponer *(PR, re + poner; C,* to replace) **10**
reposo *(C,* repose) repose, rest **12**
reprimir to repress **4**
repugnar *(C,* to repugn) to oppose, withstand **6**
repugnarse *(C,* repugnant) to be repugnant **4**
resignarse *(C,* to resign oneself) **10**
resistir *(C,* to resist) to endure **12**
resolver *(C,* to resolve) **4**
resonar *(PR, sonar; C,* to resound) **12**
respetar *(C,* to respect) **9**
respetuoso *adj. (C,* respectful) **2**
respirar *(RS,* respiration) to breathe **5**
resplandor *(RS,* splendor) splendor, brightness, light **15**
responder *(C,* to respond) **6**
respuesta answer **1**
restos *(C,* rest) remains **5**
resumen *(RS,* summary) summary **1**
retirarse *(C,* to retire) **11**

retrato portrait **4**
retroceder *(PR, retro + ceder; C,* to recede) to draw back **14**
reunir to gather
reunirse *(RS,* to reunite) to gather, meet **2**
revelar *(C,* to reveal) **4**
revés *(RS,* reverse) back
 al revés *(RS,* reverse) in the other direction, the other way around, on the contrary **15**
revista *(PR, re + vista)* magazine **13**
rey *m. (RS,* reign) king, sovereign **1**
rico *adj. (C,* rich) **5**
riesgo *(C,* risk) **10**
rigor *(C,* rigor)
 de rigor indispensable **9**
rincón corner **4**
riña *(PR, reñir)* quarrel, fight **7**
río river **13**
rió *de reír* **5**
riqueza *(PR, rico)* riches, wealth **6**
risa *(PR, reír)* laughter **2**
risueño *adj. (PR, risa)* pleasant, delightful **8**
rodar to roll **11**
rodear *(PR, rodeo)* to surround **6**
rodilla knee **4**
rogar *(RS,* interrogate) to request, beg **11**
rojizo *adj. (PR, rojo)* **6**
rojo *adj.* red **5**
romper to break **1**
ropa clothes **14**
rostro face **5**
rubio *adj.* blond **6**
rudeza *(C,* rudeness) **10**
rueda wheel **9**
ruido noise **5**
rumor *(C,* rumor) rumble **12**

S

sábana sheet **2**
saber to know **1;** knowledge, learning **8**

sabiduría *(PR, saber)* wisdom, knowledge **9**

sabio *(PR, saber)* wise man **15**

sabor *(C, savor)* taste **8**

sacar to take out **3**; to get **9**

sacerdote *(C, sacerdotal)* priest **7**

sacudir to shake **2**

sal *f. (C, salt)* **8**

salida *(PR, salir)* exist, departure **1**
  a la salida after leaving (quitting time) **9**

salido *(PR, salir)* to come from, be a product of **8**

salir to leave **2**; to go out **9**

saltar *(RS, assault)* to jump **8**

salto jump **12**
  de un salto quickly

salubridad *(PR, salud; C, salubrity)* healthfulness **7**

salud *(RS, salutary)* health **4**

salvaje *adj. or n. (C, savage)* **10**

salvar *(C, to save)* **13**

salvo *adj. or prep. (C, saved)* saved, except **10**

sangre *f. (RS, sanguine)* blood **8**

sangriento *adj. (PR, sangre; RS, sanguinary)* bloody, bleeding **14**

sano *adj.* sound, sane, healthy **10**

santo *adj. or n. (C, saint)* **4**

santuario *(C, sanctuary)* **7**

sátira *(C, satire)* **11**

sea *de ser* **1**

secar to dry **4**; to dry up **13**

seco *adj.* dry

secreter *(RS, secretary, secret)* writing desk **4**

sed thirst **1**

seguida *(PR, seguir)* continuation
  en seguida *adv.* immediately

seguido *adj. (PR, seguir)* regularly **5**; continuous **9**

seguir to continue, follow **2**

según *prep.* according to **6**

segundo *adj. (C, second)* **2**

seguro *adj. (RS, secure)* sure **6**; safe **12**

selva jungle, forest **14**

semana week **2**

semejante *adj.* similar **6**

semejanza resemblance **2**

sencillez *f. (PR, sencillo)* simplicity **1**

sencillo *adj.* simple **1**

sendero path **5**

seno lap, bosom, breast **4**

sentarse to sit **5**

sentido sense, meaning **2**

sentimiento *(C, sentiment)* **3**

sentir *(RS, sentiment)* to feel **4**

señal *f. (C, signal, sign)* **9**

señalar *(PR, señal)* to signal, indicate, point out **9**

señor man, gentleman, lord, master **13**

señora lady **5**

señorío *(PR, señor)* dignity, domain of a lord **8**

sepas *de saber* **6**

sepulcro *(C, sepulcher)* **4**

ser to be **1**

ser *m.* being

ser humano *(C, human being)* **1**

serio *adj. (C, serious)* **9**

si *conj.* if **2**
  entre sí among themselves **9**

siempre *adv.* always **3**

sierra *(C, sierra)* sierra, mountain range **15**

siglo century **1**

significado *(RS, signify)* meaning **1**

sigo *de seguir* **9**

siguiente *adj. (PR, seguir)* following, next **1**

sílaba *(C, syllable)* **3**

silbato whistle **11**

silbido whistle **3**

sillón *(PR, silla)* large chair, easy chair **6**

similitud *(PR, similar; C, similarity)* **14**

simpático *adj. (RS, sympathetic)* sympathetic, agreeable, nice **3**

sin *prep.* without **4**

siniestro *adj. (C, sinister)* **8**

sino *prep.* but + *noun, adj.* or *adv.* **4**

sino que + *conj.* but + *verb*
   no + *verb* + **sino** *adv.* only **10**
siquiera *adv.* even **10**
   ni siquiera not even **2**
sitio *(C,* site) **5**
soberano *adj.* or *n. (C,* sovereign) **9**
sobrar to be more than enough **2**
sobre *prep.* about, over **1**
sobreponer *(PR, sobre + poner)* to overcome **4**
sobrepujar to surpass **4**
sobrepuje *de sobrepujar* **4**
sobresalto shock **2**
sobre todo *adv.* especially **8**
sobrevivir *(C,* to survive) **7**
sobrino nephew **11**
socio *(RS,* associate) partner **8**
sol sun **2**
solas   **a solas** *adv. (PR, solo)* alone **12**
soledad *(PR, solo; C,* solitude) **6,** solitude,
   loneliness **15**
soler to be accustomed to **5**
solicitado *adj. (C,* solicited) **7**
solitario *adj. (C,* solitary) **5**
solo *adj. (RS,* solitude) alone **2**
sólo *adv. (RS,* solitary) only **3**
soltar to let go, let loose **12**
sombra *(RS,* somber) shadow, **3;** darkness
   10
sombrero hat **2**
sombrío *adj. (C,* somber) somber, gloomy,
   shadowy **8**
sonar *(C,* sonar) to sound, ring **5**
sonido *(C,* sound) **9**
sonreír *(PR, son + reír)* to smile **4**
sonrisa *(PR, risa)* smile **8**
soñador *(PR, soñar)* dreamer **15**
soñar *(PR, sueño)* to dream **2**
sopa *(C,* soup, sop) **3**
soplar to blow **8**
soportar *(C,* to support) **9**
sordo *adj.* dull (sound) **14**
sorprender to surprise **3**

sospecha *(C,* suspicion) **12**
sospechar to suspect **6**
sospechoso *adj. (C,* suspicious) **7**
sostener *(C,* sustain) to sustain **6;** hold **14**
subir to go up, to climb, to get in **1;** to get
   on **11**
súbito *adj.* sudden **15**
suceder to happen **5**
sucio *adj.* dirty **10**
sudor sweat
suegro father-in-law **2**
suelo *(RS,* soil) floor, ground **7**
suelto *adj. (PR, soltar)* loose **14**
sueño dream **6;** sleep **12**
suerte *f.* luck, fortune **4**
sugerir to suggest **15**
suicidarse *(C,* to commit suicide) **14**
Suiza Switzerland **1**
sujeto *(C,* subject) **10**
sumamente *adv.* exceedingly, highly **9**
sumar *(RS,* summation) to add **7**
supe *de saber* **13**
superviviente *m.* or *f. (PR, super + viviente;*
   C, survivor) **7**
supieras *de saber* **6**
suplica *(PR, suplicante; C,* supplication) en-
   treaty, supplication **14**
suplicante *m.* or *f. (C,* supplicant) **4**
suplicio torture **14**
supo *de saber* **10**
supondrá *de suponer* **4**
suponer *(C,* to suppose) **12**
sur south **3**
surgir *(C,* surge) to rise, spurt **7**
suscitarse *(RS,* resuscitate) to revive **13**
suspirar *to sigh* **6**
sustentarse *(C,* to sustain oneself) **11**

T

tabla *(C,* table) board, plank **12**
tal *adj.* such **3**

también *adv.* too, also **2**

tampoco *adj.* neither, either **6**

tan *adv.* so **4**

tan... como *adv.* as...as **15**

tanto *adj.* so much, such **2**

tanto(s)... como *adj.* as much (many)...as **11**

tapa cover **4**

tapar(se) to cover (up) **8**

tardar *(PR, tarde)* to delay, be late **10**

tarde *f.* afternoon **1**; *adv.* late **5**
   por la tarde in the afternoon

tarea task

taza cup **3**

techo roof **5**

teclear *(PR, tecla)* to type, to finger a keyboard **6**

tela cloth, material **5**

tema *m.* *(C, theme)* **1**

temer *(RS, timorous)* to fear **11**

temeroso *adj.* *(PR, temer)* fearful **3**

tempestad *(RS, tempest)* storm **9**

temporada *(RS, temporary)* period of time **1**

temprano *adv.* early **14**

tenaz *adj.* *(C, tenacious)* **3**

tender *(C, extend)* to extend, hold out **8**

tenderse to stretch out **9**

tener to have **1**; to hold **11**
   tener _____ años to be _____ years old
   tener cuidado to be careful
   tener la culpa to be to blame **15**
   tener éxito to be successful
   tener lugar to take place
   tener miedo to be afraid
   tener prisa to be in a hurry
   tener razón to be right
      no tener razón to be wrong
   tener que to have to
   tener que ver con to have to do with

tentación *(C, temptation)* **7**

tentador *adj.* tempting **4**

tentar *(C, to tempt)* **7**

tentativa *(RS, tentative)* attempt **10**

teñir *(C, to tint)* **10**

tercero *adj.* *(PR, tres)* third **2**

terminar *(RS, terminate)* to end **1**

término *(RS, terminal)* end **6**

ternura *(C, tenderness)* **14**

terreno *(PR, tierra; C, terrain)* land, ground, field **5**

tesis *(C, thesis)* **2**

tesoro *(C, treasure)* **4**

testigo *(RS, testify)* witness **3**

tiempo time **1**
   a tiempo on time **15**
   de tiempo en tiempo from time to time

tienda store **8**

tierra *(RS, territory)* land **7**

tío uncle **10**

tirar to throw **3**

tiro shot **14**

título *(C, title)* **2**

¡Toca! Get him! **14**

tocar to touch, hit **12**; play **15**
   tocarle a uno to be one's turn **12**

todavía *adv.* still, yet **2**

todo *adj.* or *n.* all **2**
   del todo wholly, completely

todos everyone

tomar to take, have **2**

tónica *(C, tonic)* keynote **9**

tontería *(PR, tonto)* foolish act, stupidity, foolishness **9**

tonto *adj.* foolish **9**

topacio *adj.* *(C, topaz)* **13**

torcer to twist, turn **8**

torno *(RS, turn)* potter's wheel **8**
   en torno a *adv.* around **5**

torpe *adj.* dull, stupid, awkward **2**

torpeza *(PR, torpe)* stupidity **12**

tostado *adj.* tanned, toasted **8**

trabajador *adj.* or *n.* *(PR, trabajar)* worker **7**

trabajar to work **1**

trabajo *(PR, trabajar)* work **3**

trabajoso adj. (PR, trabajar) laborious **6**
traducir to translate **2**
traer to bring **3**
tragar (RS, trachea) to swallow **10**
traición (C, treason) **7**
traicionar (RS, treason) to betray **6**
traidor adj. or n. (PR, traicionar; C, traitor) **15**
trajo de traer **5**
transcurrir (RS, transpire) to pass **9**
tranvía m. streetcar **5**
tras prep. (PR, atrás) after, behind **3**
trasladar(se) to move **2**
tratar to treat **2**
    tratar de to deal with
    tratar de + inf. to try + inf. **2**
    tratarse de to be a question of **2**
través   a través de prep. across **7**
trigo wheat **15**
triste adj. sad **2**
tristeza sadness **6**
triunfante adj. (C, triumphant) **6**
triunfar (C, to triumph) **6**
triunfo (C, triumph) **13**
trompeta (C, trumpet) **11**
trono (C, throne) **13**
tumbar (RS, tumble) to knock down **12**
turbado adj. embarrassed **8**
turbar(se) (C, to disturb) to trouble **5;** to be embarrassed **12**
turbio adj. (PR, turbar) muddy **13**
tuve de tener **5**
tuviera de tener **9**
tuviese de tener **9**
tuvo de tener **10**

U

u conj. or **14**
último adj. (C, ultimate, ultimatum) last **14**
único adj. (RS, unique) only **4**
unir (C, to unite) **7**
unos adj. some **2**
uña fingernail **12**

V

vaciar (RS, vacuum) to empty **10**
vacilar (C, to vacillate) **11**
vacío adj. (RS, vacuum) empty **5**
vagar (RS, vagrant) to wander **1**
valer (RS, value) to be worth **4**
valeroso adj. (PR, valer) valiant **11**
valija (RS, valise) valise, satchel **2**
valioso adj. (PR, valer, valor; C, value) valuable **7**
valor (C, value) **14**
valle (C, valley) **8**
vámonos let's go, let's get out **13**
vamos a let's **14**
vanguardismo (C, vanguard, avant guard) a literary movement **8**
vapor (C, vapor) steam **9**
varios adj. (C, various) different, several **2**
varón man **1**
vaso (C, vase) vase, glass **8**
vaya de ir **13**
vayamos de ir **8**
vecino (RS, vicinity) neighbor **3**
velar (PR, vela; RS, vigil) to watch **11**
velo (C, veil) **13**
veloz adj. (RS, velocity) fast **1**
vena (C, vein) **8**
vencer (RS, invincible) to conquer, defeat **6**
vencimiento (PR, vencer; RS, invincible) conquest **11**
vendedor (PR, vender; C, vendor) **9**
vender (RS, vendor) to sell **4**
vendimiador harvester of wine grapes **13**
venenoso adj. (C, venomous) **10**
venganza (C, vengeance) revenge **1**
venida (PR, venir) arrival **11**
venir (RS, convene) to come **1**
venta (PR, vender) sale **10**

en venta *(PR, vender)* for sale **7**
   ventaja *(RS,* advantage) **2**
ventana window **2**
ventero *(PR, venta)* innkeeper **11**
ver *(PR, visto; RS,* vision) to see **1**
verano *(RS, vernal)* summer **5**
veras   de veras *(PR, verdad)* really **1**
verdadero *adj. (PR, verdad)* true **6**
verde *adj. (RS, verdant)* green **3**
verdoso *adj. (PR, verde)* **6**
verdura *(PR, verde)* green plants, vegetables **3**
vergüenza shame **15**
versado *adj. (C,* versed) **11**
vestidura *(PR, vestido; C,* vestments) attire, apparel **13**
vestido dress, dressed **13**
vestir to wear **5**
vestirse *(RS,* vestments) to dress **5**
vete *de ir* **12**
vez time (first, second, etc.) **2**
   a la vez at the same time **9**
   a su vez for their part **10**
   a veces at times
   de vez en cuando from time to time
   en vez de instead of **5**
   otra vez again **3**
   tal vez perhaps **4**
Vía Láctea *(RS,* lactation) Milky Way **13**
viajar to travel **4**
viaje *(PR, viajar)* trip **2**
víbora *(C,* viper) **14**
vida *(RS, vital)* life **1**
vida perra dog's life **12**
vidriera *(PR,* vidrio) show window **5**
viejo *adj.* old **6**
vientecillo *(PR, viento)* soft, slight, gentle wind, breeze **3**
viento wind **3**
viese *de ver* **4**
vigilar *(RS,* vigilant) to observe carefully, to watch over **10**
vino *de venir* **1**

vino wine **6**
virtud *(C,* virtue) **2**
vista *(C,* vista) vista, view **6;** vision **10**
visto *de ver* **3**
   por lo visto apparently **9**
viudo widower **14**
vivienda *(PR, vivir)* dwelling, apartment **9**
vivir *(RS,* vivacious) to live **1**
vivo *adj. (PR, vivir)* alive **6**
vocecita *(PR, voz)* small voice **10**
volar to fly **3**
volumen *(C,* volume) **4**
voluntad *(RS,* voluntary) will **4**
volver to return **1**
   volver a to do again
volverse to become **15**
voto vow **13**
voz *f. (C,* voice) **5**
   voz alta loud voice **5**
vuela *de volar* **3**
vuelo *(PR, volar)* flight **3**
vuelta turn **6**
   dar la vuelta to turn around, walk around **6**
   toda la vuelta all around **10**
vuelto *de volver* **6**
vulgar *adj. (C,* vulgar) ordinary, common **5**

Y

ya *adv.* now, already, at that time **3**
   ya no *adv.* no longer **3**
yendo *de ir* **9**
yerno son-in-law **8**

Z

zángano drone **10**
zumbar to buzz **10**
zumbido buzz **10**

Answer Key

Capítulo Preliminar

Easily Recognizable Words

B.

Jesus	tank	hour
commercial	attack	system
affirmative	telephone	theme
assassin	executive	characteristic
occupant	enthusiasm	chemistry
apparent	terrace	rhetoric
attractive	special	frequent
occasion		

C.

1. flor	7. largo	12. vaso
2. grande	8. ropa	13. desgracia
3. sopa	9. distinto	14. conferencia
4. campo	10. pariente	15. ignora
5. Mar	11. lectura	16. miles
6. educada		

D.

dirección	a.	direction
	b.	address
título	a.	title
	b.	degree
estación	a.	station
	b.	season
público	a.	public (adj.)
	b.	audience, public (n.)
historia	a.	history
	b.	story

E.

1. C, meat	6. M, to believe	10. I, to think
2. G, useful	7. H, hand	11. D, to feel
3. J, to sing	8. K, to sell	12. E, love
4. A, to write	9. F, to sleep	13. B, heart
5. L, to find		

Word Formation

A.

Stem	Meaning	Literal Meaning
2. decir	to contradict	to say against
3. tierra	subterranean	under the earth
4. tener	to abstain	to have away from
5. cambio	interchange	change between or among
6. vertir	introvert	to pour within
7. portar	to export	to carry out of
8. decir	to predict	to say before
9. esperar	unexpected	not waited or hoped for
10. portar	to import	to carry into
11. existir	to coexist	to exist together with
12. volver	to revolve	to turn or return again
13. guerra	postwar	after the war
14. mover	to promote	to move forward

B.
a. to put back
b. to put away
c. to put against
d. to put out of
e. to put between
f. to put together with
g. to put forth
h. to put down
i. to put over
j. to put upon
k. to put across

C.

1. form	14. verbose	27. fragile
2. instant	15. center	28. to extend
3. conduct	16. ceremony	29. to limit
4. fame	17. abundance	30. to confuse
5. case	18. agriculture	31. to cure
6. palace	19. logic	32. to move
7. adversary	20. orator	33. to serve
8. vicarious	21. ornate	34. to meditate
9. census	22. nation	35. to classify
10. museum	23. national	36. communism
11. divine	24. potential	37. communist
12. active	25. society	38. personally
13. eternal	26. multitude	

D.
1. something to keep the sun off, a sunshade or parasol
2. something to stop falls, a parachute
3. something to carry coins, a coin purse
4. something to save lives, a lifesaver
5. something to play records, a recordplayer
6. something to open cans, a can opener

7. someone without shame, a shameless person
8. a that to do, chores

E. *(tierra)* **1.** E   **5.** H   *(creer)* **1.** D   **5.** C
             2. G   **6.** B   **2.** H   **6.** E
             3. A   **7.** F   **3.** G   **7.** B
             4. C   **8.** D   **4.** A   **8.** F

Additional Practice Exercises

1. student   spiral   stimulant
    Spanish   scandal   stamp
    spirit
    participant, distant, permanent
    famous, curious, industrious
2. day, daily, dial, diary
3. book, library, librarian
4. hour, hourly, hour
5. a. bad dream   d. serious loss
    b. nightmare   e. weight of gold or silver
    c. heavyhearted and sad   f. heaviness of spirit
6. young, juvenile, juvenile, rejuvenate
7. wait, waiting room, without hope, without hope, one who has no hope, criminal or outlaw
8. write, writer, desk, writing, one who writes, writing sloppily, the writing, Holy Writing

Answers to Prereading Vocabulary Exercises*

Los dos reyes y los dos laberintos

Cognados
architect, to construct, labyrinth, perplexed, subtle, prudent, to venture, to enter, scandal, confusion, marvel, operations, court, simplicity, to penetrate, to implore, divine, to serve, to return, captain, fortune, camel, desert, substance, bronze, galleries, to abandon, glory

    * In the answers to all the prereading exercises, meaning is the important consideration. Specific words may vary.

Raíces Similares

1. C, g	**6.** E, d
2. H, f	**7.** J, c
3. A, i	**8.** B, j
4. I, a	**9.** F, e
5. D, b	**10.** G, h

Palabras Relacionadas

1. affronted, insulted	**5.** kingdoms
2. fun	**6.** they rode on horseback
3. complaint	**7.** he untied
4. he gathered	**8.** fatiguing

Cronopios, famas y esperanzas

Cognados

quality, commissary, inventory, content, firm, sedentary, virtue, microbe, instantaneous, result, alpinist, remedy, gross, archetype, to contaminate, to possess, toothpaste, quantity, to become indignant, unconsciousness, speleological, subterranean, package, detail, to calm, to inform, prince, vein, urbanism, to inscribe

Raíces Similares

1. B, b	**5.** H, e
2. C, a	**6.** D, h
3. A, c	**7.** G, g
4. E, f	**8.** F, d

Palabras Relacionadas

1. to spend the night	**4.** he discovered
2. travelers	**5.** biting
3. they do not lose enthusiasm	**6.** news

El buen ejemplo

Cognados

example, reason, credit, narration, part, to take refuge, rays, obligation, martyr, to need, specie, chorus, letters, doctrine, Christian, daily, enthusiastic, tremulous, to accompany, fatigue, respectable, maternal, confidence, grain, persecution, distinguished, scholar, ingratitude, courteous, distance, immobility, silence, hallucination, clear, majestically

Raíces Similares

1. C, a	**5.** B, c
2. A, e	**6.** F, g
3. D, b	**7.** H, f
4. E, d	**8.** G, h

Palabras Relacionadas

1. heavy	**5.** seat
2. to go away	**6.** forgetfulness, oblivion
3. weakness	**7.** he saddled
4. ran up and down	**8.** darkness

La caja de oro

Cognados

melancholic, object, crime, to employ, force, exalted, inspiration, comedy, sentiment, sincerity, solemnly, irritating, artistic, inoffensive, history, conduct, to concede, triumph, paradise, conscience, science, farce, anguish, symptoms, monster, creature, passion, compensation, to dissimulate, satisfied, to castigate

Raíces Similares

1. B, b	**5.** D, c	**9.** F, j
2. A, a	**6.** H, k	**10.** K, g
3. E, d	**7.** J, h	**11.** G, i
4. C, e	**8.** I, f	

Palabras Relacionadas

1. enclosed	**5.** healer
2. in love	**6.** assured
3. loss of love	**7.** to fail
4. mastery	**8.** cursed

Una señora

Cognados

sporadic, to advance, scene, dispersed, luminous, obscurity, arch, distinctive, to hide, solitary, to discuss, acquisition, to confound, contrary, faculty, to frequent, to surprise, prosperous, offended, terrain, to make clear, animation, to extinguish, site, air, breeze, to cease, cemetery, tranquility, special

Raíces Similares

1. G, d
2. B, h
3. A, f
4. D, c
5. H, a
6. F, b
7. I, i
8. C, g
9. E, e

Palabras Relacionadas

1. certainty
2. I do not know
3. current
4. signs
5. umbrella
6. strangeness
7. I began
8. it got dark
9. chores
10. consolations

Ejercicios Suplementarios

Cognados Engañosos

1. asistimos a
2. Actualmente
3. argumento
4. miles

Antónimos

1. arriba
2. odia
3. olvida
4. acaba
5. el campo
6. cerca
7. fuera
8. nace
9. paga
10. se detiene
11. queda
12. saca
13. baja
14. lento
15. sencillo

Sinónimos

1. D
2. E
3. A
4. G
5. B
6. F
7. C
8. E

Palabras Relacionadas

1. a. cerca, cercana
   b. se acercó, cerca de
2. contar, cuento, cuentista
3. a. habitación
   b. habitan
   c. habitantes
4. enfermo, enfermedad, se enferma
5. jugada, juegas, juego, juguete

Héctor Max

Raíces Similares
1. B, news
2. E, to circulate
3. H, to long for
4. G, to swear
5. F, envy
6. C, to swerve, turn aside
7. D, to betray
8. A, meat

Palabras Relacionadas
1. armchair
2. questioning
3. end
4. festivals
5. saddened
6. desperate
7. interviews
8. painful, discovery
9. I blessed, I cursed
10. to embrace

Palabras que Adivinar
1. Do you remember
2. I cover
3. coward, terrified, frightened, courage
4. I dared, goal
5. be conquered
6. hard, to extinguish (drown)
7. they rejected, they returned

El prodigioso miligramo

Raíces Similares
1. F, to meditate
2. J, strange
3. B, to lead, drive
4. I, to get worse
5. D, to congratulate
6. A, food
7. H, decreased, dead
8. E, to feign, hide
9. C, bill
10. G, surface

Palabras Relacionadas
1. find
2. healthy
3. load, cargo
4. duty
5. unforeseen
6. slowness
7. disagreement, discord
8. search
9. unrestrained, frenzied
10. survivors

Palabras que Adivinar
1. line
2. he paid attention to, he stopped
3. floor, feet
4. council, period (epoch)
5. sensible, measures
6. quarrels
7. worn out, tempted, laziness

El despojado

Raíces Similares
1. B, capable
2. E, gift, ability
3. G, to carve work (materials)
4. H, to make
5. D, to carry
6. A, partner
7. F, taste
8. C, business

Palabras Relacionadas
1. regulates
2. wrapping
3. heaviness
4. gentle
5. thoughts
6. ancestor

Palabras que Adivinar
1. shine, blew, veins
2. fit
3. hinders (obstructs)
4. others
5. to stop
6. salt, blood, milk

El mejor lugar

Raíces Similares
1. A, happy
2. B, spirit
3. G, to display, show off
4. E, storm
5. C, boat
6. H, sovereign
7. D, to hate
8. F, next, near

Palabras Relacionadas
1. pedestrians
2. in a row
3. admission, tickets
4. imprisoned
5. discouraged (out of breath)
6. expense
7. to excuse
8. wisdom
9. steaming
10. marine

Palabras que Adivinar
1. single one, stuck out
2. to direct, disposed to (ready)
3. film
4. he streched out, foolish, stopped
5. smoke, received, share
6. were quiet

Las abejas de bronce

Raíces Similares
1. F, disdainful
2. H, to advise, counsel
3. C, stranger
4. D, to demolish
5. G, caprice, whim
6. A, to prove, test
7. B, poisonous
8. E, to delay, be late

Palabras Relucionadas
1. to bury
2. skin
3. bookkeeping
4. savings
5. earnings
6. assistant, helper
7. illiterates
8. to empty
9. loss
10. madness

Palabras que Adivinar
1. beginning, skill, deal with
2. scales, show any emotion (lose his calm), damage
3. bluffer, he stammered
4. buzzed
5. queens, drones, workers
6. good, bad
7. beak, swallowed, tore, cords, he died

Ejercicios Suplementarios

Cognados Engañosos
1. actual
2. pretendía
3. desgraciado
4. alienista
5. atiende a
6. Efectivamente

Antónimos
1. adelante
2. bien
3. calla
4. caro
5. enoja
6. débil
7. pide
8. sucio
9. triste
10. mentira

Sinónimos
1. G
2. A
3. B
4. H
5. D
6. E
7. C
8. F

Palabras Relacionadas
1. alegre, alegría, alegra
2. compra, comprador, compras
3. a. mal
   b. maldice, maldad, maldita
4. pensativo, piensa, pensamientos
5. trabajadores, trabajaban, trabajo

Selecciones de *Don Quijote*

Raíces Similares
1. cavalry, chivalry
2. sonorous, sonorous
3. patriotic, homeland
4. timorous, to fear
5. to provide, to provide
6. augment, to increase
7. jubilation, joy (glee)

Palabras Relacionadas
1. fondness, affection
2. reading
3. enchantments
4. defeat
5. undoing, righting
6. nightfall
7. enmity, hatred
8. errant, wandering

Palabras que Adivinar
1. place, remember
2. blows, he made again, again
3. such, begged, until
4. advice, saying goodby, without
5. dawn, would find, although

El caballo de coral

Raíces Similares
1. quartet, four
2. matriculate, registration
3. accord, agreement
4. contestant, to answer
5. board, aboard
6. contagious, to infect

Palabras Relacionadas
1. to fish
2. to free himself
3. be half opened
4. he sat up
5. heating
6. to contradict

Palabras que Adivinar

1. mane, hooves
2. dog's life
3. stupidity
4. to stick in
5. turns (considerations)

Pastoral

Raíces Similares

1. ultimate, last
2. resuscitate, to stir up
3. peregrination, to travel (make a pilgrimage)
4. via lactation, Milky Way
5. vestment, attire (apparel)
6. endure, to last

Palabras Relacionadas

1. snow
2. whiteness
3. branches (foliage)
4. chat
5. Christmas Eve
6. grove (thicket)
7. travelers
8. powerful

Palabras que Adivinar

1. flames, ash
2. ice, prey (captive)
3. bake, crusts, dough, brown

Juan Darién

Raíces Similares

1. narration, to tell
2. alumnus, student
3. instruct, to teach oneself
4. evoke, evocation
5. devour, to eat
6. converter, to convert

Palabras Relacionadas

1. affectionate
2. speakable
3. height
4. evil (wickedness, badness)
5. harmful (destructive)
6. infuriated (enraged)
7. shouting
8. test
9. bloody
10. burn

Palabras que Adivinar

1. hurry, knock down
2. he will explode
3. wild animal trainer
4. they tore off, they threw
5. they smelled, hunters, lines (stripes)
6. knot, binds

Selecciones de *La dama del alba*

Palabras Relacionadas
1. blessed
2. warm
3. good rider
4. country girls
5. beforehand
6. fearful

Palabras que Adivinar
1. is striking, on time
2. I don't trust
3. knots
4. in the other direction

Ejercicios Suplementarios

Cognados Engañosos
1. fundó
2. injuria
3. pensión, particular
4. perjuicios
5. lectura
6. tendía

Antónimos
1. joven
2. vendedor
3. suelo
4. culpable
5. amistad
6. calentar
7. cariño
8. flaco
9. se fía de
10. vergüenza

Sinónimos
1. C
2. A
3. H
4. F
5. B
6. G
7. E
8. D

Palabras Relacionadas
1. a. acredita, creen
   b. creencias
2. a. amable, Ama, amable
   b. enamorado, se enamoró
3. a. caliente, calentar
   b. calor, caluroso
4. caminante, camina, camino, Se encamina
5. lector, lee, lectura

Permissions and Acknowledgments

Los dos reyes y los dos laberintos by Jorge Luis Borges, reprinted by permission of the author.

Cronopios, famas y esperanzas by Julio Cortázar, reprinted by permission of Ediciones Minotauro S.R.L.

La caja de oro by Emilia Pardo Bazán, reprinted by permission of Empresa Editora Zig-Zag.

Una señora by José Donoso, © 1971, reprinted by permission of Carmen Balcells Agencia Literaria.

Héctor Max by María Manuela Dolón, reprinted by permission of the author.

El despojado by Félix Pita Rodríguez.

El mejor lugar by Gloria Hervás Fernández, reprinted by permission of the author.

Las abejas de bronce by Marco Denevi, reprinted by permission of the author.

Selecciones de Don Quijote by Miguel de Cervantes, reprinted by permission of Houghton Mifflin Company.

El caballo de coral by Onelio Jorge Cardoso.

Selecciones de La dama del alba by Alejandro Casona, reprinted by permission of don Luis Rodríguez Sánchez.